KATHARINA MAHRENHOLTZ & DAWN PARISI

Literatur!

Eine Reise durch die Welt der Bücher

Ihr persönliches Leseexemplar

Bitte beachten Sie die Sperrfrist
für Rezensionen bis zum 16. August 2012.
Vielen Dank!

cadeau

1. Auflage 2012

www.hoca.de
Text: Katharina Mahrenholtz
Illustration, Gestaltung und Satz: Dawn Parisi
Gesetzt aus der Arnhem und Ludwig
Druck und Bindung: Offizin Anderson Nexö, Leipzig
Umschlag- und Einbandgestaltung: Dawn Parisi
Printed in Germany
ISBN: 978-3-455-38116-0

HOFFMANN
UND CAMPE

Ein Unternehmen der
GANSKE VERLAGSGRUPPE

Ein Klassiker ist etwas, das jeder gelesen haben möchte, aber keiner lesen möchte.

Mark Twain

Ein Klassiker ist ein Buch, das die Leute loben, aber nicht lesen.

Ernest Hemingway

Inhalt

Viele berühmte Bücher würden Lehrer und Literaturwissenschaftler nur mit spitzen Fingern anfassen. Sie sollen trotzdem vorkommen – oder gerade deswegen. Denn was wären das 19. Jahrhundert ohne **Karl May** *und die achtziger Jahre ohne* SALZ AUF UNSERER HAUT *gewesen?*

Vorwort

Das Wort *Literatur* im Titel eines Buches sorgte für Bedenken. »Och nee, Literatur – das klingt so wissenschaftlich.«

Nein, es klingt toll! »Abschreckend.« Nein, verheißungsvoll! »Nach Schule.« Totschlagargument. Alles, was an Schule erinnert, ist für die allermeisten Menschen negativ besetzt. Und *Literatur* erinnert auf jeden Fall an Schule. An langweilige Deutschstunden, in denen Wort für Wort die Kurzgeschichten von **Wolfgang Borchert** seziert werden. An gelbe Reclamhefte, in die **Shakespeare** und **Goethe** gequetscht wurden, in winzig kleiner Schrift auf hauchdünnen Seiten. Literatur = Qual.

Dazu gibt es Sekundärliteratur, die helfen soll. Aber jeder Satz geht über mehrere Zeilen, protzt mit Fremdwörtern und bietet eine unübersichtliche Menge an Information:

> *Bei dem bereits 1947 verstorbenen Wolfgang Borchert finden sich expressionistische und surrealistische Stil- und Bildelemente neben Erzählformen, die sich an amerikanischen Prosamustern, insbesondere an der Short Story Hemingways, entwickelt haben.*

Literatur = laaaangweilig.

NEIN!!!!!!!

Literatur ist toll! Spannend. Lustig. Interessant. Ein Abenteuer. Nicht jedes Buch natürlich. Es gibt unglaublich anstrengende Romane, die sehr berühmt sind. *AUF DER SUCHE NACH DER VERLORENEN ZEIT* zum Beispiel. Sätze über Seiten, viele Konjunktive, enorm wenig Handlung. Da darf man auch sagen, dass dieses Buch ganz schön langweilig ist. Und trotzdem gibt es so viele interessante Dinge darüber zu erfahren. **Proust**, der mit Pelzmantel schläft und alles tausendmal korrigiert. Zum Beispiel.

Oder *ULYSSES*. Unlesbar eigentlich. Selbst **Jonathan Franzen** hat zugegeben, dass er kein großer Fan dieses Romans ist (was wohl heißt, dass er ihn nicht gelesen hat). **Kurt Tucholsky** hat immerhin gesagt, *ULYSSES* sei wie Liebigs Fleischextrakt:

> *Man kann es nicht essen. Aber es werden noch viele Suppen damit zubereitet werden.*

Das ist ein super Satz. Und wenn man dann noch liest, was **James**

Joyce über sein eigenes Werk gesagt hat, dann hat man schon so viel Bewegendes über diesen *ULYSSES* erfahren; man muss ihn gar nicht mehr lesen. Will man aber vielleicht – jetzt gerade!

Und wie wär's damit: **Stephen King** hat mal als Bügler in einer Wäscherei gearbeitet, **Günter Grass** und **John Irving** sind best buddies, der längste Satz in einem Roman hat 1077 Wörter, ziemlich viele Autoren litten/leiden unter Leseschwäche, der meistverkaufte Roman ist von **Charles Dickens** (und in Deutschland ziemlich unbekannt).

Literatur ist viel mehr als Deutschunterricht und gar nicht quälend langweilig. Dieses Buch soll unterhalten und Spaß machen. Und ganz nebenbei richtig viel Wissen vermitteln. Worum es in den berühmten Romanen geht, warum sie überhaupt bedeutend sind und was an den Autoren so toll ist – alles ohne literaturwissenschaftliche Fremdwörter und in übersichtlicher Länge, dafür mit Illustrationen. Wetten, dass ein Bild reicht, um zu wissen, was in Camus' *DIE PEST* passiert? Blättern Sie gleich zu Seite 126 oder fangen Sie mit **Dante** an – egal. Aber machen Sie sich bereit für eine Reise in die Welt der Bücher. Denn das ist Literatur!

ammophon
il Berliner) | *Sonnenblumen*
(V. van Gogh) | Kaiser Wilhelm I.
stirbt | Eiffelturr
fertiggeste

1887 — 1888 — 1889

DER SCHIMMELREITER
Theodor Storm

Hätten Sie's gewusst?

Im Jahr, als *DER SCHIMMELREITER* erschien, hat van Gogh seine *SONNENBLUMEN* gemalt und sich am Ohr verletzt – und dann ist auch noch **Kaiser Wilhelm I.** gestorben. Ein Jahr vorher hat **Emil Berliner** das Grammophon erfunden – ein Jahr später wurde der Eiffelturm fertiggestellt. Alles zu entdecken in der Timeline, die durchs gesamte Buch läuft.

Timeline

Bei fremdsprachigen Werken stehen in der Timeline jeweils der deutsche Titel und das Erscheinungsjahr des Originals. Und: Unten findet man literarische Werke, oben alles andere.

DANTE ALIGHIERI

Die Göttliche Komödie

La Divina Commedia

Inhalt
Ich-Erzähler **Dante** reist durchs Jenseits, genauer gesagt: durch die drei Reiche der Toten. Von der Hölle geht es ins Fegefeuer, von da in den Himmel. Warum, weiß man nicht so genau. Es fängt damit an, dass er den Sinn des Lebens sucht. Dabei trifft er im Wald den Geist des römischen Dichters **Vergil**. Der führt ihn durch die Hölle und das Fegefeuer, ab da übernimmt Dantes Jugendliebe Béatrice, weil **Vergil** als Heide nicht in den Himmel reindarf. Das Ganze endet, als **Dante** den dreieinigen Gott erblickt.

Das muss man noch wissen
1: Die Geschichte besteht aus 14 233 Versen.
2: Es ist wesentlich komplizierter als oben angegeben: Enorm viel Personal – **Dante** trifft sie alle: **Kleopatra, Attila, Thomas von Aquin** und andere (und zwar nicht zum lockeren Plausch) – und keine Zeile ohne Symbolik und / oder Metaphorik.
3: Es ist nichts für einen verregneten Sonntagnachmittag auf der Couch, man könnte auch sagen: Es ist praktisch nicht durchlesbar.
4: Es ist das wichtigste Werk der italienischen Literatur – auch weil **Alighieri** der Erste war, der auf Italienisch schrieb statt auf Latein.
5: Alighieri spricht man *Ali-gjeri* aus!

Smalltalk-Info
Dante selbst hat sein Werk nur *LA COMMEDIA* genannt. *DIVINA* wurde später hinzugefügt – als Zeichen der Verehrung.

Für Einsteiger
Lesen Sie *DIE GÖTTLICHE KOMÖDIE* als Comic: Der Amerikaner **Seymour Chwast** hat aus der Geschichte eine *Graphic Novel* gemacht – schräg, humorvoll, überraschend und respektlos (**Dante** sieht aus wie **Peter Sellers** als INSPECTOR CLOUSEAU). **Dantes** schöne Sprache fehlt zwar, aber dafür versteht man, worum es geht.

Autor
Mit neun Jahren sieht **Dante** die fast gleichaltrige **Béatrice** zum ersten Mal und ist auf der Stelle schockverliebt. Neun Jahre später erst trifft er sie wieder. Sie winkt ihm zu, daraufhin ist **Dante** noch verliebter und vor allem voller Inspiration und schreibt das Werk *VITA NOVA* über seine große Liebe **Béatrice**. Sie wird seine Muse – obwohl er sie nur zweimal gesehen hat. Und die Zahl 9 bleibt wichtig für sein ganzes Werk.

1300

- ~1300 — *BESCHREIBUNG D. WELT* — Marco Polo
- ~1307–21 — *DIE GÖTTLICHE KOMÖDIE* — Dante Alighieri
- 1347 — Pest kommt nach Europa
- ~1390 — *CANTERBURY-ERZÄHLUNGEN* — Geoffrey Chaucer
- 1431 — Jeanne d'Arc wird verbrannt
- ~1440 — Erste Druckpresse f. Massenbuchdruck

WILLIAM SHAKESPEARE

Hamlet

Inhalt
HAMLET ist ein dänischer Prinz. Eines Tages stirbt sein Vater – angeblich an einem Schlangenbiss. Bei der Totenwache erscheint plötzlich Papas Geist und erzählt, dass es sich in Wirklichkeit um Mord handelt! HAMLETS Onkel CLAUDIUS (= Bruder des Vaters) hat dem schlafenden König ein tödliches Gift ins Ohr geträufelt.

HAMLET muss dem Geist versprechen, den Vater zu rächen. Deshalb spielt HAMLET fortan den Wahnsinnigen, was zwar gut klappt, aber leider zu Verwerfungen mit der von HAMLET bis dato heftig umworbenen OPHELIA führt.

Zwar wird HAMLET auch immer von Zweifeln und Selbstmordgedanken geplagt, entschließt sich dann aber doch, Onkel CLAUDIUS zu erdolchen, als dieser sich hinter einem Vorhang versteckt. Leider handelt es sich bei dem Erstochenen um POLONIUS, den Vater von OPHELIA.

Die Situation wird zunehmend unübersichtlich: OPHELIA wird nun ihrerseits wahnsinnig (aber wirklich) und bringt sich um. Ihr Bruder will Schwester und Vater rächen, es kommt zum Duell mit vielen Tricks und einer Menge Gift. Am Ende ist die Bühne voller Toter.

Smalltalk-Info
HAMLET hat von allen Shakespeare-Helden den meisten Text und die meisten Monologe. Eine große Herausforderung an den Schauspieler. Aber Shakespeare wusste, dass Richard Burbage das auf jeden Fall hinkriegt. Burbage war Leiter der Theatergruppe *Lord Chamberlain's Men*, der auch Shakespeare angehörte. Aber Will spielte nur Nebenrollen und schrieb Stücke, der Star war Burbage.

Zitate
Wie alle Shakespeare-Dramen ist auch *HAMLET* voll von nützlichen Zitaten. Hier die wichtigsten (am besten immer im Original zitieren!):

To be or not to be, that is the question
(Sein oder nicht sein, das ist hier die Frage)

Sagt HAMLET zu sich selbst zu Beginn eines Monologs zum Thema Selbstmord: Ich traue mich, ich traue mich nicht.

The rest is silence
(Der Rest ist Schweigen)

Die letzten Worte der Tragödie sagt HAMLET, bevor er tot zusammenbricht.

Same, same but different
Wenn Ihnen große Tragödien mit leicht absurder Handlung gefallen, versuchen Sie doch auch mal: *MACBETH* (Schotten, Hexen, Geister, sehr verwickelt), *ROMEO UND JULIA* (Schlaftrunk, vorgetäuschter Tod, Gift, echter Tod, Verzweiflung, noch mal Tod) oder *OTHELLO* (ein Taschentuch sorgt für Mord und Selbstmord).

Für Einsteiger
HAMLET ist ein Hammer. Vielleicht lieber mit Shakespeare light beginnen, zum Beispiel mit *KING LEAR* (auch tragisch, aber leichter) oder *EIN SOMMERNACHTSTRAUM* (Komödie! Lustig!).

Die beste Shakespeare-Erfahrung im 21. Jahrhundert bieten übrigens nicht moderne Verfilmungen mit Leonardo DiCaprio & Co., sondern schlichte CDs der *BBC Radio Collection*. Auch wenn man nicht alles versteht.

1492 – C. Kolumbus landet in Amerika
1494 – *DAS NARRENSCHIFF* Sebastian Brant
1501 – Michelangelo beginnt Arbeit an *David*
~ 1510 – *TILL EULENSPIEGEL* (Anonym)
1517 – Thesenanschlag M. Luthers
1532 – *Der Fürst* (N. Machiavelli)

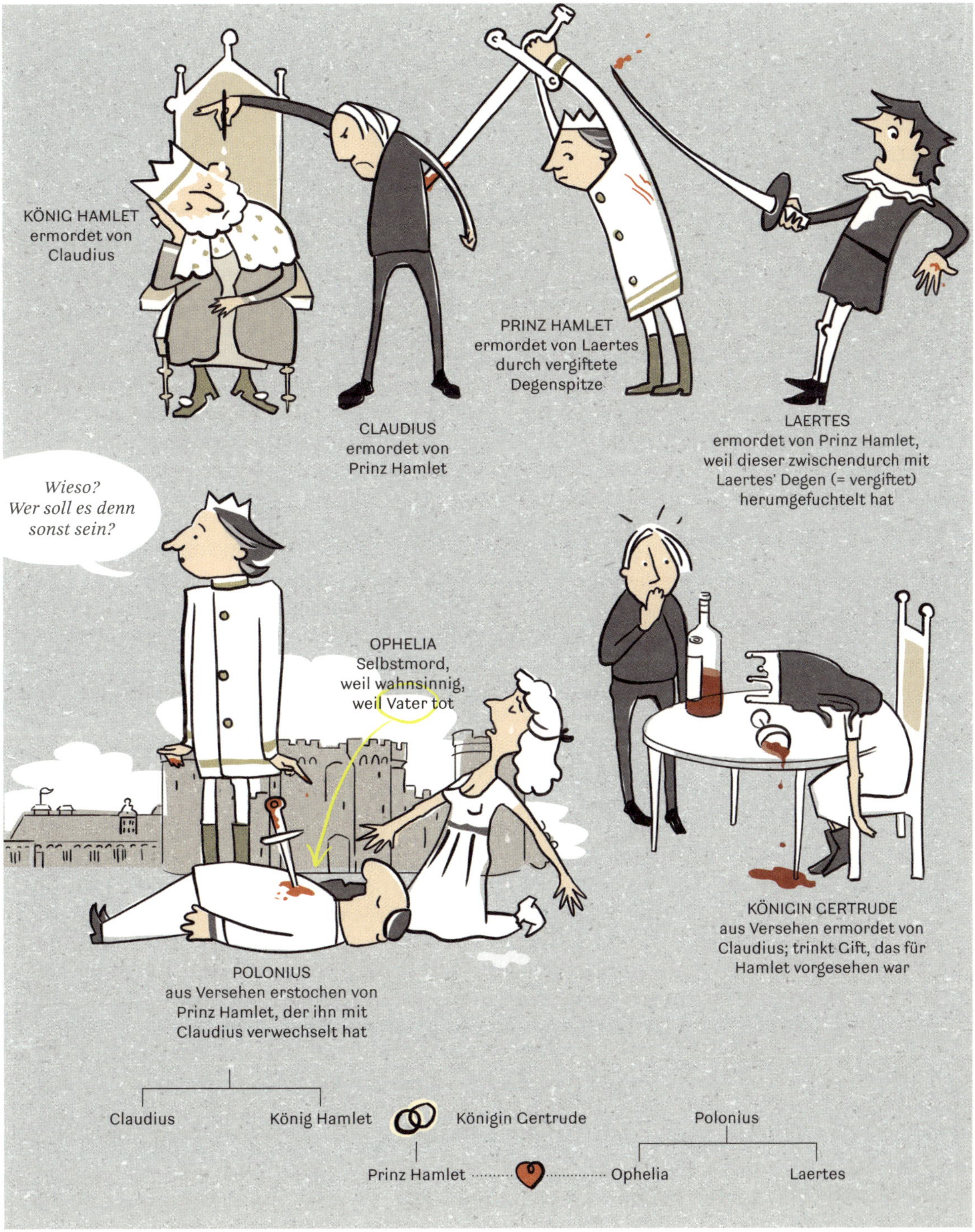

1534 – Heinrich VIII. sagt sich v. katholischer Kirche los

1572 – Bartholomäusnacht – *DIE LUISADEN* Luis de Camões

1582 – Verordnung des gregorianischen Kalenders

1593 – *DOKTOR FAUSTUS* Christopher Marlowe

~ 1602 – *HAMLET* William Shakespeare

1603 – Königin Elisabeth I. stirbt

★ 1564 in England
✝ 1616 in England

*Shakespeare ist der größte Literat der Welt. Und kein Werk (mit Ausnahme der Bibel) ist so randvoll mit geflügelten Worten wie das vom guten alten Will**

Noch nicht einmal das genaue Geburtstagsdatum von Shakespeare ist bekannt, sondern nur der Tag der Taufe: 26. April 1564. Irgendwann hat man dann den 23. April als Geburtstag bestimmt. Wird schon ungefähr hinkommen – außerdem passt das Datum gut zum Todestag am 23. April 1616.

William **Shakespeare** ist ein Phänomen. Trotz jahrhundertelanger Forschung weiß man wahnsinnig wenig über den Mann – ja, es gibt immer noch Literaturwissenschaftler, die bezweifeln, dass die berühmten Stücke überhaupt von **Shakespeare** selbst geschrieben wurden. Vielleicht war auch sein Konkurrent **Christopher Marlowe** der große Autor oder der **Earl of Oxford** oder der Philosoph **Francis Bacon** – zu jedem gibt es wilde Verschwörungstheorien, die zum Shakespeare-Krimi dazugehören.

Wer auch immer es war – er hat ein literarisches Wunder vollbracht: **Shakespeares** Dramen waren zu seinen Lebzeiten populär, die Leute mochten sie, er verdiente sogar viel Geld damit. Aber niemand hätte es für möglich gehalten, dass **Shakespeare** damit der größte Stückeschreiber der Welt und aller Zeiten wird und dass er die englische Sprache prägt wie kein anderer.

Shakespeare hatte einen unglaublichen Wortschatz – und er hat sich andauernd neue Wörter dazu ausgedacht, indem er zum Beispiel Substantive zu Adjektiven machte (*bloody* = blutig), Verben als Substantive benutzte (*dawn* = Morgendämmerung) oder ganz was Neues erfand (*courtship* = Liebeswerben).

Shakespeare war übrigens nicht nur Dramatiker, er hat auch Gedichte geschrieben. Am berühmtesten ist sein Band mit 154 Sonetten – und hier gibt es schon wieder ein Geheimnis: Sie sind einem »**W. H.**« gewidmet (bis heute weiß niemand, wer das sein könnte) und richten sich an einen jungen Lord (= **W. H.**? Oder war das noch jemand anderes? Gab es den wirklich?) – ein Novum in der damaligen Zeit, als sich Liebesgedichte nur an junge Frauen richteten (Homoerotik!?). Vor allem das Sonett 18 (*SHALL I COMPARE THEE TO A SUMMER'S DAY?*) ist noch immer weltberühmt.

Geheimnisvoll, rätselhaft, großartig – **William Shakespeare** ist mehr als 400 Jahre alt und immer noch nicht fertig erforscht.

** Last, not least (KÖNIG LEAR), Gut gebrüllt, Löwe! (EIN SOMMERNACHTSTRAUM), Bereit sein ist alles (HAMLET), Etwas ist faul im Staate Dänemark (HAMLET), Geduld ist für Memmen (HEINRICH VI.), Zahn der Zeit (MASS FÜR MASS), Der Wunsch war Vater des Gedankens (HEINRICH IV.), Jedes Ding hat seine Zeit (DIE KOMÖDIE DER IRRUNGEN), Lasst wohlbeleibte Männer um mich sein, mit glatten Köpfen und die nachts gut schlafen (JULIUS CÄSAR), Schwachheit, dein Name ist Weib! (HAMLET)*

1605 – *DON QUIJOTE* – Miguel de Cervantes

1620 – *Mayflower* erreicht Cape Cod | *Novum Organum* (F. Bacon)

1626 – Bau der Peterskirche vollendet

1628 – Entdeckung des Blutkreislaufs

MIGUEL DE CERVANTES

Don Quijote

El ingenioso hidalgo Don Quixote de la Mancha

Inhalt

Ritterromane waren im späten Mittelalter so etwas wie heutzutage Daily Soaps: total unrealistisch, ziemlich seicht, hoher Suchtfaktor.

Der kleine spanische Landadlige ALONSO QUIJANO liebt Ritterromane. Er liest mehr und mehr, bis er schließlich selbst glaubt, ein Ritter zu sein.

Er nennt sich DON QUIJOTE, bastelt sich einen Ritterhelm, steigt in eine alte rostige Rüstung, schnappt sich sein klappriges Pferd und zieht los, um Abenteuer zu erleben – zusammen mit seinem flugs eingestellten Knappen, dem dicken, gutmütigen Bauern SANCHO PANZA.

In seinem Ritterwahn attackiert DON QUIJOTE ein feindliches Heer (= Hammelherde), kämpft gegen Riesen (= Windmühlen), raubt sich einen Helm (= Rasierbecken) und verliert viel Blut (= Rotwein) in einer Auseinandersetzung mit ein paar Weinschläuchen. In einem Kastell (= Gasthaus) trifft er Burgfräulein (= Prostituierte) und so weiter. SANCHO PANZA findet diese ganzen Aktionen ziemlich verrückt, macht aber trotzdem mit, weil DON QUIJOTE ihm eine Insel versprochen hat. Die anderen Leute sind eher genervt von dem selbsternannten Ritter; meistens gibt es Prügel statt Ruhm für DON QUIJOTE.

Im zweiten Band ziehen der große Dünne und der kleine Dicke wieder los – aber jetzt sind sie berühmt, weil Helden eines Buches! Es gibt mehr Abenteuer und weniger Prügel. Am Ende kehrt DON QUIJOTE heim, bekommt Fieber und stirbt – nicht ohne endlich zu erkennen, dass Ritterromane gar nicht so toll sind, wie er dachte.

Erstaunlich

DON QUIJOTE gilt tatsächlich als erster richtiger Roman, aber noch heute rätseln die Literaturwissenschaftler, für welche Leser Cervantes das Buch geschrieben hat – und was er damit eigentlich sagen wollte.

Smalltalk-Info

Es macht sich gut, den ersten Satz zu zitieren – am besten auf Spanisch:

> *En un lugar de la Mancha, de cuyo nombre no quiero acordarme, no ha mucho tiempo que vivía un hidalgo ...*
> *(In einem Ort der Mancha, an dessen Namen ich mich nicht erinnern will, lebte vor nicht langer Zeit ein Junker ...)*

– wobei *de cuyo nombre no quiero acordarme* der wichtige Teil ist: Tatsächlich ist bis heute nicht geklärt, welchen Ort Cervantes im Sinn hatte.

Für Einsteiger

... nicht unbedingt geeignet. *DON QUIJOTE* war damals im 17. Jahrhundert zwar ein Knaller und wird auch heute noch von allen Literaturbeflissenen mit ehrfurchtsvollen Seufzern bedacht *(Weltliteratur! Herrlich komisch! Hat nichts von seiner Faszination verloren!)*. Aber das Buch ist 400 Jahre alt – die Sprache, der Humor, die ganze Story entsprechend altmodisch / ungewohnt / anstrengend. Ganz ehrlich: Nichts für Einsteiger.

1630 – Taj Mahal gebaut

1636 – Gründung der Harvard-Universität; *LE CID* Pierre Corneille

1637 – *Discours (»Ich denke, also bin ich«)* von R. Descartes

1642 – *Die Nachtwache* (Rembrandt)

★ 1547 in Spanien
✝ 1619 in Spanien

Miguel de Cervantes wurde dreimal angeschossen und war fünf Jahre lang Sklave in Afrika

Der 23. April ist auch Shakespeares Todestag – und heute *Welttag des Buches*.

Cervantes' Leben fängt beschaulich an mit einem Theologiestudium. Aber dann wird er in einen Streit verwickelt, verwundet seinen Gegner und muss vor der Justiz ins Ausland fliehen. Er lebt zunächst in Italien, arbeitet als Kammerdiener und wird schließlich unter falschem Namen Soldat bei der spanischen Marine.

1571 kämpft **Cervantes** in der Schlacht von Lepanto gegen die Türken. Eigentlich ist er ja krank und soll unter Deck bleiben, aber nein – ganz Abenteurer, stürzt er sich in die Schlacht, wird in die Brust geschossen und verliert seine linke Hand. Von nun an wird **Cervantes** auch El manco de Lepanto (**Der Einhändige von Lepanto**) genannt – ein ziemlich cooler Name für einen Weltliteraten.

Cervantes bleibt bei der Marine und wird Offizier. Eines Tages kapern Piraten sein Schiff und verschleppen ihn als Sklaven nach Algier. Viermal versucht der unerschrockene Spanier zu fliehen, jedes Mal wird er gefasst. Nach fünf Jahren wird er endlich freigekauft.

Nach weiteren, weniger erfolgreichen Jahren bei der Marine überlegt sich **Cervantes** etwas Neues: Um Geld zu verdienen, schreibt er lustige Stücke fürs Theater und sogar einen Roman. Doch dann hat er auf einmal privat einiges zu tun (Ehefrau, Geliebte / Kind, Trennung) und keine Zeit mehr zum Schreiben. Er verdient sein Geld nun unter anderem als Steuereintreiber und landet irgendwann wegen Unterschlagung im Gefängnis. Und hier beginnt er endlich seinen berühmten Roman *DON QUIJOTE*, der 1605 erschien und ein großer Erfolg wurde – ebenso wie der zweite Teil, der 1615 erschien.

Ein Jahr später stirbt Miguel de **Cervantes**, am 23. April 1616. Als armer Mann übrigens, denn das ganze Geld, das er mit *DON QUIJOTE* verdient hat, war schnell wieder verloren.

1645 – Erstes Kaffeehaus Europas (in Venedig)

1665 – *Das Mädchen mit dem Perlenohrring* (J. Vermeer)

1668 – *D. ABENTHEUERLICHE SIMPLICISSIMUS TEUTSCH* Hans Jakob v. Grimmelshausen

1673 – Ludwig XIV. führt die Allongeperücke ein

1673 – *DER EINGEBILDETE KRANKE* Molière

DANIEL DEFOE

Robinson Crusoe

*The Life and Strange Surprising Adventures of Robinson Crusoe of York**

Inhalt

30. September 1659: Nach einem Schiffbruch landet ROBINSON CRUSOE auf einer einsamen Insel. Er bastelt sich ein Floß, um noch möglichst viele Sachen aus dem Schiffswrack zu retten. Zuerst lebt er in einer Höhle und jagt wilde Ziegen. Immer besser kommt ROBINSON mitten im Nichts zurecht: Er baut sich eine Hütte, erntet Getreide, lernt backen, zimmern, schneidern.

Er zähmt und züchtet die Ziegen und wird immer erfinderischer, um sich seine gewohnte Zivilisation zurückzuholen. Jeden Tag ritzt er eine Kerbe in ein selbsterrichtetes Holzkreuz – damit er nicht den Überblick verliert. Außerdem führt er Tagebuch, solange die Tinte aus dem Wrack reicht.

Eines Tages rettet er einen Eingeborenen vor Kannibalen, nennt ihn FREITAG (nach dem Wochentag der Rettung) und macht ihn zu seinem Diener. Nach 28 Jahren wird ROBINSON gerettet und kehrt zurück nach England.

Autor

Daniel Defoe ist Kaufmann. Erst läuft es ganz gut für ihn (reiche Frau, großes Haus, super Perücke, schöne Reisen), aber dann verkalkuliert er sich mehrfach und gründlich (Bankrott).

Defoe kommt wieder auf die Füße und schreibt nebenbei politische Essays, die ihn schließlich ins Gefängnis bringen. Danach gründet er eine Zeitschrift, kritisiert fleißig Kirche und Regierung – und kassiert reichlich Ärger (Geldstrafe, Gefängnis, Pranger). Erst mit 59 schreibt **Defoe** seinen weltberühmten Roman *ROBINSON CRUSOE*.

Smalltalk-Info

Für knackige Titel hatte **Defoe** definitiv kein Händchen. Ursprünglich hieß das Buch doch tatsächlich: *DAS LEBEN UND DIE SELTSAMEN, ÜBERRASCHENDEN ABENTEUER DES ROBINSON CRUSOE, EINES SEEMANNS AUS YORK, DER ACHTUNDZWANZIG JAHRE GANZ LANG ALLEIN AUF EINER UNBEWOHNTEN INSEL VOR DER KÜSTE VON AMERIKA LEBTE, NAHE DER MÜNDUNG DES GROSSEN ORINOKO-STROMES; DURCH EINEN SCHIFFBRUCH AN LAND GESPÜLT, BEI DEM ALLE MANN AUSSER IHM UMKAMEN. MIT EINEM BERICHT, WIE ER ZULETZT AUF EBENSO MERKWÜRDIGE WEISE DURCH PIRATEN BEFREIT WURDE. VON IHM SELBST GESCHRIEBEN*. Puh.

Für Einsteiger

Das Buch ist ein Abenteuerroman und die Mutter aller Robinsonaden – aber es ist auch ziemlich alt (und nicht für Jugendliche geschrieben). Ungeübte Leser könnten auf eine der gekürzten und überarbeiteten Jugendbuchausgaben zurückgreifen (= mehr Abenteuer, weniger Gesellschaftskritik), auch wenn Literaten da natürlich empört nach Luft schnappen.

---

* Vollständiger Titel: *The Life and Strange Surprising Adventures of Robinson Crusoe of York, Mariner: who lived Eight and Twenty Years, all alone in an uninhabited Island on the coast of America, near the Mouth of the Great River of Oroonoque; Having been cast on Shore by Shipwreck, wherein all the Men perished but himself. With An Account how he was at last as strangely deliver'd by Pirates. Written by Himself.*

1686	1698	1704–08	1719
Erstes Gravitationsgesetz (Sir I. Newton)	Erstes Klavier wird konstruiert	*TAUSENDUNDEINE NACHT* erstmals in Europa	*ROBINSON CRUSOE* Daniel Defoe

Kurz, wichtig

Literatur im Schnelldurchlauf

JONATHAN SWIFT

GULLIVERS REISEN

Gulliver's Travels

Ursprünglich kein Kinderbuch, sondern eine sozialkritische Satire in vier Teilen (= vier Reisen). **1. Liliput:** GULLIVER rettet sich als Schiffbrüchiger an einen Strand, wo er von Zwergen gefesselt wird. Als er verspricht, den Liliputanern im Krieg beizustehen, wird GULLIVER freigelassen. Er hilft den Zwergen, muss sich dann aber selbst vor ihnen in Sicherheit bringen. **2. Brobdingnag:** Neue Schiffsreise, wieder Sturm, das nächste unbekannte Land. Hier wird GULLIVER von einem Riesen an die Königin verkauft und erlebt diverse Abenteuer. Der Clou sind die Gespräche mit dem König, in denen GULLIVER erzählt, wie es in England so zugeht (Sozialkritik!).
3. Laputa, Balnibarbi, Luggnagg, Glubbdubdrib und Japan: Diesmal wird GULLIVER von Piraten in einem Boot ausgesetzt, entdeckt vier bizarre Inseln mit merkwürdigen Sitten, aber ohne Gefahren, und reist über Japan zurück nach England.
4. Land der Houyhnhnms: Neue Reise, Meuterei, GULLIVER wird – Überraschung! – an einem Strand abgesetzt. Er trifft seltsame Kreaturen (YAHOOS), die von kultivierten Pferden (HOUYHNHNMS) regiert werden (Sozialkritik!). Zurück in England, möchte GULLIVER lieber mit Pferden als mit Menschen leben (Sozialkritik!).

LAURENCE STERNE

TRISTRAM SHANDY

The Life And Opinions of Tristram Shandy, Gentleman

Der erste experimentelle Roman der Literaturgeschichte, entsprechend anstrengend zu lesen. *TRISTRAM SHANDY* ist eine Art sehr früher *ULYSSES*, das heißt: keine richtige Handlung, keine vernünftigen Sätze, gliederungstechnisch bedenklich = kein wirklicher Lesegenuss.

Der Ich-Erzähler TRISTRAM SHANDY will zwar seine Lebensgeschichte erzählen, gibt sich aber keine Mühe, das Ganze so zu sortieren, dass man folgen kann. Stattdessen ergießt sich ein Bewusstseinsstrom über den Leser, ohne jede Chronologie, dafür mit verschränkten Zeitebenen und freien Assoziationen mal hierhin, mal dorthin. Deshalb kann man auch nicht direkt sagen, wovon der Roman handelt. Es geht um die Bedeutung von Namen, um Nasenforschung (ja!), Geburtshilfe, SHANDYS schrulligen Vater – aber hauptsächlich soll es eine ironische Kritik an der englischen Gesellschaft sein.

Eigentlich nur was fürs Anglistikseminar, aber in gebildeten Kreisen macht es sich immer gut, vom Witz und Einfallsreichtum des Autors **Laurence Sterne** zu schwärmen. **Goethe** war damals schon begeistert – und angeblich war *TRISTRAM SHANDY* auch das Lieblingsbuch von **Sigmund Freud** und **Thomas Mann**. Wie gesagt: Es macht sich gut …

Matthäus-Passion (J. S. Bach) – 1727

Katharina II. (die Große) wird russische Zarin – 1762

1726 – *GULLIVERS REISEN* – Jonathan Swift

1759 – *TRISTRAM SHANDY* – Laurence Sterne | *DER TRAUM D. ROTEN KAMMER* – Cáo Xuěqín

1772 – *EMILIA GALOTTI* – Gotthold Ephraim Lessing

GOTTHOLD EPHRAIM LESSING

EMILIA GALOTTI

Das Bürgermädchen EMILIA GALOTTI soll einen Grafen heiraten. Da verliebt sich PRINZ HETTORE in sie und befiehlt seinem Kammerherrn MARINELLI, ihre Hochzeit zu verhindern. Kein Problem: MARINELLI lässt den Grafen erschießen. HETTORES extrem wütende Exmätresse stattet EMILIAS Vater ODOARDO daraufhin mit einem Dolch aus, damit der den Tod des Grafen rächt und HETTORE ermordet. ODOARDO ist allerdings nicht ganz überzeugt von dieser Idee. EMILIA wiederum fürchtet, dass der Prinz sie gegen ihren Willen verführt, und bittet ihren Vater, sie sicherheitshalber zu töten. Was dieser auch tut.

Interessant ist der Untertitel: *BÜRGERLICHES TRAUERSPIEL* – damals ein No-Go. Tragödien spielten nur in der Welt des Adels, um Bürger ging es in Komödien.

JOHANN WOLFGANG V. GOETHE

DIE LEIDEN DES JUNGEN WERTHERS

Bei einem Fest verliebt sich WERTHER in LOTTE, die ungünstigerweise schon mit einem gewissen ALBERT verlobt ist. Den lernt WERTHER später auch kennen und freundet sich sogar mit ihm an. Irgendwann wird WERTHER das aber alles zu viel, er verlässt das Dorf. Als er zurückkehrt, sind LOTTE und ALBERT verheiratet. Was WERTHER nicht von weiteren Besuchen abhält. Irgendwann überkommt es ihn: Er küsst LOTTE, die von der Situation komplett überfordert ist. Werther will sie nicht unglücklich machen und erschießt sich.

Goethes Briefroman war ein Riesenerfolg, es gab sogar ein richtiges Merchandising: den *Werther-Look* (blauer Frack und gelbe Weste), ein *Werther-Parfum* (Eau de Werther), den *Werther-Gürtelanhänger*, Meissner Porzellan mit Szenen aus dem Buch und anderes mehr.

FRIEDRICH SCHILLER

DAS LIED VON DER GLOCKE

Eines der bekanntesten deutschen Gedichte überhaupt. Und eines der längsten. Es handelt im Prinzip davon, wie damals eine Glocke gegossen wurde – von den Vorarbeiten bis zum Hochziehen in den Glockenturm. Die einzelnen Arbeitsschritte nutzt Schiller aber für allgemeine Lebensbetrachtungen. Wenn es zum Beispiel um die Mischung aus Kupfer und Zinn geht, schließen Ausführungen über die Verbindung von Mann und Frau an:

> *Drum prüfe, wer sich ewig bindet,*
> *Ob sich das Herz zum Herzen findet.*

Kennt man, oder? *DIE GLOCKE* ist voller geflügelter Worte (*Wo rohe Kräfte sinnlos walten / Da werden Weiber zu Hyänen*) – eine Lektüre lohnt sich in vielerlei Hinsicht!

1774 – *DIE LEIDEN DES JUNGEN WERTHERS* – Johann Wolfgang von Goethe

1775–83 – Amerikanischer Unabhängigkeitskrieg

1783 – *LEONARDO UND BLANDINE* – Joseph Franz von Goez

1789 – Beginn Französische Revolution

1799 – *DAS LIED VON DER GLOCKE* – Friedrich Schiller

JOHANN WOLFGANG VON GOETHE

Faust I

Inhalt

Doktor Faust hat Burn-Out. Das ganze Studieren bringt nichts, insgesamt weiß man viel zu wenig über die Welt. Faust versucht es mit Magie, doch der Erdgeist will nichts mit ihm zu tun haben, bleibt nur noch Selbstmord. Aber als Faust die Glocken zum Ostertag läuten hört, erinnert er sich an glückliche Kindheitstage – also doch kein Gift. Beim Osterspaziergang läuft ihm ein schwarzer Pudel zu, der sich dann als Mephisto (Teufel!) entpuppt. Anschließend: Teufelspakt.

Faust verkauft seine Seele an Mephisto, dafür soll der Faust aber erst mal aus der Lebenskrise holen, sprich: alle Wünsche erfüllen. Dazu gibt es zunächst einen Zaubertrank, mit dem sich Faust verjüngt und gleichzeitig alle Frauen schöntrinkt. Schon kommt Gretchen des Wegs, einfach / schüchtern / unscheinbar, aber für Faust praktisch eine Femme fatale (Zaubertrank macht's möglich). Er weiß nicht, wohin vor lauter Begierde, Mephisto sorgt für Erfüllung derselben. Ja, genau: Sex. Aber natürlich nur zwischen den Zeilen …

Es folgen: einiges Hin und Her zwischen Gretchen und Faust, unglaublich viel Metaphorik, zwei Morde und am Ende jede Menge Verzweiflung (Gretchen wird schwanger, tötet ihr neugeborenes Kind, kommt in den Kerker, Faust und Mephisto hauen ab).

20 Jahre später gab es dann *Faust II*. Noch mehr Symbolik, Mystik, Merkwürdigkeiten, aber mit Happy End.

Smalltalk-Info

Die Geschichte mit Dr. Faustus und dem Teufelspakt ist zu **Goethes** Zeiten schon ein alter Hut: Die Sage stammt aus dem 16. Jahrhundert, war allgemein bekannt und bezieht sich auf den echten **Faust**, der um 1500 herum lebte und als Wunderheiler und Magier durchs Land zog. Am Ende sprengte er sich beim Versuch, Gold herzustellen, selbst in die Luft.

Für Einsteiger

Faust ist zwar nicht kompliziert und wirklich wunderschön, aber nichts, was man mal eben so wegliest. Stattdessen vielleicht den Film mit **Gustaf Gründgens** (Mephisto) und **Will Quadflieg** (Faust) gucken. Auch keine leichte Kost, lohnt sich aber.

Oder **Goethes** Romane lesen (*Die Wahlverwandtschaften* oder *Die Leiden des jungen Werthers*, siehe Seite 21). Oder **Goethe** light – die Balladen: kurz, spannend und trotzdem echt deutscher Dichterfürst.

Napoleon Bonaparte krönt sich zum Kaiser | Erste Dampflokomotive

1804
Wilhelm Tell
Friedrich Schiller

Schlacht von Trafalgar

1805
Des Knaben Wunderhorn
Clemens Brentano / Achim von Arnim

Ende d. Heiligen Römischen Reiches Deutscher Nation

1806

★ 1749 in Deutschland
✞ 1832 in Deutschland

*Goethe ist der größte Schriftsteller Deutschlands. Und für die deutsche Sprache hat niemand so viele berühmte Zitate geschaffen wie er**

Sehr viel Interessantes über Goethe erfährt man in dem Buch *CHRISTIANE UND GOETHE* von Sigrid Damm. Der Dichterfürst im anderen Licht – viele Fakten, trotzdem fast ein Roman.

Johann Wolfgang von Goethe fängt gleich groß an: Mit *GÖTZ VON BERLICHINGEN* begeistert er 1773 das ganze Land und revolutioniert das Theater. Die Einheit von Ort, Zeit und Handlung, bisher ein absolutes Muss, hat **Goethe** mit seinem *GÖTZ* mal eben außer Kraft gesetzt. Da gibt es gleich 50 verschiedene Orte und diverse parallele (!) Plots. Dazu eine deftige Sprache, die das ganze Land mit Freuden übernimmt.

Ein Jahr später kommt *WERTHER* (siehe Seite 21), ein Bestseller in ganz Europa – **Goethe** mit Mitte 20 im Höhenflug, Kurs: Dichterolymp. Den erreicht er auch, allerdings erst Jahrzehnte nach seinem Tod. Solange er lebt, bleibt *WERTHER* sein größter Erfolg. Trotzdem ist **Goethe** ein echter Promi und sogar im Ausland berühmt. Er kann schließlich nicht nur schreiben (und zwar die ganze Palette: Dramen, Romane, Gedichte, Briefe et cetera), er hat auch Ahnung von Politik, Kunst und Naturwissenschaften: **Goethe** wird Minister, beschäftigt sich mit Farbenlehre und Metamorphose der Pflanzen.

Und Frauen … Als junger Mann verliebt er sich in **Charlotte Buff**, die anderweitig verlobt ist (daraus wird *WERTHER*). Kurz darauf verlobt sich **Goethe** mit einer **Lili** (daraus wird nichts), er lernt **Charlotte von Stein** kennen: sieben Jahre älter, verheiratet, sieben Kinder – aber **Goethe** liebt sie. Daraus wird aber auch nichts (oder nur heimlich, man weiß es nicht). **Goethes** Geliebte wird schließlich **Christiane Vulpius**, die er aber erst 1806 heiratet.

Die wichtigste Beziehung **Goethes** ist aber wohl die zu **Schiller**. Erst mag der Geheimrat den jüngeren Kollegen gar nicht, dann werden sie Brüder im Geiste. Dass **Schiller** immer erfolgreicher wird, stresst **Goethe** allerdings ziemlich – und erst nach dem Tod des Dichterfreundes kann er endlich seinen *FAUST* vollenden. 60 Jahre hat er daran rumgeschrieben.

---

* Eine kleine Auswahl: *Du sprichst ein großes Wort gelassen aus.* (IPHIGENIE AUF TAURIS), *Blut ist ein ganz besondrer Saft.* (FAUST I), *Das also war des Pudels Kern!* (FAUST I), *Hier bin ich Mensch, hier darf ich's sein!* (FAUST I), *Zwei Seelen wohnen, ach! in meiner Brust.* (FAUST I), *Die ich rief, die Geister, werd' ich nun nicht los.* (DER ZAUBERLEHRLING), *Edel sei der Mensch, hilfreich und gut.* (DAS GÖTTLICHE), *Halb zog sie ihn, halb sank er hin.* (DER FISCHER), *Kennst du das Land, wo die Zitronen blühen?* (MIGNON), *Wie gewonnen, so zerronnen.* (REINEKE FUCHS)

Fertigstellung Beethovens 5. Sinfonie
1808
FAUST I
Johann Wolfgang von Goethe

1809
DIE WAHLVERWANDTSCHAFTEN
Johann Wolfgang von Goethe

Erste Konservendose
1810

Russlandfeldzug Napoleons
1812
KINDER- UND HAUSMÄRCHEN
Gebrüder Grimm

Literaturhelden in Europa*

Eine Auswahl

Die meisten Landeslieblinge sind in der ganzen Welt bekannt – aber einige Namen werden zumindest ein Stirnrunzeln hervorrufen, deshalb in Kürze einige Erläuterungen:

1 NIEDERLANDE
Der Dichter und Dramatiker **Joost van den Vondel** ist ein Vertreter des »Goldenen Zeitalters« – jene 100 Jahre im 17. Jahrhundert, als für die Niederlande alles super lief: gute Geschäfte und großartige Kultur.

2 BELGIEN
Hier gibt es zwei Helden: **Georges Simenon** (*MAIGRET*) für die Wallonen und **Hugo Claus** (*DER KUMMER VON BELGIEN*) für die Flamen.

3 KROATIEN
Der hierzulande eher unbekannte **Miroslav Krleža** gilt als Begründer der modernen kroatischen Literatur; die Novellensammlung *DER KROATISCHE GOTT MARS* ist ein bedeutendes Werk der Antikriegsliteratur.

4 FINNLAND
Aleksis Kivi war der Erste, der auf Finnisch statt auf Schwedisch schrieb. Sein weltberühmter Roman *DIE SIEBEN BRÜDER* wurde nach der Veröffentlichung 1870 fürchterlich verrissen – zum Nationaldichter wurde Kivi erst nach seinem frühen Tod.

5 TSCHECHIEN
Auch **Karel Hynek Mácha** ist ein zu Lebzeiten verkannter Autor. Sein Versepos *MAI* musste er im Eigenverlag herausbringen.

6 POLEN
Im Nationalepos *HERR THADDÄUS* von **Adam Mickiewicz** geht es um den Kampf gegen Russland. Jedes polnische Schulkind muss die ersten Zeilen** im Schlaf können.

7 RUMÄNIEN
Mihai Eminescu, der vor allem durch seine Gedichte (*DER ABENDSTERN*) berühmt wurde, ist in Rumänien tatsächlich ein Held: Es gibt zig Statuen, sein Porträt ist auf dem 500-Lei-Schein, sein Geburts- und Todestag werden im ganzen Land gefeiert.

* Sich auf einen Literaturhelden zu einigen fällt fast allen Ländern schwer. Frankreich zum Beispiel kann sich kaum entscheiden zwischen **Victor Hugo**, **Émile Zola** und **Marcel Proust**; in Russland könnte man genauso gut **Fjodor Dostojewski** nennen – und in der Schweiz dürfen sich **Max Frisch** und **Friedrich Dürrenmatt** streiten.

** »Litauen, du meine Heimat, du bist wie die Gesundheit. Nur wer diese verloren hat, weiß das Verlorene zu schätzen.«

JANE AUSTEN

Stolz und Vorurteil

Pride and Prejudice

Inhalt

England, Ende des 18. Jahrhunderts. Familie Bennet lebt auf dem Land in der Nähe von London. Drei der fünf Töchter sollen verheiratet werden, logischerweise möglichst mit einer guten Partie. Da trifft es sich gut, dass der neue Nachbar Mr. Bingley jung, reich und ledig ist UND seinen Freund Mr. Darcy mit anschleppt – ebenfalls jung/reich/ledig plus attraktiv!

Allerdings auch ziemlich arrogant, findet Elisabeth Bennet. Als Darcy dann noch ihren Stolz verletzt, ärgert sie ihn, wo sie nur kann. Darcy wiederum hatte zwar Vorurteile gegenüber Elisabeths Familie, verliebt sich aber trotzdem in sie, weil sie klug, schön und eben nicht mainstream ist. Er macht ihr einen etwas überstürzten und nicht besonders schlau formulierten Heiratsantrag, was neue Verwerfungen hervorruft. Natürlich lehnt Elisabeth ab.

Es folgen verschiedene innerfamiliäre Probleme bei den Bennets (Töchter, Verehrer, Stolz, Vorurteil). Am Ende erkennt Elisabeth, dass sie Darcy doch liebt, und alles wird gut (auch das mit den anderen Töchtern).

Same, same but different

Kennst du einen, kennst du alle. **Jane Austens** Romane kann man leicht durcheinanderkriegen – es geht immer um junge Frauen und die Ehefrage: *Verstand und Gefühl* (zwei Schwestern suchen den richtigen Ehemann), *Emma* (die Heldin sucht Ehemänner für andere) und *Mansfield Park* (armes Mädchen soll reichen Mann heiraten, ist aber in Cousin verliebt).

Smalltalk-Info

1: Das ganze Ehe-Hin-und-Her heißt im Englischen *marriage plot* oder auch *courtship* (= Liebeswerben) *plot*. Gern genommen auch in den Romanen der **Brontë-Schwestern** (siehe Seite 38–39).

2: *Stolz und Vorurteil* war auch das Vorbild für *Bridget Jones*. Tatsächlich heißt der Typ, den Bridget auf keinen Fall will, sogar Mark Darcy. Im Film wird Darcy von **Colin Firth** gespielt – und der hat auch den **Austen**-Darcy in der BBC-Verfilmung von *Stolz und Vorurteil* gespielt! Verrückt.

Zitat

> *Es ist eine allgemein anerkannte Wahrheit, dass ein Junggeselle im Besitz eines schönen Vermögens nichts dringender braucht als eine Frau.*

Sagt Mrs. Bennet, als der gutsituierte Charles Bingley nebenan einzieht.

1813

Völkerschlacht bei Leipzig

1813 *Stolz und Vorurteil* Jane Austen

Napoleon Bonaparte verliert Schlacht bei Waterloo

1815

★ 1775 in England
✞ 1817 in England

Jane Austen hat alle ihre Bücher anonym veröffentlicht

Die Briten verehren Jane Austen auch heute noch – sie wird sogar mit dem unerreichbaren William Shakespeare verglichen.

Jane Austen – Tochter eines Pfarrers – hat sechs Brüder und eine ältere Schwester. Ungewöhnlich für die damalige Zeit: Nicht nur die Jungen bekommen Bildung verpasst, sondern auch die Töchter werden von den Eltern gefördert. So schreibt **Jane** schon als Zwölfjährige erste kleine Theaterstücke und Romane. Einiges davon ist tatsächlich erhalten geblieben, sodass sich echte **Austen**-Fans auch das Jugendwerk der Autorin zu Gemüte führen können.

Auf den jugendlichen Schaffensdrang folgt erst mal eine längere Pause. Die Familie zieht mehrfach um, schließlich landet **Jane** mit ihrer Mutter und Schwester bei ihrem Bruder Edward in dessen Landhaus. Hier entstehen in relativ kurzer Zeit alle ihre berühmten Romane. *VERSTAND UND GEFÜHL* erscheint 1811 – da ist **Jane Austen** 36 Jahre alt. Unverheiratet übrigens und damit praktisch eine alte Jungfer, abhängig vom Geld und vom Wohlwollen ihres Bruders. So war das vor 200 Jahren; alleinstehende Frauen hatten keine Lobby. Das hat **Jane** Austen ziemlich genervt.

Zwar finden alle ihre Protagonistinnen am Ende den Mann des Lebens – aber immer erst, nachdem sie irgendwie versucht haben, sich den gesellschaftlichen Zwängen zu entziehen. Richtig viel passiert nicht in den Büchern, sie leben von der ironischen Darstellung der Charaktere und der satirischen Betrachtung der Gesellschaft Anfang des 19. Jahrhunderts.

Für damalige Verhältnisse hat sich lehnt sich **Jane Austen** ziemlich weit aus dem Fenster: ohne Mann, berufstätig und dann auch noch kritisch! Denn obwohl sie alle Bücher anonym veröffentlicht (als Verfasser wurde nur *By a Lady* angegeben), ist bald allen klar, wer die Autorin dieser sehr beliebten Romane ist.

Über ihr Leben ist wenig bekannt – und lange gab es bloß zwei (schlechte) Porträts – gemalt von ihrer Schwester **Cassandra**. Auf dem einen Bild sieht man **Jane** nur von hinten – und auf dem anderen sieht sie aus wie eine sauertöpfische Jungfer. 2011 tauchte ein neues Bild auf, das die **Austen**-Forscher vor Begeisterung durchdrehen ließ, weil **Jane** darauf so schön selbstbewusst guckt!

Lord Byron trennt sich von seiner Frau (Skandal)
1816
EMMA
Jane Austen

Draisine (Laufrad)
1817

1818
HYPERION
John Keats
FRANKENSTEIN
Mary Shelley

USA kaufen Florida von Spanien
1819

Kurz, wichtig

Literatur im Schnelldurchlauf

SIR WALTER SCOTT

IVANHOE

Ivanhoe or the Jew and his Daughter

England, 12. Jahrhundert: Die Normannen herrschen über die Angelsachsen; mittelalterliches Drunter und Drüber. In diesem Setting erlebt der Kreuzritter WILFRED VON IVANHOE diverse Abenteuer: Bei einem Turnier wird er verwundet, von dem Juden ISAAC und seiner Tochter REBECCA gepflegt, dann zusammen mit ihnen gefangen genommen und auf *Schloss Torquilstone* eingesperrt. ROBIN HOOD überfällt das Schloss, ein Tempelritter flieht mit REBECCA (gegen deren Willen) zu seinem Orden, wo sie der Hexerei bezichtigt wird. Um die Sache zu klären, gibt es einen Zweikampf zwischen IVANHOE und dem Tempelritter – nicht wundern, das war übliche Praxis im Mittelalter. Der Tempelritter verliert, REBECCA verlässt das Land, IVANHOE heiratet.

Einer der ersten historischen Romane überhaupt. Ziemlich viel Personal und Action, nicht so leicht zu lesen wie *DIE SÄULEN DER ERDE*, aber vor allem in England immer noch ein Muss. In Deutschland waren eher die *IVANHOE*-Comics beliebt – die gibt es allerdings nur noch antiquarisch.

JAMES FENIMORE COOPER

LEDERSTRUMPF

The Leatherstocking Tales

Eine fünfteilige Serie, die im Amerika der Pionierzeit spielt – von Mitte des 18. bis Anfang des 19. Jahrhunderts. Hauptperson ist der Einzelgänger NATTY BUMPOO, ein Jäger und Fallensteller. NATTY ist ein lässiger Typ, der Abenteuer in der Wildnis erlebt – und wechselnde Beinamen trägt: LEDERSTRUMPF, WILDTÖTER, FALKENAUGE oder auch LANGE BÜCHSE. Sein Freund ist der edle Indianerhäuptling CHINGACHCOOK. Oft werden Frauen beschützt und/oder gerettet, Hinterhalte aufgedeckt, Kämpfe gekämpft.

Öh, kennt man alles? Na ja. Damals gab es noch keine Western und auch keinen WINNETOU! Insofern war Cooper fortschrittlich, kritisch und für viele andere Autoren ein Vorbild.

Monroe-Doktrin | Erste Eisenbahn (in England) | Brailleschrift | Erfindung der Nähmaschine

1820 *IVANHOE* Sir Walter Scott

1823 *LEDERSTRUMPF* James Fenimore Cooper

1825

1827 *JUD SÜSS* Wilhelm Hauff

1829

VICTOR HUGO

DER GLÖCKNER VON NOTRE DAME

Notre Dame de Paris

Paris im 15. Jahrhundert: Der missgestaltete QUASIMODO wird vor der Kirche *Notre Dame* ausgesetzt, der Dompropst FROLLO nimmt ihn auf und lässt ihn später als Glöckner arbeiten. Eines Tages verliebt sich FROLLO in die Zigeunerin ESMERALDA. QUASIMODO entführt sie für seinen Herrn, wird erwischt und landet im Gefängnis – nicht ohne sich selbst in die schöne ESMERALDA zu verlieben. Und auch der Hauptmann PHOEBUS ist ihr verfallen. Man ahnt es schon: eine ungünstige Konstellation. FROLLO ersticht PHOEBUS, ESMERALDA wird für den Mord gehängt, QUASIMODO stürzt sich vom Glockenturm.

Ein historischer Roman mit allem, was das Herz begehrt: mittelalterliches Leben, unglückliche Liebe, Mord und Totschlag.

STENDHAL

ROT UND SCHWARZ

Le Rouge et le Noir

JULIEN SOREL, intelligent und gut aussehend, will weg aus der Provinz und beschließt, Priester zu werden. Er landet zunächst als Hauslehrer bei den RÊNALS, wo er eine Affäre mit der Dame des Hauses beginnt.

Als das Verhältnis auffliegt, wird er ins Priesterseminar geschickt und kommt schließlich als Privatsekretär zum MARQUIS DE LA MOLE. Dessen Tochter MATHILDE verführt ihn und wird schwanger – was sich als äußerst günstig für JULIEN erweist: Er soll MATHILDE heiraten und wird dazu in den Adelsstand gehoben. Aber dann petzt MME RÊNAL die alte Geschichte, JULIEN schießt sie nieder und wird zum Tode verurteilt.

Warum sich der französische Autor **Henri Beyle** das Pseudonym **Stendhal** gegeben hat, weiß man übrigens nicht genau. Ebenso wenig, wie er es selbst ausgesprochen hat.

HONORÉ DE BALZAC

EUGÉNIE GRANDET

EUGÉNIE hat nichts zu lachen im Hause ihres Vaters, der nur an Geld und noch mehr Geld interessiert ist. Richtig schön ist ihr Leben nur kurz, als sie sich in ihren Cousin CHARLES verliebt. Der wird aber von MONSIEUR GRANDET flugs nach Indien geschickt, damit er der Familie nicht auf der Tasche liegt. EUGÉNIE leiht CHARLES (viel) Geld, woraufhin ihr Vater ziemlich ausrastet und EUGÉNIES Leben noch trister wird. Sie wartet auf CHARLES' Rückkehr, während der in Indien ein Vermögen macht und gar nicht mehr an sein Cousinchen denkt. Und so wird alles immer trauriger und hoffnungsloser ...

Ein Werk des Realismus, will heißen: So war das Leben damals eben mitunter.

1830 – Julirevolution in Frankreich

1831 – *DER GLÖCKNER VON NOTRE DAME*, Victor Hugo; *ROT UND SCHWARZ*, Stendhal

1832 – Hambacher Fest

1834 – England schafft Sklaverei ab; *EUGÉNIE GRANDET*, Honoré de Balzac; *HERR THADDÄUS*, Adam Mickiewicz

Novelle & Co.

Was ist eigentlich noch mal …?

Viele Texte lassen sich nicht hundertprozentig einordnen, noch nicht einmal in eine der Gattungen Lyrik, Dramatik oder Epik. Verwirrung entsteht auch durch den Begriff »Dichtung« oder »Dichtkunst«, den man sofort mit »Gedicht« assoziiert. Tatsächlich ist es aber der Oberbegriff für alle ausgedachten Texte.

POESIE
Dichtkunst

LYRIK

Im Prinzip alle Gedichte. Früher war es relativ klar: Lyrik muss sich reimen und ein Versmaß haben. Moderne Gedichte verzichten oft auf beides – aber immer geht es um Eindrücke, Gefühle, Ansichten. Genres zum Beispiel: Ode, Sonett, Ballade.*

DRAMATIK

Im Prinzip alle Theaterstücke. Hier fällt die Zuordnung am leichtesten. Es gibt ein paar Feinheiten, aber eigentlich gilt: Immer wenn Handlung durch Dialoge dargestellt wird, ist es ein Drama. Genres zum Beispiel: Tragödie, Komödie.

ROMAN

Das Wort kommt aus dem Altfranzösischen: *Romanz* = Erzählung in romanischer Volkssprache (statt wie bisher üblich in Latein). Im heutigen Sprachgebrauch versteht man unter »Roman« einen fiktionalen (= ausgedachten), ausführlichen, erzählerischen Text. Es gibt viele Subgenres, wie zum Beispiel Historienroman, Kriminalroman, Abenteuerroman, Familienroman, Liebesroman.

ERZÄHLUNG

Die kurze Form des Romans. Wesentlich unkomplizierter: Während Romane verschiedene Erzähl- und Zeitebenen haben können, sind Erzählungen fast immer chronologisch aufgebaut, und es gibt nur eine Erzählperspektive.

EPIK

Im Prinzip alle erzählenden Texte. Epik wird noch mal unterteilt in Vers- und Prosadichtung. Epik in Versen ist zum Beispiel die Ilias von Homer, eben ein »Heldenepos«.

Prosa (von lat. *prosa oratio* = geradeaus gerichtete Rede) sind alle Texte ohne Verse – also auch Briefe oder Gebrauchsanweisungen (die natürlich nicht zur Epik zählen). Im literarischen Sinn gehören zur Prosa die gängigen Genres der erzählenden Literatur: Roman & Co. (siehe unten).

NOVELLE

Eine kurze bis mittellange Erzählung. Das Wort kommt aus dem Italienischen: *Novella* = Neuigkeit – es geht in Novellen meistens um ein entscheidendes Ereignis und seine Wirkung auf die Hauptfiguren. In der Novelle spielen deshalb fast immer Stimmungen eine wesentliche Rolle. »Erfunden« wurde die Novelle von **Giovanni Boccaccio** (*DECAMERONE*, 1353), berühmt sind auch **Geoffrey Chaucers** *CANTERBURY TALES* (1391–99). In Deutschland wurden vor allem im 19. Jahrhundert Novellen geschrieben (**Storm**, **Fontane**), aber auch später von **Thomas Mann**, **Martin Walser**, **Günter Grass**, **Siegfried Lenz**.

KURZGESCHICHTE

Eine kurze Geschichte, trotzdem etwas anderes als die Erzählung. Hieß zuerst *Short Story*, weil sie im 19. Jahrhundert im englischsprachigen Raum entstand. Der erste Meister der Short Story war **Edgar Allan Poe**, später **F. Scott Fitzgerald** und natürlich **Ernest Hemingway**.

In Deutschland hielt man sich eher an die Novelle – bis 1945. Da wollte man ein Zeichen setzen: Bloß nicht mehr emotional / pathetisch / ideologisch, sondern lieber sachlich reduziert (**Borchert**, **Böll**). Denn Kurzgeschichten sind sehr reduzierte, komprimierte Texte. Es geht schnell zur Sache, es gibt oft einen offenen Schluss und dazwischen wenig Handlung, wenig Personen, wenig Orte. Dafür viiiiel Raum für Interpretation! Und deshalb müssen Schüler dauernd Kurzgeschichten lesen …

* Goethe hat die Ballade als »Ur-Ei« der Poetik bezeichnet, weil in ihr die drei Gattungen Lyrik, Epik und Drama vereint sind. Heutzutage zählt man sie aber üblicherweise zur Lyrik.

CHARLES DICKENS

Oliver Twist

Oliver Twist; or, The Parish Boy's Progress

Inhalt

OLIVER TWIST ist ein herzensguter Junge, der andauernd Pech hat. Erst stirbt seine Mutter bei der Geburt, dann wächst er bei einer lieblosen ältlichen Dame auf. An seinem neunten Geburtstag landet er im Armenhaus und kassiert gleich Riesenärger (siehe Zitat). Dann wird er von einem Sargtischler aufgenommen, streitet sich mit einem Lehrling, wird (zu Unrecht) bestraft und flieht nach London.

Hier gerät er in die Fänge des Hehlers FAGIN und seiner Straßenjungen. Auf einer Diebestour wird MR. BROWNLOW bestohlen, der OLIVER (zu Unrecht) verdächtigt. Der kann seine Unschuld aber (ausnahmsweise mal) beweisen und wird von MR. BROWNLOW aufgenommen.

Eines Tages soll OLIVER für seinen Wohltäter etwas besorgen, wird abgefangen und gezwungen, zu FAGINS Bande zurückzukehren. MR. BROWNLOW denkt (zu Unrecht), OLIVER habe ihn betrogen, während dieser von FAGIN zum Einbruch bei den MAYLIES gezwungen wird. Dabei wird OLIVER angeschossen. Als er blutend vor der Tür der MAYLIES zusammenbricht, haben die guten Leute (mal wieder) Mitleid und pflegen ihn gesund.

Nach einigem Hin und Her mit FAGIN, weiteren zwielichtigen Gestalten und der guten Gesellschaft zeigt sich – Überraschung! –, dass OLIVER mit den MAYLIES verwandt und außerdem der verloren geglaubte Sohn eines guten Freundes von MR. BROWNLOW ist! Dieser adoptiert OLIVER schließlich – und alles wird gut.

Smalltalk-Info

OLIVER TWIST ist einer der ersten Romane überhaupt, in denen ein Kind die Hauptfigur ist. Trotzdem ist es kein Kinderbuch – dafür sind einige Szenen viel zu brutal. Dickens wollte die gesellschaftlichen Missstände in England anprangern. Tatsächlich wurden die nach Erscheinen des Romans viel diskutiert.

Für Einsteiger

OLIVER TWIST lässt sich gut lesen – vor allem wenn man das Alter (fast 200 Jahre) bedenkt, kann man nicht meckern. Aus heutiger Sicht hat der Roman allerdings seine Längen. Für einen Einstieg ins Thema stehen diverse Verfilmungen zur Auswahl (1948: Alec Guinness als FAGIN, 1997: Richard Dreyfuss als FAGIN, 2005: Ben Kingsley als FAGIN), außerdem Zeichentrickfilme, Hörspiele oder auch das oscarprämierte Musical *OLIVER!*. Die Dickens-Lektüre ersetzt das alles aber nicht.

Zitat

Bitte, Sir, ich möchte noch etwas haben

Die Kinder im Armenhaus waren fast verrückt vor Hunger und haben Oliver ausgelost, dass er am Abend um mehr Essen bitten sollte. Eine Ungeheuerlichkeit, die Oliver eine schlimme Strafe einbrachte.

In England ist *Please, Sir, I want some more* ein geflügeltes Wort, das jeder kennt.

1835

Spanien erkennt Unabhängigkeit Mexikos an

L. A. Blanqui erfindet den Begriff *industrielle Revolution*

1835
MÄRCHEN
Hans Christian Andersen

1836
MAI
Karel Hynek Mácha

1837

★ 1812 in England
✝ 1870 in England

»Gibt es schließlich eine bessere Form, mit dem Leben fertigzuwerden als mit Liebe und Humor?«

Eigentlich haben **Dickens** schon immer alle geliebt und bewundert – nicht nur die Leser, auch seine Schriftstellerkollegen. Nur wenige (**Henry James**, **Virginia Woolf**) fanden seine Bücher etwas zu schmalzig und unrealistisch.

Charles Dickens' Leben verlief recht unspektakulär – verglichen mit dem anderer großer Schriftsteller. Es lief in etwa so, wie man sich ein eher normales Leben zur Zeit von **Queen Victoria** so vorstellt: beschauliche Kindheit (Mittelstand, mittelgroße Stadt), Umzug nach London (dreckig, teuer), Geldsorgen, Vater im Schuldgefängnis, **Charles** ernährt die Familie (harte Arbeit in Londons Lagerhallen), Vater wieder frei, **Charles** wird Rechtsanwaltsgehilfe und schließlich Journalist.

Nebenbei schreibt er *DIE PICKWICKIER* (lustig, abenteuerlich, erfolgreich), heiratet (zehn Kinder!), schreibt *OLIVER TWIST* (siehe links; ebenfalls erfolgreich). Er reist, wird Herausgeber der *Daily News*, schreibt *EINE WEIHNACHTSGESCHICHTE* (das mit dem alten Geizkragen SCROOGE, kennt man im Zweifel aus zig Verfilmungen), *DAVID COPPERFIELD* (ja, danach hat sich der Zauberer benannt, weil's nämlich so schön klingt), *EINE GESCHICHTE AUS ZWEI STÄDTEN* (kennt in Deutschland praktisch niemand, ist aber tatsächlich der meistgedruckte Roman der Welt und aller Zeiten; siehe auch Seite 105) und schließlich *GROSSE ERWARTUNGEN* (gilt als sein bestes, weil reifstes Buch).

Keine Skandale (mal abgesehen davon, dass er sich von seiner Frau trennte, um mit einer Schauspielerin zusammenzuleben) und kein verkanntes Genie – im Gegenteil: Alle waren auf Anhieb begeistert von seinen Büchern, man schätzte seinen Humor, seine Beobachtungsgabe und seine sozialkritischen Ansichten. **Dickens** muss ein echtes Herzchen gewesen sein: Seinen Roman *EINE WEIHNACHTSGESCHICHTE* schrieb er, weil er dringend Geld brauchte. Damit sich das Buch jeder leisten konnte, machte er es extra billig – und verdiente am Ende praktisch nichts.

Dafür wurde er durch diesen Roman zum Mann, der Weihnachten erfand. Zufällig fing man in England zu der Zeit nämlich gerade an, das Weihnachtsfest so zu feiern, wie man es heute kennt. Und da kam **Dickens**' sentimentale *WEIHNACHTSGESCHICHTE* gerade recht!

Königin Victoria wird gekrönt
1837–39 *OLIVER TWIST* Charles Dickens

Erstes Frauenwahlrecht auf Pitcairn
1838

1838–47 *GLANZ UND ELEND DER KURTISANEN* Honoré de Balzac

Der arme Poet (C. Spitzweg)
1839 *MÜNCHHAUSEN* Karl Leberecht Immermann

EDGAR ALLAN POE

Der Untergang des Hauses Usher

The Fall of the House of Usher

Inhalt

Das Setting ist natürlich durch und durch gruselig: Der durchgeknallte RODERICK USHER wohnt in einem alten, düsteren Gemäuer, das aussieht, als würde es jeden Moment zusammenfallen. Es liegt an einem ebenfalls schauerlichen See, aus dem angeblich Geister emporsteigen.

Ein verstörender Anblick, findet der Ich-Erzähler, der angeritten kommt, weil sein alter Freund RODERICK es vor lauter Geisteskrankheit nicht mehr aushält. Und es wird immer gespenstischer: RODERICKS Zwillingsschwester LADY MADELINE stirbt und wird im Keller begraben. Der Ich-Erzähler versucht den durchdrehenden RODERICK mit einer Rittergeschichte aufzumuntern, erreicht aber im Gegenteil, dass die Gesamtsituation immer unheimlicher und er selbst auch immer wahnsinniger wird.

Schließlich überstürzen sich die Ereignisse: LADY MADELINE ist gar nicht tot, sie steht plötzlich blutbefleckt in der Tür und fällt sterbend auf ihren Bruder. Der bekommt den Schock seines Lebens und stirbt ebenfalls, der Ich-Erzähler sieht zu, dass er Land gewinnt. Gerade noch rechtzeitig, bevor das *Haus Usher* zusammenkracht und im gruseligen See versinkt. Huah!

Same, same but different

Praktisch alle Erzählungen von **Poe** lesen sich so wie *DER UNTERGANG DES HAUSES USHER* – düster, gruselig und irgendwie trotzdem schön: *DIE GRUBE UND DAS PENDEL* (was mit Foltern), *DAS VERRÄTERISCHE HERZ* (was mit zerstückelten Leichenteilen), *DIE MASKE DES ROTEN TODES* (was mit Seuchen).

Wer **Poe** durchgelesen hat (dauert ja nicht sooo lange), kann mit *SHERLOCK HOLMES* weitermachen. Die Ähnlichkeiten sind unverkennbar, aber natürlich sind die Geschichten von **Arthur Conan Doyle** doch ganz anders …

Für Einsteiger

Man braucht starke Nerven, aber für Freunde des gepflegten Horrors bietet **Poe** eine gute Alternative zum Spätfilm. Literarisch hochwertig, in überschaubarer Länge, und die Spannung reißt nie ab.

Smalltalk-Info

Es gab wirklich ein *Haus Usher* – in Boston. Als es im Jahr 1800 abgerissen wurde, fand man im Keller die Leichen eines Mannes und einer Frau. Sie lagen einander umarmend in einem Hohlraum. Man munkelte, dass der Eigentümer seine junge Frau und ihren Geliebten lebendig begraben habe. Huah!

Übrigens

Edgar Allan Poe ist ein Vertreter der *Schauerliteratur* – auf Englisch interessanterweise *Gothic Fiction* genannt: eine Kombi aus Horror und Romanze. Erfinder war der Engländer **Horace Walpole**, der seinem Roman *DAS SCHLOSS VON OTRANTO* 1764 den Untertitel *A GOTHIC NOVEL* gab.

Andere bekannte Schauerromane sind *FRANKENSTEIN* von **Mary Shelley**, *DRACULA* von **Bram Stoker**, *REBECCA* von **Daphne du Maurier** (siehe Seite 113) und mit etwas gutem Willen auch die *TWILIGHT*-Romane von **Stephenie Meyer**.

★ 1809 in Boston, USA
✝ 1849 in Baltimore, USA

»Der Tod einer schönen Frau ist wahrlich das poetischste Thema der Welt«

Mit 27 Jahren heiratet Poe seine erst 13-jährige Cousine – allerdings wohl weniger aus Lolita-Gründen als vielmehr Beschützerinstinkt.

Edgar Allan Poe war viel mehr als ein alkoholsüchtiger Horrorautor. Ja, er hat getrunken. Aber Poe war kein ständiger Trinker, sondern wahrscheinlich eher eine Art Quartalssäufer, der sich nicht immer im Griff hatte. Und ja, Poe gilt als Meister des Grauens. Aber er war auch ein bedeutender Lyriker, Erfinder der Detektivgeschichte, glänzender Essayist und Wegbereiter des modernen Romans!

Sein Gedicht *Der Rabe* (Insider sagen unbedingt *The Raven*) ist eines der bekanntesten Gedichte der Welt. Und *Sherlock Holmes* hätte es vielleicht ohne den Detektiv Dupin in *Der Doppelmord in der Rue Morgue* nie gegeben! **Arthur Conan Doyle** war ein glühender Bewunderer von **Poe**, er hat gesagt:

> *Wenn jeder Autor, der ein Honorar für eine Geschichte erhält, die ihre Entstehung Poe verdankt, den Zehnten für ein Monument des Meisters abgeben müsste, dann ergäbe das eine Pyramide so hoch wie die von Cheops.*

Umso tragischer ist die Lebensgeschichte von **Edgar Allan Poe**. Sein Vater macht sich aus dem Staub, als er gerade ein Jahr alt ist; im Jahr darauf stirbt die Mutter. **Edgar Poe** wird von dem Ehepaar **Allan** aufgenommen. Er ist ein schlauer, sportlicher Junge. Trotzdem bricht er erst sein Studium ab, um zur Army zu gehen, verlässt die Army dann, um an der Militärakademie Offizier zu werden – und gibt schließlich auch diesen Plan auf.

Poe will schreiben. Drei Gedichtbände hat er schon veröffentlicht, allerdings praktisch erfolglos. Um Geld zu verdienen, versucht er es dann mit Erzählungen und arbeitet als Literaturkritiker bei einer Zeitschrift.

Bald ist **Poe** ein bekannter Mann: Seine Erzählungen finden Gefallen, seine Kritiken sind gerngenommene Aufreger. Richtig begeistert sind die prüden Amerikaner von **Edgar Allan Poe** allerdings nicht – und richtig viel Geld verdient er auch nicht.

Und dann sein plötzlicher, rätselhafter Tod: **Poe** will nach New York reisen, neue Verträge machen. Aber er kommt nie dort an. Stattdessen wird er eine Woche später in Baltimore auf der Straße gefunden, verwirrt und völlig verwahrlost. Betrunken? Krank? Das alles wurde nie geklärt.

ALEXANDRE DUMAS

Der Graf von Monte Christo

Le Comte de Monte-Cristo

Inhalt

Der 19-jährige EDMOND DANTÈS ist Opfer einer Intrige und wird unschuldig auf der Festungsinsel *Château d'If* eingekerkert. Schreckliche Jahre vergehen, und DANTÈS will sich gerade aufgeben, als er ABBÉ FARIA kennenlernt. Der wollte eigentlich durch einen selbstgegrabenen Tunnel von der Insel fliehen, landet aber stattdessen in DANTÈS' Zelle. Die beiden freunden sich an, und FARIA erzählt DANTÈS von einem vergrabenen Schatz auf der Insel *Montecristo*. Kurz darauf stirbt FARIA. DANTÈS nimmt seinen Platz im Leichensack ein, lässt sich ins Meer werfen, befreit sich, wird gerettet und hebt den Schatz.

14 Jahre später kehrt DANTÈS nach Frankreich zurück und findet heraus, was damals genau passiert ist, um einen raffinierten Rachefeldzug zu starten. Alle, die damals intrigiert haben, werden bestraft – und zwar nicht zu knapp. Bis DANTÈS auffällt, dass er es vielleicht etwas zu weit getrieben hat, sind ziemlich viele Leute tot, ruiniert, wahnsinnig oder gefangen genommen.

Natürlich geht es auch um Liebe: DANTÈS wollte nämlich gerade die schöne MERCÉDÈS heiraten, als er verhaftet wurde. Sie heiratet den Bösen. Als DANTÈS sie endlich wieder trifft, sind zwar die Gefühle noch da, aber er muss seinen Plan verfolgen und sie den Anstand wahren.

Smalltalk-Info

Die bekannte (und teure) kubanische Zigarrenmarke *Montecristo* wurde tatsächlich nach dem Roman benannt. In der Fabrik wurden beim Zigarrenrollen nämlich immer Bücher vorgelesen – und *DER GRAF VON MONTE CHRISTO* war besonders beliebt!

Für Einsteiger

Achten Sie auf eine Ausgabe mit Personenliste (oder fertigen Sie sich selbst eine an). Vor allem im zweiten Teil wird das Beziehungsgeflecht ziemlich kompliziert, und die Todesarten nehmen shakespeareske Züge an (Giftmord, Wahnsinn, Versehen). Ach ja, und das Buch ist ziemlich dick …

Aber nicht abschrecken lassen: *DER GRAF VON MONTE CHRISTO* ist immer noch einer der besten Abenteuerromane! Zur Not auf eine Verfilmung (am besten ist die TV-Serie von 1979) zurückgreifen.

Same, same but different

Natürlich *DIE DREI MUSKETIERE*. Die Geschichte um D'ARTAGNAN und seine Freunde ATHOS, PORTHOS und ARAMIS spielt zwar 200 Jahre früher, ist aber ein ähnlich haarsträubendes Abenteuer.

★ 1802 in Frankreich
✝ 1870 in Frankreich

Alexandre Dumas der Ältere hat Hunderte von Fortsetzungsgeschichten geschrieben!

Auch der Spruch *Cherchez la Femme* stammt von Dumas. Sagt ein Polizist im Roman *DIE MOHIKANER VON PARIS*, weil er meint, hinter jedem schlauen Coup stecke eine Frau.

Pikant: **Dumas'** Großvater ist ein Plantagenbesitzer auf Haiti, seine Großmutter dessen Sklavin. Offenbar hat sie **Alexandre** die Haarpracht vererbt (viel, dunkel, lockig) und einen kreolischen Gesamtlook. Der Autor muss sich deshalb oft rassistische Bemerkungen anhören, aber es sieht nicht so aus, als hätte ihn das erschüttert.

Alexandre Dumas ist ein Lebemann, ein Frauenheld, ein begeisterungsfähiger und großzügiger Verschwender. Schon früh fängt er an zu schreiben. Erst Theaterstücke, viele historisch – damals erfolgreich, heutzutage eher unbekannt. Dann findet er heraus, wie man mit Schreiben wirklich Geld verdienen kann. Zusammen mit einigen Angestellten verfasst **Dumas** ohne Ende Fortsetzungsgeschichten für Zeitungen – abenteuerliche, fiktiv-historische Plots, die die Leser lieben und die Verleger gut bezahlen: *DER GRAF VON MONTE CHRISTO* zum Beispiel und *DIE DREI MUSKETIERE*.

Nebenbei engagiert er sich in der Politik, unterstützt andere Schriftsteller, gibt Feste und gönnt sich diverse Geliebte. Das alles geht ins Geld. Schließlich ist **Dumas** pleite und muss zu seinem Sohn ziehen. Der heißt auch **Alexandre** und ist auch Autor, *DIE KAMELIENDAME* ist sein berühmtester Roman. Und deshalb heißt es immer **Alexandre Dumas der Ältere** beziehungsweise **Alexandre Dumas der Jüngere.**

Übrigens: Der gute alte **Dumas** hat uns eine Menge brauchbare Zitate hinterlassen. Vor allem seine Sprüche über Frauen und Ehe werden gerne für Hochzeitszeitungen bemüht:

Frauen inspirieren uns zu großen Dingen – und hindern uns dann, sie auszuführen.

Das Joch der Ehe ist so schwer, dass man zwei Leute braucht, es zu tragen. Manchmal auch drei.

Erstes Computerprogramm (A. Lovelace) — 1843 — *EINE WEIHNACHTSGESCHICHTE* Charles Dickens

Weberaufstand in Schlesien — 1844

1844–46 — *DER GRAF VON MONTE CHRISTO* Alexandre Dumas

EMILY BRONTË

Sturmhöhe

Wuthering Heights

Inhalt
Eine unwirtliche Gegend in Yorkshire, England: Hier leben die Earnshaws (auf dem Gutshof *Wuthering Heights*) und die Lintons (im Herrenhaus *Thrushcross Grange*). Im Laufe von drei Generationen geht es zwischen den Familien ziemlich drunter und drüber. Komplizierterweise heißen alle Beteiligten ähnlich.

Alles fängt damit an, dass Mr. Earnshaw den sechsjährigen Heathcliff adoptiert. Er selbst und seine geliebte Stiefschwester Cathy werden von deren Bruder Hindley tyrannisiert und misshandelt. Als es mit Hindley immer schlimmer wird, rettet sich Cathy in die Ehe mit Edgar Linton, was Heathcliff so erschüttert, dass er wegläuft.

Als er zurückkommt, ist er attraktiv und reich – und wieder wütend: Seine geliebte Cathy ist schwanger und lässt sich partout nicht erobern.

Das folgende Drama in Kürze: Heathcliff heiratet und misshandelt Edgars Schwester, Cathy stirbt gepeinigt nach der Geburt ihrer Tochter Catherine. Heathcliff ergaunert *Wuthering Heights*, bekommt einen Sohn (Linton, als Vorname) und zwingt ihn, Catherine zu heiraten. Als Linton stirbt, erbt der fiese Heathcliff auch noch *Thrushcross Grange*, und zu allem Überfluss hat er seinem (zugegeben ebenfalls fiesen) Stiefbruder dessen Sohn Hareton weggenommen.

Aber am Ende wird alles einigermaßen gut: Hareton und Catherine verlieben sich, Heathcliff wird krank und stirbt. (Dazwischen kommt noch was mit Geistern, was die meisten Literaturkritiker nicht so mögen.)

Für Einsteiger
Meisterwerk, Klassiker, überschätztes Melodram? Die Kritiker sind sich bis heute nicht einig. Damals war die Reaktion ziemlich ablehnend: unsympathische Helden, zu düster, zu leidenschaftlich und insgesamt zu unmoralisch. Heute ist man natürlich weitaus Schlimmeres gewohnt, aber einen Leseversuch ist dieser Brontë-Roman auf jeden Fall wert: für Weltliteratur erstaunlich actionreich.

* Alle außer Hareton und Catherine sterben.

1844
Deutschland. Ein Wintermärchen
Heinrich Heine

Tannhäuser
(R. Wagner)
1845
Der Rabe
Edgar Allan Poe
Der Struwwelpeter
Heinrich Hoffmann

Hungersnot in Irland
1845–49

CHARLOTTE BRONTË

Jane Eyre

Inhalt

Das Waisenkind Jane Eyre wächst bei schrecklichen Verwandten auf und muss dann auf ein ebenfalls schreckliches Internat: Auf *Lowood* ist es streng, kalt, und es gibt nicht genug zu essen. Trotzdem wird Jane an dieser Schule selbst Erzieherin, bevor sie eine Stelle als Gouvernante annimmt. Sie kommt nach *Thornfield Hall*, wo sie die uneheliche Tochter von Mr. Rochester betreut. Der verliebt sich in Jane, sie wollen heiraten. Doch direkt vor dem Altar erfährt Jane, dass Rochester schon verheiratet ist, und zwar mit der verrückten Bertha Mason, die er in seinem Haus gefangen hält.

Entsetzt tritt Jane die Flucht an und wird Dorfschullehrerin. Der Vikar will mit ihr nach Indien zum Missionieren gehen – nach vorheriger Heirat, versteht sich. Aber Jane besinnt sich plötzlich ihrer Liebe zu Rochester und eilt zurück nach *Thornfield Hall*.

Erneuter Schock: Das Herrenhaus ist eine Ruine. Bei einem Brand ist Bertha umgekommen (praktisch!), und Rochester ist erblindet, weil er versucht hat, seine Frau aus den Flammen zu retten (moralische Tat + Strafe = Wiederherstellung der Ehre). Jane pflegt ihn, heiratet ihn, bekommt ein Kind – und am Ende kann Rochester sogar wieder sehen!

Erstaunlich

Im gleichen Jahr erschienen wie das Buch ihrer Schwester **Emily** – und dennoch völlig anders. Während in *Sturmhöhe* die Leidenschaft regiert, macht in *Jane Eyre* die Vernunft das Rennen. Und das spiegelt wiederum genau die Charaktere der Autorinnen: **Emily** unbeherrscht, starrsinnig und unkonventionell, **Charlotte** eher die Verantwortungsvolle, Integere. Trotzdem galt sie nach *Jane Eyre* als Revoluzzerin (unter anderem weil sie mal aufgeschrieben hat, wie bitter das viktorianische England mit Frauen umgeht).

Und was ist mit Anne?

Anne war die dritte der **Brontë**-Schwestern, die übrigens alle unter einem männlichen Pseudonym veröffentlicht haben: **Currer Bell** (Charlotte), **Ellis Bell** (Emily) und **Acton Bell** (Anne). Anne hat auch zwei Romane geschrieben, *Agnes Grey* und *Die Herrin von Wildfell Hall*, wurde aber nie so bekannt wie ihre Schwestern.

Erste Narkose | Neptun entdeckt | Neue Schreibweise: *Bayern* statt *Baiern*

1846

Mormonen gründen Salt Lake City | Algerien wird französische Provinz

1847

Sturmhöhe Emily Brontë | *Jane Eyre* Charlotte Brontë

Kurz, wichtig

Literatur im Schnelldurchlauf

HEINRICH HEINE

DEUTSCHLAND. EIN WINTERMÄRCHEN

Ein Reisebericht in Versen: **Heinrich Heine** (der lustigerweise eigentlich Harry hieß) beschreibt verschiedene Städte und Landschaften – aber das Ganze ist natürlich kein Reiseführer. Sondern eine umfassende Kritik am deutschen Nationalismus und an der konservativen Gesellschaft.

Denk ich an Deutschland in der Nacht,
dann bin ich um den Schlaf gebracht.

Diese berühmten **Heine**-Zeilen sind aus seinem Gedicht *NACHTGEDANKEN*, erschienen ebenfalls 1844. Da lebte **Heine** schon längst in Frankreich, wo er freier denken und schreiben konnte. *DEUTSCHLAND. EIN WINTERMÄRCHEN* wurde in Deutschland dann auch direkt verboten. Inzwischen gelten die Verse als politisch-lyrisches Meisterwerk (ja, es sind 500 Strophen, aber sie sind kurz und kurzweilig!).

Und nicht mit *DEUTSCHLAND. EIN SOMMERMÄRCHEN* verwechseln – das war die Fußball-WM 2006! Frei nach **Heinrich Heine**.

HERMAN MELVILLE

MOBY DICK

Moby Dick; or, The Whale

Ein weißer Pottwal hat KAPITÄN AHAB im Kampf ein Bein abgebissen. AHAB sinnt auf Rache; er will den Wal – MOBY DICK genannt – töten. Mit seinem Schiff macht er sich auf die Suche, findet MOBY DICK und jagt ihn drei Tage lang.

Am Ende gewinnt der Wal; Mannschaft und Schiff werden in die Tiefe gerissen. Einzig ISMAEL überlebt und berichtet die ganze Geschichte: *Call me Ismael* – so der weltberühmte erste Satz.

Wer hier aber nun einen spannenden Abenteuerroman erwartet, wird wahrscheinlich enttäuscht: Die Jagd findet erst in den letzten drei (von 135) Kapiteln statt. Vorher gibt es eine Menge (sehr detaillierte) Exkurse – über den Wal und den Walfang an sich, aber auch zu philosophischen, kunsthistorischen, wissenschaftlichen und anderen Themen.

Das hat die Leser damals ziemlich überfordert. Heute gilt der Roman als eines der wichtigsten Werke der amerikanischen Literatur, aber leichter lesbar wird es dadurch nicht. Es gibt allerdings Jugendbuchversionen, Hörspiele und Verfilmungen – ohne Exkurse; urteilen Sie selbst.

DAS MANIFEST K. Marx / F. Engels | Deutsche Revolution | Goldrausch in Kalifornien

1848

Erfindung Sicherheitsnadel und Gasmaske

1849 *DAVID COPPERFIELD* Charles Dickens

1851 *MOBY DICK* Herman Melville

HARRIET BEECHER STOWE

ONKEL TOMS HÜTTE

Uncle Tom's Cabin; or, Life among the Lowly

Eine Plantage in Kentucky, um 1840: ARTHUR SHELBY braucht Geld und muss seinen treuen Sklaven TOM verkaufen. Der gerät zuerst an den netten AUGUSTIN ST. CLARE in New Orleans, der ihn freilassen will. Doch dann stirbt ST. CLARE überraschend, und seine Frau verkauft alle Sklaven. Der neue Besitzer misshandelt die Sklaven aufs brutalste.

TOM verhilft einer Sklavin zur Flucht, woraufhin er niedergeschlagen wird. Ausgerechnet als der Sohn vor ARTHUR SHELBY kommt, um ONKEL TOM freizukaufen, stirbt der alte Sklave an seinen Verletzungen.

Der Roman erschien zehn Jahre vor dem Amerikanischen Bürgerkrieg und war eine Sensation. Innerhalb kürzester Zeit vergriffen, noch im Erscheinungsjahr in andere Sprachen übersetzt – ein internationaler Bestseller.

Später wurde dann (vor allem in den USA) ein bisschen rumgemäkelt: ONKEL TOM wirke zu unterwürfig, das Ganze zu pauschalisierend. Trotzdem war es ein entscheidendes Werk für den Kampf gegen die Sklaverei – **Abraham Lincoln** soll 1862 zu **Harriet Beecher Stowe** gesagt haben: *»So you are the little woman who wrote the book that started this great war!«*

HENRY DAVID THOREAU

WALDEN ODER LEBEN IN DEN WÄLDERN

Walden; or, Life in the Woods

Ein sehr bizarres Buch, in dem der Autor beschreibt, wie er zwei Jahre lang in einer primitiven Blockhütte im Wald lebt, genauer gesagt am See *Walden Pond* in Massachusetts. **Thoreau** wollte einfach mal sehen, wie es ist, fernab der Industrialisierung zu leben – und hat seine Erfahrungen dokumentiert. Die einzelnen Kapitel sind sehr poetisch und behandeln Aspekte wie Einsamkeit, Nachbar Tier oder Lesen.

Heutzutage ist das Buch ziemlich unpopulär, aber 1989 waren **Thoreau**-Zitate plötzlich in aller Munde: Im **Peter-Weir**-Film *DER CLUB DER TOTEN DICHTER* versucht der Lehrer JOHN KEATING (**Robin Williams**) seine Schüler für Literatur und Poesie zu begeistern – und lässt sie unter anderem Zeilen von **Thoreau** nachsprechen:

> *Ich ging in die Wälder, weil ich bewusst leben wollte. Ich wollte das Dasein auskosten. Ich wollte das Mark des Lebens einsaugen!*

Noch häufiger wird in dem Film ein anderer zitiert: **Walt Whitman**, siehe nächste Seite.

WALT WHITMAN

GRASHALME

Leaves of Grass

Als alter Mann sah **Walt Whitman** aus wie ein Bilderbuchgroßvater – oder wie Santa Claus: wallende weiße Haare, wallender weißer Bart, buschige Augenbrauen. Das Foto kennt man vielleicht noch aus dem Englischbuch, denn als Begründer der modernen amerikanischen Lyrik darf **Whitman** im Unterricht nicht fehlen.

Kein Wunder, dass er auch im Film *CLUB DER TOTEN DICHTER* eine große Rolle spielt. Die ganze Klasse steht auf, um den Lehrer JOHN KEATING wunschgemäß mit *»O Käpt'n, mein Käpt'n«* anzusprechen – ein Zitat aus **Whitmans** berühmtem Gedicht über *Abraham Lincoln*.

Whitman hatte eine ungewöhnliche Methode, seine Gedichte zu veröffentlichen: Er fasste sie in einem Buch zusammen, das er *GRASHALME* nannte – zum ersten Mal erschienen 1855 im Selbstverlag mit zwölf Gedichten. Solange er lebte, hat **Whitman** diese Sammlung überarbeitet und erweitert. Nach seinem Tod erschien die zehnte Ausgabe mit fast 400 Gedichten (ungereimt!) über alles Mögliche, sehr kraftvoll und emotional – um nicht zu sagen pathetisch.

Nicht unbedingt das, was man im 21. Jahrhundert zur Zerstreuung liest, aber ... interessant. Und warum nicht mal mit ONKEL WALT einen barbarischen Schrei über die Dächer der Welt brüllen:

I sound my barbaric yawp over the roofs of the world!

GUSTAVE FLAUBERT

MADAME BOVARY

EMMA heiratet den Landarzt CHARLES BOVARY. Er verehrt seine schöne Frau, sie allerdings ist schwer enttäuscht von der Ehe. Langweilig, der Mann und das Dorfleben! In ihren Liebesromanen ist alles viel aufregender – wo bleibt die Leidenschaft in ihrem Leben?

Die BOVARYS ziehen in einen größeren Ort, wo EMMA eine Tochter bekommt – aber weder das Kind noch die neue Umgebung machen sie zufriedener. Auch Power-Shopping hilft nicht, sondern macht nur Schulden. Erst als der reiche RODOLPHE sie verführt, scheint EMMA glücklich – vorübergehend. Aber dann: Lug, Betrug, noch mehr Schulden, Leid. RODOLPHE verlässt sie, sie wird krank, fängt eine neue Affäre an, soll die Schulden zurückzahlen, verzweifelt, nimmt Arsen, stirbt. Und nicht genug des Dramas: CHARLES findet alles heraus, ist schockiert, stirbt. Die Tochter landet schließlich bei einer verarmten Tante und muss schwer arbeiten.

Das Neue: Kein Ich-Erzähler, keine richtigen Helden, und der Autor urteilt in keiner Weise über das Geschehen. Bei Erscheinen gab es dann erst mal Zensur und Ärger: Verstoß gegen die guten Sitten! Verherrlichung von Ehebruch! Aber **Flaubert** wurde freigesprochen und das Buch dann doch noch unzensiert gedruckt.

D. Livingstone entdeckt Victoriafälle | Dosenöffner erfunden (45 J. nach erster Konservendose) | Neanderthaler entdeckt

1855 *GRASHALME* Walt Whitman

1856

1857 *MADAME BOVARY* Gustave Flaubert | *DIE BLUMEN DES BÖSEN* Charles Baudelaire

CHARLES BAUDELAIRE

DIE BLUMEN DES BÖSEN

Les Fleurs du Mal

Die Behauptung *»Das muss man im Original lesen«* klingt immer unangenehm nach Angeberei. Bei diesem Gedichtband von **Baudelaire** allerdings sollte man mindestens eine zweisprachige Ausgabe lesen, denn irgendwie ist es nie gelungen, die *FLEURS DU MAL* richtig treffend zu übersetzen. Die Nachdichtungen sind auf unterschiedliche Weise misslungen – deswegen ist die bekannteste Übersetzung gar kein Gedicht, sondern Prosa und damit mit der Schönheit des Originals nicht vergleichbar. (Es sei denn, **Christian Brückner** liest den Text. Dann klingt es wieder wie Lyrik.)

Es geht im Wesentlichen um die Schrecklichkeit der Großstadt: Anonymität, Entfremdung, Einsamkeit, Verlogenheit, Prostitution, Drogen. Nach dem Erscheinen wurde **Baudelaire** wegen Beleidigung der öffentlichen Moral angezeigt, genau wie **Flaubert** kurz vorher. **Baudelaire** musste Strafe zahlen und ein paar Gedichte rausnehmen.

Victor Hugo war so ziemlich der Einzige, der von den *FLEURS DU MAL* richtig begeistert war. Ansonsten hauten die Gedichte niemanden so recht vom Sockel und gerieten bald in Vergessenheit. Erst etwa 30 Jahre später, lange nach **Baudelaires** Tod, entdeckten jüngere Dichter die Bedeutung des Werks.

VICTOR HUGO

DIE ELENDEN

Les Misérables

Auch wenn viele denken, *LES MISÉRABLES* sei als Musical auf die Welt gekommen: Es ist eigentlich ein Roman DES französischen Autors überhaupt. **Victor Hugo** war zu Lebzeiten ein Held in Frankreich, und *DIE ELENDEN* ist sein Hauptwerk. 17 Jahre hat er daran geschrieben, ein Monumentalroman, weit über 1000 Seiten lang.

Frankreich, um 1830: Wegen einer Lappalie war JEAN VALJEAN 19 Jahre im Gefängnis. Nach seiner Freilassung schafft er es, wieder einen Platz in der Gesellschaft zu finden, und wird sogar Bürgermeister eines kleinen Ortes. Irgendwann kommt die Vergangenheit ans Licht, VALJEAN flieht nach Paris und versteckt sich – zusammen mit seiner geliebten Ziehtochter COSETTE. Die verliebt sich in MARIUS, VALJEAN unterbindet die Beziehung, MARIUS stürzt sich in den Pariser Juniaufstand (**Republikaner** gegen **König Louis Philippe**). VALJEAN kommt zur Besinnung, rettet MARIUS und erlaubt die Heirat.

Ein abenteuerlicher Plot mit viel Sozialkritik und historischen Details. Immer noch der meistgelesene Roman in Frankreich – vom Erfolg des Musicals ganz zu schweigen.

DIE ENTSTEHUNG DER ARTEN (C. Darwin) – 1859

Ausbruch Amerikanischer Bürgerkrieg – 1861 – *GROSSE ERWARTUNGEN* Charles Dickens

Blut-und-Eisen-Rede von O. v. Bismarck – 1862 – *DIE ELENDEN* Victor Hugo

JULES VERNE

Die Reise zum Mittelpunkt der Erde

Voyage au centre de la terre

Inhalt

Professor OTTO LIDENBROCK ist ziemlich kauzig, wie es sich für Professoren Ende 50 gehört. Er lehrt Mineralogie und Geologie in Hamburg, hat aber Schwierigkeiten, die griechisch-lateinischen Fachbegriffe auszusprechen, und wird darüber immer sehr wütend.

Ich-Erzähler AXEL ist LIDENBROCKS 19-jähriger Neffe, ein ängstlicher Typ, der etwas widerwillig mit Onkel OTTO zu einem haarsträubenden Abenteuer aufbricht: der Reise zum Mittelpunkt der Erde. Den erreicht man, wenn man in einen isländischen Vulkankrater steigt. Behauptet ARNE SAKNUSSEMM, der die Wegbeschreibung in einem verschlüsselten Dokument hinterlassen hat.

AXEL findet den Code – und los geht's: Onkel und Neffe reisen nach Island, engagieren noch rasch einen Führer, den komplett phlegmatischen Isländer HANS, und steigen beherzt in den Krater des Vulkans hinab. Mit dabei ohne Ende Gepäck, weil sie nämlich schon ahnen, dass die Aktion etwas dauern könnte.

Durch Tunnel, Schächte und Schluchten arbeiten sie sich abwärts, immer in Richtung Erdmittelpunkt. Sie verdursten fast (finden aber im letzten Moment eine Wasserquelle, die sie *Hans-Bach* nennen), schippern mit einem aus fossilem Holz gebauten Floß über einen unterirdischen Ozean (wird *Lidenbrock-Meer* getauft), beobachten einen Kampf zwischen prähistorischen Riesenfischen und sehen sogar eine Art fossilen Menschen, der eine Mammutherde hütet.

Das Ende der Reise kommt etwas überraschend: Ohne den Mittelpunkt der Erde erreicht zu haben, werden die drei mit ihrem Floß vom Vulkan Stromboli ausgespuckt. Unversehrt können sie von Italien zurück nach Deutschland reisen – und sind fortan reich und berühmt.

Für Einsteiger

Einerseits sind **Jules Vernes** Romane immer noch spannende Abenteuergeschichten, andererseits bewegt sich der Stil zwischen großem Pathos und altmodischer Betulichkeit.

Aber es gibt Ausweichmedien en masse: Filme, Comics, Hörbücher – sogar ein Spiel! Wer auf Werktreue nicht den größten Wert legt, sollte sich bei den alten Europa-Hörspielen aus den siebziger Jahren bedienen: herrlich trashig, durchaus spannend, aber kurz und bündig.

Smalltalk-Info

Warum ist der Titelheld wohl ausgerechnet ein Deutscher? Ganz einfach: In Frankreich war es praktisch Tradition, besonders schrullige Gelehrte in Deutschland anzusiedeln. Hamburg kannte **Jules Verne** von eigenen Reisen, und außerdem liegt es ja günstig auf dem Weg nach Island.

Patent für Feuerlöscher | Patent für Rollschuh | Erste U-Bahn der Welt eröffnet (in London)

1863
FÜNF WOCHEN IM BALLON
Jules Verne

Deutsch-Dänischer Krieg	Erster Mord in einem Zugabteil (in GB)	Kalkutta wird von Wirbelsturm zerstört

1864
Die Reise zum Mittelpunkt der Erde
Jules Verne

★ 1828 in Frankreich
✞ 1905 in Frankreich

»Alles, was ein Mensch sich vorstellen kann, werden andere Menschen verwirklichen«

»Jeder Irrtum ist ein Schritt zur Wahrheit«

Mit elf Jahren schleicht **Jules Verne** sich auf ein Schiff, will als Schiffsjunge die Welt kennenlernen. Im letzten Moment holt ihn sein Vater wieder an Land. *»Jetzt reise ich nur noch im Traum!«*, versichert **Jules**, geht von nun an brav zur Schule und studiert Jura, um die Kanzlei seines Vaters zu übernehmen.

Doch daraus wird nichts. **Jules Verne** merkt, dass Schreiben genau sein Ding ist. Er veröffentlicht ein paar Texte und arbeitet am Theater. Doch so richtig klappt es nicht mit dem Beruf Autor, es kommt einfach zu wenig rum. Zum Geldverdienen wird **Jules Verne** dann erst mal Börsenmakler. Das Schreiben gibt er aber nicht auf – im Gegenteil: 1863 erscheint Vernes erster Roman *FÜNF WOCHEN IM BALLON*, eine Science-Fiction-Reisegeschichte. Und damit hat **Jules Verne** sein Genre gefunden. Besser gesagt: Er hat ein Genre er-funden. Zumindest ist er einer der Ersten, die diese Art von Geschichten schreiben.

Und weil der erste Roman so gut ankommt, schreibt er nun fast jedes Jahr einen neuen – alle in einem ähnlichen Stil. Die bekanntesten sind: *20 000 MEILEN UNTER DEM MEER* (drei Schiffbrüchige erleben mit KAPITÄN NEMO und seinem U-Boot NAUTILUS allerlei Unterwasser-Abenteuer), *REISE UM DEN MOND* (drei Astronauten fliegen Richtung Mond), *REISE UM DIE ERDE IN 80 TAGEN* (PHILEAS FOGG wettet, dass er es schafft, in 80 Tagen um die Welt zu reisen. Schafft er), *DER KURIER DES ZAREN* (HAUPTMANN STROGOFF soll den Bruder des Zaren vor einem Verräter warnen und muss dazu inkognito nach Sibirien).

Nicht alles Science-Fiction, aber in einigen Büchern hat **Jules Verne** die tatsächliche Entwicklung vorweggenommen. Kein Wunder, dass man später einen Asteroiden, einen Mondkrater und einen Raumtransporter nach ihm benannt hat. Außerdem gibt es ein Um-die-Welt-Wettsegeln, das *Jules Verne Trophy* heißt, und das erste Atom-U-Boot wurde nach NEMOS Boot *USS Nautilus* getauft.

Mit seinen Romanen ist **Jules Verne** reich und berühmt geworden. Dass er nie als Literat angesehen wurde, hat ihn bestimmt genervt. Aber nur ein bisschen. Auf einem berühmten Foto sieht man den Autor mit Anfang 60: weißhaarig, bärtig, mit strahlenden Augen. Er sieht aus wie jemand, der das Leben genießt. Wie KAPITÄN NEMO in nett.

WILHELM BUSCH

Max und Moritz – *eine Bubengeschichte in sieben Streichen*

Inhalt

Max und Moritz sind die Dorfrowdys, die immer wieder neuen Unsinn aushecken.

Zuerst ärgern sie Witwe Boltes Hühner und den Hahn: Die Vögel schlucken Brotstücke am Bindfaden, verheddern und erhängen sich schließlich am Apfelbaum. Witwe Bolte weint um ihr Federvieh und beschließt dann – was soll's –, die Tiere zu braten.

Im zweiten Streich angeln Max und Moritz die fertig gebrutzelten Hühner durch den Schornstein und verspeisen sie.

Max und Moritz, gar nicht träge
sägen heimlich mit der Säge
ritzeratze voller Tücke
in die Brücke eine Lücke.

Im dritten Streich wird Schneider Böck geärgert. Max und Moritz sägen den Steg vor seinem Haus an und locken ihn raus. Der Steg bricht, Schneider Böck fällt ins Wasser.

Den vierten Streich spielen sie dem Dorflehrer Lämpel. Max und Moritz präparieren seine Pfeife mit Schwarzpulver. Als Lämpel sie sich genüsslich anzündet, explodiert die Pfeife, und so einiges geht zu Bruch. Lämpel selbst werden die Haare abgefackelt und das Gesicht verkohlt – aber er überlebt.

Der fünfte Streich ist eher harmlos: Max und Moritz verstecken Maikäfer im Bett von Onkel Fritz. Nachts krabbeln die Käfer dem Onkel ins Gesicht, er springt auf und schlägt sie tot.

Aber jetzt läuft es nicht mehr so gut für die beiden Jungen: Als sie beim Bäcker Brezeln mopsen wollen, fallen sie in den Teigtrog und werden – schwups – vom Bäckermeister zu Brot geformt und in den Ofen geschoben. Doch das überleben sie, knuspern sich aus ihrer Teighülle frei und entkommen.

Im siebten Streich geht es dann zu Ende mit Max und Moritz. Sie haben die Getreidesäcke von Bauer Mecke eingeschnitten. Der erwischt sie aber und bringt sie zur Mühle. Der Müller wirft sie in den Mahltrichter, sie werden zu kleinen Stücken gemahlen und am Ende von zwei Enten verspeist.

Erstaunlich

Max und Moritz wollte erst niemand veröffentlichen. Zu brutal, zu grausam, wer soll das lesen? Schließlich fand **Busch** doch einen Verlag – und der machte letztendlich ein super Geschäft mit den Lausejungen. Erst lief der Verkauf zwar nicht so optimal, aber dann wurde die Bildergeschichte eine Erfolgsgeschichte und noch zu Lebzeiten von Busch in zehn Sprachen übersetzt – unter anderem ins Japanische!

Smalltalk-Info

Wilhelm Busch gilt als ein Erfinder des Comics. Tatsächlich funktioniert *Max und Moritz* wie zum Beispiel ein *Tom-und-Jerry*-Zeichentrickfilm. Böse Absichten führen zu Chaos und Zerstörung, selbst aus ausweglosen Situationen gehen die Helden unbeschadet hervor (nach dem Backen im Ofen sind Max und Moritz fit wie eh und je).

Der erste moderne Comicstrip erschien 32 Jahre später in Amerika, *The Katzenjammer Kids,* und war angeblich von Max und Moritz inspiriert. Gewisse Ähnlichkeiten sind in der Tat unübersehbar (zwei Kinder spielen Streiche).

Erste Pferdestraßenbahn Deutschlands | G. Mendel veröffentlicht Vererbungsgesetze | C. Dickens überlebt schweres Zugunglück

1865

Von der Erde zum Mond Jules Verne | *Max und Moritz* Wilhelm Busch

LEWIS CARROLL

Alice im Wunderland

Alice's Adventures in Wonderland

Inhalt

Im Traum sieht ALICE ein sprechendes, weißes Kaninchen, das eine Uhr aus der Westentasche zieht. Hoppla, denkt ALICE, das ist nicht normal. Und sie folgt dem Kaninchen in dessen Bau. Sie fällt und fällt und fällt und landet schließlich in einem Saal mit vielen Türen. Ein goldener Schlüssel passt in die kleinste der Türen. Ein Fläschchen Zaubertrank steht bereit, ALICE schrumpft, passt durch die Tür und kommt ins Wunderland. Hier ist alles total seltsam. Erst wird ALICE riesig, dann wieder klein, dann normal groß. Sie trifft die Grinsekatze, den Märzhasen und lebende Spielkarten. ALICE versucht immer wieder brav, ihr Schulwissen anzuwenden und vernünftig zu analysieren, was hier gerade passiert. Aber im Wunderland gibt es eine eigene Logik, also gar keine. Alle Regeln widerlegen sich selbst. Zum Schluss gibt es eine absurde Gerichtsverhandlung – dann wacht ALICE auf.

Smalltalk-Info

Ha! Drogen! Gern wird behauptet, dass ALICE sich ihr Wunderland in einem gigantischen Drogentrip zusammenhalluziniert. Mit Zaubertrank und Pilzen manipuliert sie ihre Größe, das hektische Kaninchen ist garantiert auf Koks, und dann gibt es auch noch eine Raupe, die Wasserpfeife raucht! Verdächtig!

Allerdings konnte diese abenteuerliche Theorie nie bewiesen werden.

Erstaunlich

ALICE IM WUNDERLAND gilt als das erste richtige Kinderbuch. Also eine Geschichte, die nur eine Geschichte sein will und nicht eine in eine Geschichte verpackte moralisch-pädagogische Botschaft.

Für Einsteiger

Auf den ersten Blick etwas altmodisch-niedlich. Auf den zweiten Blick etwas grausam und total absurd. Muss man mögen. Gern fällt der Satz *Der Wortwitz wird nur im englischen Original deutlich* – nun ja. Wer es sich ganz leichtmachen will, kann zwischen zig Verfilmungen, Hörspielen und Theaterstücken wählen.

Same, same but different

Sechs Jahre später erschien eine Fortsetzung: *ALICE HINTER DEN SPIEGELN*. Komplizierter, weniger zusammenhängend – im Original ein Traum für Anglisten. Immerhin hat **Carroll** dann doch davon abgesehen, das ganze Buch in Spiegelschrift zu schreiben.

A. Lincoln ermordet | Amerikanischer Bürgerkrieg endet

1865
ALICE IM WUNDERLAND
Lewis Carroll

★ 1832 in England
✝ 1898 in England

Lewis Carroll hat sich schon als Kind für Literatur und Logarithmen interessiert

Carrolls Texte nennt man auch *Nonsens-Literatur* – alles wird auf den Kopf gestellt, eine neue Wirklichkeit geschaffen, in der es dann eigene (total logische) Regeln gibt. Das kommt davon, wenn ein Mathegenie Romane schreibt.

Der Satz, der den meisten Menschen zuerst zu **Lewis Carroll** einfällt, lautet in etwa: »Der hatte es doch mit kleinen Mädchen, oder?«, selbst wenn sie nie eine Zeile von ihm gelesen haben. Traurig. Denn **Lewis Carroll** war vor allem ein unglaublich begabter Autor, der viele andere beeinflusst hat: **T. S. Eliot, Virginia Woolf, James Joyce, Stephen King** – alles Fans von **Lewis Carroll.**

Nach seinem Oxford-Studium arbeitet **Carroll** als Mathematik-Tutor. Damals heißt er noch **Charles Lutwidge Dodgson**; das wohlklingende Pseudonym **Lewis Carroll** hat er sich erst später zugelegt. Mehr als für seine unbegabten Mathe-Schüler interessiert sich der 23-Jährige allerdings für die Fotografie. Mit gescheitelten Haaren, die sich an den Seiten leicht wellen, mit Frack und Fliege posiert er – für sich selbst.

Ansonsten fotografiert **Carroll** am liebsten kleine Mädchen in unschuldigen Posen, gerne auch unbekleidet. Huch! Kein Wunder, dass das Schlagwort *pädophil* schnell zur Hand ist. Andererseits ist es damals praktisch üblich, Postkarten mit unbekleideten Mädchen zu verschicken – das war schick, unschuldig, romantisch (etwa so wie die **David-Hamilton**-Weichzeichner-Fotos in den Achtzigern). Dass **Carroll** auf kleine Mädchen stand, ist also möglicherweise nichts als ein Mythos (daher auch *The Carroll Myth* genannt) und wurde nie bewiesen.

In jedem Fall aber spielt ein zehnjähriges Mädchen für **Lewis Carroll** eine sehr wichtige Rolle: **Alice Lidell**, die Tochter seines Dekans. Mit ihr und ihren Schwestern unternimmt **Carroll** 1862 eine Bootsfahrt auf der Themse – und erzählt den Mädchen dabei wie so oft eine Geschichte. Diese handelte von ALICE, die in ein Kaninchenloch fiel und … Der Rest ist bekannt. Und zwar nur, weil die echte **Alice** unbedingt will, dass **Carroll** die Geschichte aufschreibt.

Zwei Jahre später bekommt **Alice Lidell** ein handgeschriebenes und -illustriertes Buch mit Widmung: *Ein Weihnachtsgeschenk für ein liebes Kind in Erinnerung an einen Sommertag*. Ein Jahr später erscheint *ALICE IM WUNDERLAND* als Buch.

FJODOR DOSTOJEWSKI

Verbrechen und Strafe

Prestuplenie i nakazanie

Inhalt

Hauptperson ist der Jurastudent RODIAN ROMANOWITSCH RASKOLNIKOW. Den Nachnamen sollte man sich unbedingt merken, wird gern mal in Quizshows abgefragt. RASKOLNIKOW jedenfalls bringt eine alte Pfandleiherin um. Nur mal so, um zu sehen, ob es den perfekten Mord gibt. Dummerweise muss er dabei auch noch die Schwester töten, damit sie nichts ausplaudert, also eher der perfekte Doppelmord. Perfekt, weil nichts auf RASKOLNIKOW hindeuten kann: Er hat kein Motiv, er hat nichts gestohlen, es gibt keine Verbindung zwischen ihm und den Opfern.

Plan gelungen, könnte man sagen. Wäre da nicht das Gewissen. Vor der Tat war alles ganz klar: Wertvoller Mensch vernichtet wertlose Laus. Und trotzdem: Es war ein Verbrechen, das wird RASKOLNIKOW im Nachhinein klar. Er hat sich schuldig gemacht und findet keine Ruhe mehr.

Ein Ermittlungsrichter erkennt schließlich, dass RASKOLNIKOW der Täter ist, kann es aber nicht beweisen. Nach einigem Hin und Her und viel Moralpsychologie stellt sich RASKOLNIKOW selbst.

Smalltalk-Info

Im Deutschen ist das Buch erst unter dem Titel *SCHULD UND SÜHNE* erschienen, manchmal hieß es auch *RASKOLNIKOW*, inzwischen meistens *VERBRECHEN UND STRAFE*. Richtig exakt lässt sich der russische Titel nicht übersetzen, aber er ist eher juristisch als moralisch, weshalb das (weniger klangvolle) *VERBRECHEN UND STRAFE* als passender angesehen wird.

Für Einsteiger

Grundsätzlich sind russische Autoren ganz gut lesbar: gewaltige Sprache, spannende Plots, kein moderner Schnickschnack. Aber: *VERBRECHEN UND STRAFE* = dick, viele russische Namen, nicht unbedingt rasant spannend im Sühne-Teil. Das perfekte Buch für **Dostojewski**-Einsteiger ist *DER SPIELER* = kurz, spannend, mit Leidenschaft, und man erfährt viel über **Dostojewski** …

Autor

… der ja selbst ein notorischer Spieler ist und auch ansonsten ein Leben wie aus einem russischen Roman lebt: Mit Anfang 20 veröffentlicht er den Roman *ARME LEUTE* – ein Sensationserfolg. **Dostojewski** verdient viel und gibt viel aus. Er verkehrt in revolutionären Kreisen, wird nach Sibirien verbannt.

Unglückliche Liebe, Spielsucht, Schulden. Man fragt sich, wie er da genug Muße finden konnte, so viele dicke Romane von Weltrang zu schreiben …

A. Nobel erfindet Dynamit | Erster Reclam-Band erscheint *(Faust)*

1866
VERBRECHEN UND STRAFE
Fjodor Dostojewski

1867–69
KRIEG UND FRIEDEN
Lew Tolstoi

1868
BETTY UND IHRE SCHWESTERN
Louisa May Alcott

MARK TWAIN

Tom Sawyers Abenteuer

The Adventures of Tom Sawyer

Inhalt

Missouri, Mitte des 19. Jahrhunderts: TOM ist Waise und lebt mit seinem Halbbruder SID bei TANTE POLLY. TOM hat den ganzen Kopf voller Ideen und den ganzen Körper voller Zappel. Er stellt jede Menge Blödsinn an und kassiert dafür jede Menge Strafen. Eines Nachts beobachten TOM und sein Freund HUCKLEBERRY FINN (Mutter tot, Vater Säufer), wie der böse Indianer JOE den Dorfarzt erschlägt und es so aussehen lässt, als ob der Landstreicher MUFF POTTER schuldig sei.

POTTER kommt ins Gefängnis, was TOM und HUCK zwar bedauern, aber aus Angst vor Indianer JOE verraten sie nichts. Ihre neue Idee: Ausreißen, sich auf einer Insel im Mississippi verstecken und Piraten spielen. Im Dorf glaubt man, die Jungen seien ertrunken, und plant die Trauerfeier. Mitten rein platzen TOM und HUCK – ein großes Hallo!

Bei der Gerichtsverhandlung gegen MUFF POTTER verrät TOM dann doch, dass INDIANER JOE der Schuldige ist. Der kann aber fliehen. Es folgen weitere Abenteuer und Streiche – und dann der spannende Höhepunkt: TOM hat sich mit seiner großen Liebe BECKY THATCHER in der Höhle verlaufen, in der sich auch INDIANER JOE versteckt. Zum Glück erkennt er TOM nicht. Halb verhungert finden BECKY und TOM schließlich ans Tageslicht zurück. Damit sich nicht noch einmal jemand in de Höhle verirrt, wird der Eingang verschlossen, was TOM allerdings erst viel später erfährt. Da ist INDIANER JOE schon in der Höhle verhungert. TOM und HUCK finden seinen Schatz, werden reich, und HUCK wird von einer netten Witwe adoptiert. Da hält der freiheitsliebende HUCK es allerdings nur kurz aus, dann haut er ab und erlebt neue Abenteuer. Doch das ist ein anderes Buch.

Smalltalk-Info

Mark Twain schreibt in der Alltagssprache der damaligen Zeit, mit Slang und allerlei Kraftausdrücken. Das sorgte schon beim Erscheinen für Irritationen, konnte den Erfolg aber nicht verhindern.

Mehr als 100 Jahre später gab es andere Bedenken: das *N-Wort* – vor allem in der Fortsetzung *DIE ABENTEUER DES HUCKLEBERRY FINN*. Ups, da schreibt **Mark Twain** 219 Mal *Nigger*; linke Politiker in Amerika wollten das Buch deshalb sogar verbieten. Schließlich erschien eine »bereinigte« Fassung. Statt des *N-Worts* steht da *Sklave*. Nun ja.

Für Einsteiger

... die perfekte Lektüre. *TOM SAWYER* ist spannend und voller Witz! Es ist nicht so brutal und problembeladen wie der Folgeband *DIE ABENTEUER DES HUCKLEBERRY FINN*. ACHTUNG: Genau das ist natürlich der Grund, warum alle immer betonen, dass *HUCKLEBERRY FINN* das BESSERE Buch sei (die Adjektive heißen dann *kraftvoll* und *gesellschaftskritisch*). Mag alles sein, aber dafür ist *TOM SAWYER* Weltliteratur, die Spaß macht.

Mit dem Südstaaten-Slang haben sich die Übersetzer allerdings etwas schwergetan. **Andreas Nohl** hat da mit seiner Neuübersetzung zum 100. Todestag **Mark Twains** ein gutes Werk getan.

Baubeginn Schloss Neuschwanstein – 1869 – *LEHRJAHRE DES HERZENS*, Gustave Flaubert

Gründung d. Deutschen Reichs (O. v. Bismarck wird Reichskanzler) – 1871

1873 – *REISE UM DIE ERDE IN 80 TAGEN*, Jules Verne

Erfindung Schreibmaschine – 1874

Erstes Telefon (A. G. Bell) – 1876 – *TOM SAWYER*, Mark Twain

★ 1835 in Florida, USA
✞ 1910 in Connecticut, USA

»Der Mensch tut viel, um geliebt zu werden, aber alles, um beneidet zu werden«

Mark Twains exzentrisch gestyltes Haus in Hartford, Connecticut, ist heute ein Museum. Man kann unter anderem das Bett des Autors besichtigen oder im Store eine Zitate-Tasse kaufen.

Geboren wird **Mark Twain** kurz nachdem der Halleysche Komet mal wieder zu sehen ist. Am Ende seines Lebens hat er angeblich gesagt: *Im nächsten Jahr kommt der Komet wieder, und ich erwarte, mit ihm zu gehen.* Am 20. April 1910 kehrt der Halleysche Komet zurück, einen Tag später stirbt **Mark Twain**. Spooky.

Eigentlich heißt er Samuel Langhorne Clemens. Als er elf Jahre alt ist, stirbt sein Vater. **Clemens** verlässt die Schule, wird Schriftsetzer und schreibt auch schon bald Reiseberichte für die Zeitung. Aber eigentlich will er Steuermann auf einem Mississippidampfer werden. Wird er auch – bis der amerikanische Unabhängigkeitskrieg ausbricht. Die Schiffe auf dem Mississippi fahren nicht mehr, **Clemens** ist arbeitslos. Er wird erst Soldat, dann Goldgräber (beides für sehr kurze Zeit), Reporter und schließlich Schriftsteller.

Zeit für einen neuen Namen. **Mark Twain** ist Lotsensprache und bezeichnet eine Wassertiefe von zwei Faden (3,75 m). Der Mississippi war ein trüber Fluss, ständig musste die Tiefe ausgelotet werden. *Mark One, quarter one, half one, quarter less twain*, so murmelten die Flussschiffer singsangartig vor sich hin, um dann mit dem Ruf *M-a-r-k twain!* sicheres Wasser zu verkünden. So weit die romantische Version zu **Clemens**' Pseudonymwahl. Die unromantischere ist, dass er es von einem Mississippikapitän geklaut hat, der damit seine Berichte unterschrieb.

Zuerst schreibt **Twain** vor allem Geschichten über seine vielen Reisen, die ihn unter anderem auch nach Deutschland führen. Sehr lustig ist sein Bericht über *DIE SCHRECKLICHE DEUTSCHE SPRACHE*: *Einige deutsche Wörter sind so lang, dass sie eine Perspektive haben,* schreibt **Mark Twain** zum Beispiel. Aber sonst hat es ihm in Deutschland gut gefallen.

Mit Mitte 30 zieht **Twain** schließlich mit Frau und Tochter nach Connecticut und schreibt und schreibt: *TOM SAWYER*, *DER PRINZ UND DER BETTELKNABE*, *LEBEN AUF DEM MISSISSIPPI*, *HUCKLEBERRY FINN*.

Er ist erfolgreich, geachtet, gefeiert. Doch privat leidet er oft. Seine Frau und drei seiner vier Kinder sterben vor ihm. Auch deshalb wollte er mit fast 75 Jahren mit dem Kometen die Welt verlassen. Für die amerikanische Literatur hat er Großes geleistet.

Schlacht am Little Bighorne | *Bal du Moulin de la Galette* (A. Renoir) | *Ring des Nibelungen* (R. Wagner)

1876

MICHAEL STROGOFF Jules Verne | *PETER GYNT* Henrik Ibsen

LEW TOLSTOI

Anna Karenina

Inhalt
Es wird kompliziert: viele Namen und ein Beziehungsgeflecht de luxe. Acht Hauptpersonen (siehe Abbildung), das geht gerade noch. Allerdings haben die alle noch diverse Zweit-, Dritt- und Spitznamen, was die Lage schon mal erschwert.

Nun zum Beziehungsgeflecht und somit zur vielschichtigen Handlung: LEWIN liebt KITTY, aber die liebt WRONSKI. WRONSKI aber, eigentlich überzeugter Junggeselle, verliebt sich in ANNA (verheiratet) und umgekehrt.

Es kommt zum Äußersten, ANNA wird schwanger, KITTY ist erschüttert und LEWIN deshalb auch. Und – oh schlechtes Gewissen: ANNA erzählt ihrem Mann von dem Betrug. Er verstößt sie nicht (gäbe zu viel Gerede), aber sie leidet und erwägt sogar Selbstmord. Nach der schweren Geburt des (unehelichen) Kindes lässt sich ANNA dazu hinreißen, ihrem Mann die Liebe zu erklären. WRONSKI leidet und erwägt sogar Selbstmord.

Plötzlich aber willigt ANNAS Mann in die Scheidung ein, ANNA verlässt mit WRONSKI und dem Kind die Stadt, muss aber ihren Sohn zurücklassen. Ein Jahr ist sie auf Reisen, dann will sie ihren Sohn wiedersehen. Doch das gestattet ihr Mann nicht. Krise. ANNA und WRONSKI wohnen zusammen auf dem Land, aber so richtig gut läuft es nicht. WRONSKI wird zum Workaholic, ANNA wahnsinnig – und am Ende stürzt sie sich vor einen Zug.

Ach ja: Mit KITTY und LEWIN lief es deutlich besser. Sie haben dann doch geheiratet und nach ein paar eigenen Krisen ihr Glück gefunden. Allerdings ist es nicht ganz sicher, ob sich LEWIN nicht am Ende von seiner Familie ab- und Gott zuwendet.

Zitat
Er ist schon etwas abgenutzt, aber hier sollte man tatsächlich den ersten Satz zitieren können:

> *Alle glücklichen Familien gleichen einander, jede unglückliche Familie ist auf ihre Weise unglücklich.*

Das ist er also, der berühmteste Romananfang der Literaturgeschichte. Klingt super – aber stimmt das überhaupt? Oder ist es nicht vielmehr umgekehrt?

Smalltalk-Info
Bis Anfang des 21. Jahrhunderts kannte niemand **Lew Tolstoi**. Alle kannten nur ***Leo*** **Tolstoi**. Mehr als 100 Jahre hatte man das russische *Lew* einfach mal eingedeutscht – zu *Leo*. Dann kamen neue Übersetzungen der russischen Literatur und eine neue Besinnung auf Authentizität. Jetzt sollte lieber niemand mehr wagen, Leo Tolstoi zu sagen. (Ach ja: Betont wird übrigens so: **Tolst*oi*** und **Kar*e*nina** – und wer's ganz authentisch möchte, spricht den Dichtervornamen russisch *Ljew* aus.)

Für Einsteiger
Russische Romane lesen sich vergleichsweise gut, weil einfach immer eine Menge los ist – aber: auf viele hundert Seiten verteilt. Und ohne eine Personalliste verliert man sehr schnell den Überblick (mit allerdings auch).

Vielleicht erst mal mit der *KREUTZERSONATE* anfangen: kurz, übersichtlich, interessantes Thema (Wer darf was in der Ehe?) – und ziemlich explizit (für damalige Verhältnisse).

Königin Victoria wird Kaiserin von Indien | Ausbruch Russisch-Türkischer Krieg

1877

DER TOTSCHLÄGER Émile Zola | *ANNA KARENINA* Lew Tolstoi | *BLACK BEAUTY* Anna Sewell

The Washington Post erscheint erstmals	J. R. Petri erfindet die Petrischale	T. Edison baut Phonografen	Erstes Wimbledon-Tennistunier

1877

★ 1828 in Russland
✝ 1910 in Russland

»Der Buchdruck hat das Glück der Menschen nicht gefördert«

Kurz nach der Hochzeit gibt Tolstoi seiner Frau seine Tagebücher zu lesen. Keine gute Idee. Sofia ist entsetzt über den Lebenswandel ihres Ehemanns: So viele Frauen! Und wie er darüber schreibt! Ein Schock.

Lew **Tolstoi** war Gutsbesitzer, Soldat, Hobby-Pädagoge, Vegetarier, religiöser Fanatiker, Anarchist und ein Superstar, schon zu Lebzeiten. In Kürze: Nach dem Krimkrieg richtet **Tolstoi** auf seinem Gut Jasnaja Poljana eine Schule für die Kinder seiner Untergebenen ein. Er unterrichtet selbst und schreibt außerdem (vielbeachtete) Lehrbücher. Er unternimmt Reisen nach Deutschland, England, Frankreich und Italien, trifft sich mit Pädagogen und Schriftstellern. Und trinkt und spielt und verführt Frauen.

Mit 34 Jahren heiratet **Tolstoi** die 18-jährige **Sofia**, zieht mit ihr nach Jasnaja Poljana und schreibt *Krieg und Frieden*. Fünf Jahre Arbeit, 1500 Seiten lang, zigmal überarbeitet. Und seine Frau schreibt die Manuskripte nachts ins Reine. Fünf Versionen, bis **Tolstoi** zufrieden ist. Ohne Strom, handschriftlich, nach Tagen voller Arbeit auf dem Gut und mit den 13 Kindern. Unglaublich. Und das Buch? Weltliteratur, aus dem Stand. Mehrere hundert Personen, russische Geschichte zur Zeit der napoleonischen Kriege, Schicksal, Liebe, Leidenschaft. **Tolstoi** wird ein Literaturstar, schreibt *Anna Karenina*. Gleiches Prozedere: **Sofia** schreibt ab, **Lew** verwirft, schreibt neu, **Sofia** schreibt wieder ab (ob ihr die Version mit dem glücklichen Ende besser gefallen hat?), Buch erscheint, alle begeistert.

Nur **Tolstoi** nicht. Der Sinn des Lebens? Irgendwie abhandengekommen. Um ihn wiederzufinden, tut **Tolstoi** merkwürdige Dinge: Er wird Vegetarier, Nichtraucher, Antialkoholiker. Er bastelt sich eine Religion, die alle anderen Religionen vermengt, schreibt gesellschaftskritische Traktate, kämpft für die Rechte der Bauern und wird Verfechter des einfachen Lebens. Auf dem Höhepunkt dieser fanatischen Sinnsuche tritt er alle Buchrechte an das russische Volk ab. Seine Frau rast vor Wut.

Tolstoi, inzwischen 82 Jahre alt, fasst einen Entschluss: Auf **Jasnaja Poljana** hält er es nicht mehr aus, er will mit dem Zug auf und davon. Mit dabei sein Arzt und seine jüngste Tochter. Als **Sofia** davon erfährt, will sie sich im Teich ertränken, wird wieder rausgefischt und reist ihrem Mann hinterher. Der wird krank auf seiner Flucht und muss in Astapowo aussteigen. Mehr Ärzte reisen an, außerdem Fans, Journalisten, Geistliche. Und schließlich **Sofia Tolstoia**. Er will sie nicht sehen, fällt ins Koma und stirbt.

Russisch-Türkischer Krieg endet | Attentat auf Kaiser Wilhelm I.

1878
Daisy Miller
Henry James

Literaturnetz

Eine Orientierungshilfe für Ein- und Umsteiger

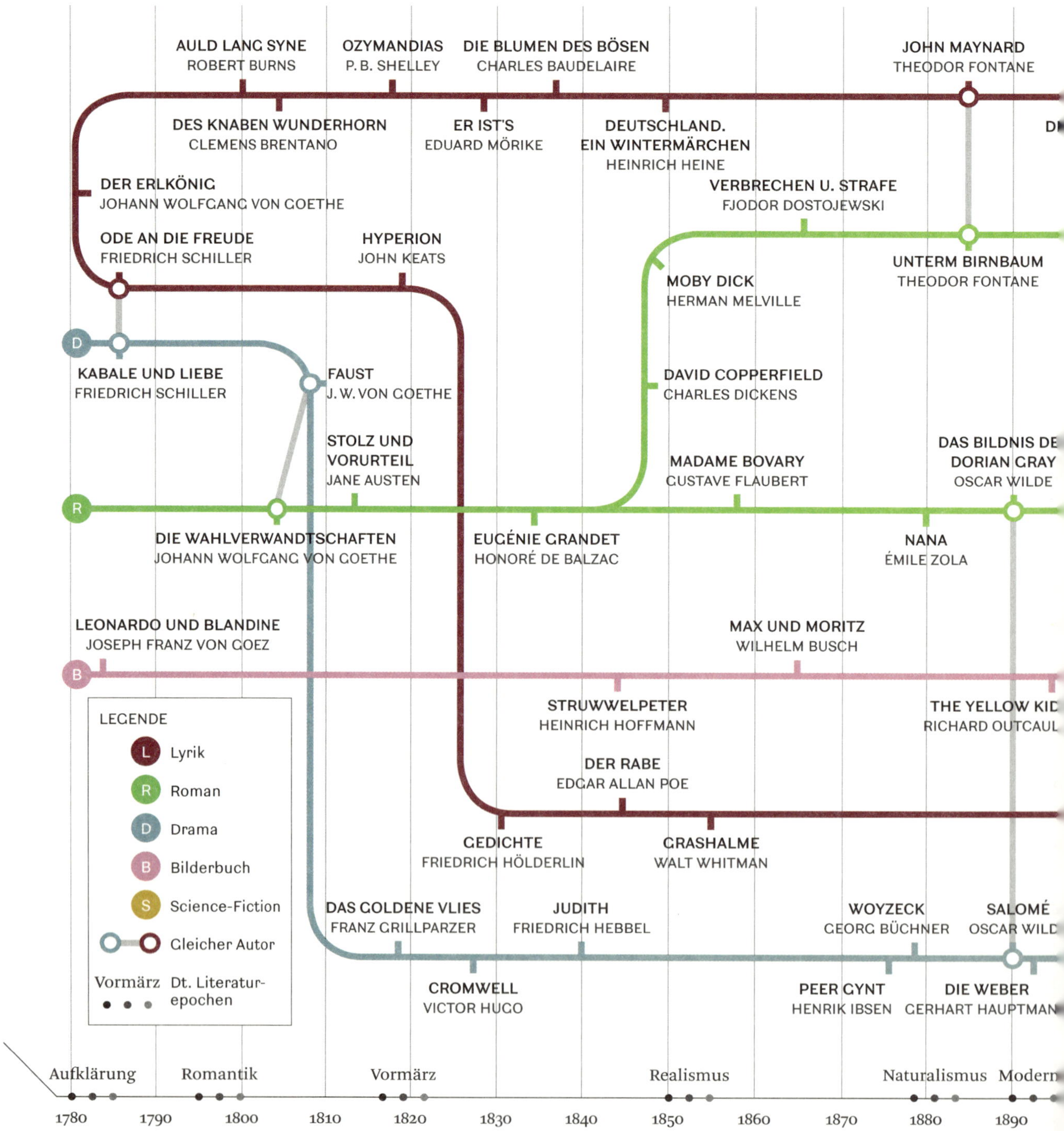

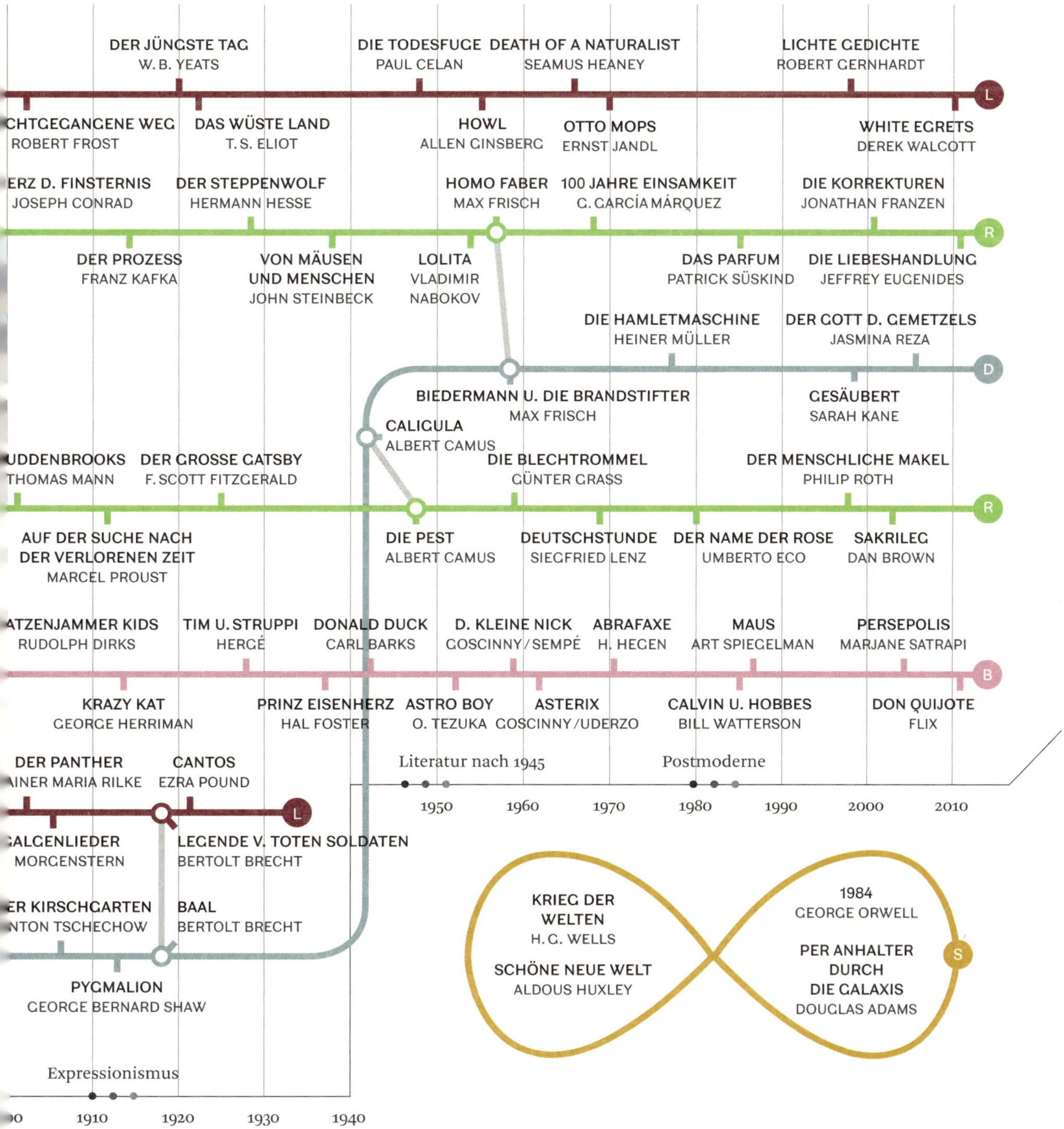
DER JÜNGSTE TAG
W. B. YEATS
DIE TODESFUGE
PAUL CELAN
DEATH OF A NATURALIST
SEAMUS HEANEY
LICHTE GEDICHTE
ROBERT GERNHARDT
L
CHTGEGANGENE WEG
ROBERT FROST
DAS WÜSTE LAND
T. S. ELIOT
HOWL
ALLEN GINSBERG
OTTO MOPS
ERNST JANDL
WHITE EGRETS
DEREK WALCOTT
ERZ D. FINSTERNIS
JOSEPH CONRAD
DER STEPPENWOLF
HERMANN HESSE
HOMO FABER
MAX FRISCH
100 JAHRE EINSAMKEIT
G. GARCÍA MÁRQUEZ
DIE KORREKTUREN
JONATHAN FRANZEN
R
DER PROZESS
FRANZ KAFKA
VON MÄUSEN
UND MENSCHEN
JOHN STEINBECK
LOLITA
VLADIMIR
NABOKOV
DAS PARFUM
PATRICK SÜSKIND
DIE LIEBESHANDLUNG
JEFFREY EUGENIDES
DIE HAMLETMASCHINE
HEINER MÜLLER
DER GOTT D. GEMETZELS
JASMINA REZA
D
BIEDERMANN U. DIE BRANDSTIFTER
MAX FRISCH
GESÄUBERT
SARAH KANE
CALIGULA
ALBERT CAMUS
UDDENBROOKS
THOMAS MANN
DER GROSSE GATSBY
F. SCOTT FITZGERALD
DIE BLECHTROMMEL
GÜNTER GRASS
DER MENSCHLICHE MAKEL
PHILIP ROTH
R
AUF DER SUCHE NACH
DER VERLORENEN ZEIT
MARCEL PROUST
DIE PEST
ALBERT CAMUS
DEUTSCHSTUNDE
SIEGFRIED LENZ
DER NAME DER ROSE
UMBERTO ECO
SAKRILEG
DAN BROWN
ATZENJAMMER KIDS
RUDOLPH DIRKS
TIM U. STRUPPI
HERGÉ
DONALD DUCK
CARL BARKS
D. KLEINE NICK
GOSCINNY / SEMPÉ
ABRAFAXE
H. HEGEN
MAUS
ART SPIEGELMAN
PERSEPOLIS
MARJANE SATRAPI
B
KRAZY KAT
GEORGE HERRIMAN
PRINZ EISENHERZ
HAL FOSTER
ASTRO BOY
O. TEZUKA
ASTERIX
GOSCINNY / UDERZO
CALVIN U. HOBBES
BILL WATTERSON
DON QUIJOTE
FLIX
DER PANTHER
AINER MARIA RILKE
CANTOS
EZRA POUND
L
Literatur nach 1945
Postmoderne
1950
1960
1970
1980
1990
2000
2010
ALGENLIEDER
MORGENSTERN
LEGENDE V. TOTEN SOLDATEN
BERTOLT BRECHT
ER KIRSCHGARTEN
NTON TSCHECHOW
BAAL
BERTOLT BRECHT
PYGMALION
GEORGE BERNARD SHAW
KRIEG DER
WELTEN
H. G. WELLS
SCHÖNE NEUE WELT
ALDOUS HUXLEY
1984
GEORGE ORWELL
PER ANHALTER
DURCH
DIE GALAXIS
DOUGLAS ADAMS
S
Expressionismus
1910
1920
1930
1940

Kurz, wichtig

Literatur im Schnelldurchlauf

GEORG BÜCHNER

WOYZECK

Hauptperson ist der einfache Soldat FRANZ WOYZECK: wenig Geld, viel Arbeit. Er hat ein Kind mit seiner Geliebten MARIE – um beide zu ernähren, wird er Versuchsperson für dubiose medizinische Experimente. Und dann kommt ein Major und beginnt eine Affäre mit MARIE! WOYZECK dreht durch. Innere Stimmen befehlen ihm, MARIE umzubringen – und so kauft er ein Messer und ersticht die treulose Geliebte.

Büchner lässt WOYZECK bewusst in der damaligen Umgangssprache reden, was beim Lesen ein bisschen nervt. Soll für Authentizität sorgen und noch mal hervorheben, dass es hier um die Probleme einfacher Menschen im Ständesystem geht.

Dass **Georg Büchner** nur 23 Jahre alt geworden ist, lässt Germanisten heute noch aufheulen: Was hätte dieser begabte Autor noch alles schreiben können!

HENRY JAMES

BILDNIS EINER DAME

The Portrait of a Lady

Oberflächliches Amerika gegen kultiviertes Europa: Die Amerikanerin ISABEL ARCHER (schön, jung, schlau) kommt zu Verwandten nach England. Weil sie frei und unabhängig bleiben will, lehnt sie zwei Heiratsanträge ab, erbt ein Vermögen und reist durch Europa. Aus Mangel an anderen Plänen heiratet sie in Italien den Amerikaner Osmond (charmant, aber egoistisch, versnobt, zwielichtig).

Er will natürlich nur ihr Geld, was ISABEL leider viel zu spät merkt. Jetzt gibt es keinen Ausweg aus dieser unglücklichen Ehe, denn ISABEL schafft es nicht, ihre Moralvorstellungen über Bord zu werfen und mit dem Mann abzuhauen, dessen Heiratsantrag sie damals aus Freiheitsdrang abgewiesen hat.

Eine klassische Geschichte um »dumm gelaufen« – aber hier zur Abwechslung mal im Milieu der Schönen und Reichen.

ROBERT LOUIS STEVENSON

DIE SCHATZINSEL

Treasure Island

Eine Schatzkarte, ein Schiff voller mutiger Seeleute, ein einbeiniger Schiffskoch, ein schlauer Schiffsjunge = ein 1-a-Setting für ein Abenteuerbuch. Und dann stellt sich heraus, dass die halbe Besatzung aus Piraten besteht. Angeführt vom Schiffskoch LONG JOHN SILVER, planen sie eine Meuterei, sobald der Schatz gefunden ist.

Auf der Schatzinsel gibt es dann ein Hin und Her und Kämpfe zwischen Piraten und rechtschaffenen Seeleuten, mittendrin der Ich-Erzähler und Schiffsjunge JIM HAWKINS.

Am Ende kriegt SILVER den Schatz, aber ein paar der Guten bekommen immerhin einen Teil ab – so auch HAWKINS.

Der Autor **Robert Louis Stevenson** war übrigens schwer lungenkrank und die Hälfte seines Lebens ans Bett gefesselt. Was ihn nicht daran hinderte, eine lange Südsee-Kreuzfahrt zu machen und sich mit 40 Jahren auf Samoa niederzulassen, wo er vier Jahre später starb.

ÉMILE ZOLA

GERMINAL

Frankreich, um 1860: Der junge ÉTIENNE LANTIER aus der Großstadt findet einen neuen Job im Bergwerk. Doch die Zustände entsetzen ihn. Die Bergleute arbeiten bis zur Erschöpfung unter unmenschlichen Bedingungen – für einen Hungerlohn. Gewinner sind die kapitalistischen Grubeneigentümer.

Das darf man sich nicht gefallen lassen, meint LANTIER, man muss sich wehren! Tatsächlich kommt es zum Streik, der letztlich aber für noch größeres Elend sorgt. Denn nun haben die Bergleute gar kein Einkommen mehr – und der Streik bringt auch nichts, weil die benachbarten Gruben nicht mitmachen.

Am Ende bezwingt das Militär die wütenden Streikenden. Sie müssen die Arbeit wieder aufnehmen – für noch weniger Lohn. Das System hat gesiegt, und am Ende gibt es noch ein großes Grubenunglück – Misserfolg auf der ganzen Linie also.

Ziemlich drastische Schilderung der Leiden des Proletariats, und schon damals war man ziemlich unzufrieden mit dem hoffnungslosen Ende. *GERMINAL* erzählt übrigens eine ähnliche Geschichte wie das Drama *DIE WEBER* von **Gerhart Hauptmann**, beides wichtige Werke des Naturalismus.

EMMY VON RHODEN

TROTZKOPF

Der Trotzkopf ist ILSE MACKET. Im ersten Teil ist sie 15 Jahre alt – ein *Backfisch*, wie es gleich auf der ersten Seite heißt, und ein *Wildfang*. Ganz klar: Ilse muss ins Pensionat, damit endlich eine feine Dame aus ihr wird.

Nach einigen Trotzanfällen fügt sich Ilse in ihr Schicksal und findet eine Freundin. Die Engländerin NELLY ist das genaue Gegenteil von ILSE: freundlich, ordentlich, bescheiden. ILSE und NELLY erleben allerlei Internatsabenteuer, wobei ILSE immer wieder trotzig und impulsiv handelt und von NELLY zurück auf den Pfad der Tugend geführt wird. Schließlich verloben sich beide in großartige Männer. Ende Band eins.

Im zweiten Band geht es im Prinzip darum, wie man sich als gute Ehefrau benimmt und dass man auf keinen Fall einen eigenen Beruf braucht. In Band drei haben Trotzkopf ILSE und ihr Mann LEO zwei Töchter, im vierten Band (von einer anderen Autorin) ist ILSE eine gütige, weise Großmutter.

Im Gegensatz zu vielen anderen Büchern haben die *TROTZKOPF*-Bände die Zeit nicht überdauert. Zu kitschig, zu hausbacken, viel zu altmodisch für heutige junge Leser. Aber wer davor nicht zurückschreckt, erfährt in dieser *JUNGMÄDCHENGESCHICHTE* (so der Untertitel) eine Menge über das Leben und das Frauenbild am Ende des 19. Jahrhunderts.

Brooklyn Bridge eröffnet – Füllfederhalter als Massenprodukt produziert – Freiheitsstatue eingeweiht – Linotype-Setzmaschine erfunden – Benz-Motorwagen

1883 – *DIE SCHATZINSEL* Robert Louis Stevenson
1884
1885 – *GERMINAL* Émile Zola – *TROTZKOPF* Emmy von Rhoden
1886

THEODOR STORM

Der Schimmelreiter

Inhalt

HAUKE HAIEN ist ein kleiner Nerd: Er interessiert sich mehr für Gezeiten, Deichbau und Landvermessung als für andere Kinder. Sein Traum ist der Bau eines neuartigen Deiches. Kein Wunder, dass er keine Freunde hat.

Später wird HAUKE Knecht beim Deichgrafen – ein Job, der ihn intellektuell unterfordert.

Aber seine Chance kommt: Als der alte Deichgraf stirbt, heiratet er dessen Tochter ELKE und wird neuer Deichgraf. Und kann jetzt endlich anfangen, seinen Lebenstraum vom Superdeich zu verwirklichen – sehr zum Missfallen der Dorfbewohner. Die verstehen nicht, warum ein flacher Deich besser sein soll als ein steiler.

Außerdem ist ihnen HAUKE sowieso schon immer komisch vorgekommen, und sein neuer Schimmel – ist das nicht ein gezähmtes Geisterpferd? Was man eben so munkelt in kleinen Dörfern im 19. Jahrhundert.

HAUKE schafft es zwar, dass sein Deich gebaut wird, aber er vernachlässigt dabei den alten Deich. (Achtung: Insgesamt lernt man eine Menge über den Deichbau, was hier nicht wiedergegeben werden kann.)

Bei einer schlimmen Sturmflut bricht der alte Deich, HAUKES Familie versinkt in den Fluten, und der verzweifelte Deichgraf stürzt sich samt Schimmel hinterher.

Um diese Geschichte hat Theodor Storm gleich mal zwei Rahmenhandlungen mit drei Erzählern gebaut. Der Autor erzählt 1. von einem Bericht, in dem der Verfasser 2. seine Begegnung mit einem Geisterreiter auf dem Deich schildert. In einem Gasthof trifft dieser Erzähler 3. einen alten Schulmeister, der dann die Geschichte von HAUKE HAIEN zum Besten gibt.

Smalltalk-Info

Tatsächlich gibt es einen HAUKE-HAIEN-Koog in Nordfriesland. (*Koog* = Land, das durch Eindeichung gewonnen wird.) Und die Theorie mit den flachen Deichen stimmt natürlich auch. Man könnte also meinen, der Deichgraf HAUKE HAIEN sei eine historische Person. Ist er aber nicht – obwohl Storm beim Schreiben historische Vorbilder im Kopf hatte.

Autor

Je nördlicher, desto geliebter. Theodor Storm ist nordfriesischer Nationalautor; *DER SCHIMMELREITER* Pflichtlektüre für norddeutsche Schüler. Storm studiert Jura und arbeitet bis zum Ruhestand auch als Richter. Seine Gedichte, Märchen und Novellen schreibt er so nebenbei – die allermeisten spielen in Schleswig, wo er auch lebt.

Vor allem Husum feiert Theodor Storm als großen Sohn – obwohl er sie die *graue Stadt am Meer* nennt –, im Gedicht *DIE STADT*, in dem ferner die Rede von grauem Strand, grauem Meer und Nebel ist. Klingt alles nicht sehr einladend, aber Storm betont trotzdem, dass sein Herz an Husum hängt. In seinem ehemaligen (grau gestrichenen) Wohnhaus ist jetzt das Storm-Museum, das Touristen gern besuchen, wenn mal wieder kein Strandwetter ist.

Für Einsteiger

DER SCHIMMELREITER wirkt sprachlich schon recht altmodisch, aber die Geschichte ist spannend und kurz – insofern der beste Einstieg ins Storm'sche Werk. Ansonsten: die Novelle *IMMENSEE* oder das Märchenbilderbuch *DER KLEINE HÄWELMANN* – für die ganze Familie.

Erstes Grammophon (E. Berliner)
1887

Sonnenblumen (V. van Gogh) | Kaiser Wilhelm I. stirbt
1888
DER SCHIMMELREITER
Theodor Storm

Eiffelturm fertiggestellt
1889
FRÄULEIN JULIE
August Strindberg

OSCAR WILDE

Das Bildnis des Dorian Gray

The Picture of Dorian Gray

Inhalt

Der Maler BASIL HALLWARD malt den jungen, schönen DORIAN GRAY. Der ist von dem Bild so begeistert, dass es ihn in eine kleine Sinnkrise stürzt: Er wird immer älter und hässlicher, sein Porträt bleibt für immer jung und schön. Warum kann es nicht umgekehrt sein?

Schon bald zeigt sich, dass dieser Wunsch Wirklichkeit wird. Unter dem schlechten Einfluss von LORD HENRY (geistreich, aber zynisch und unangenehm) lässt DORIAN es krachen – ohne Rücksicht auf Verluste:

> *Henry verbringt seine Tage damit, Unglaubliches zu sagen, und seine Nächte, Unwahrscheinliches zu tun. Das ist genau das Leben, das ich gern führen möchte.*

DORIAN verlobt sich mit der Schauspielerin SIBYL, die – wie sich bald herausstellt – doch eher untalentiert ist. Nach einer schlechten Vorstellung lässt er sie fallen. Daraufhin beginnt das Bild sich zu verändern. DORIAN entdeckt einen *Zug von Grausamkeit um den Mund* und ist schockiert. Er beschließt, zu SIBYL zurückzukehren – zu spät. Sie hat sich umgebracht. DORIAN erschrickt, allerdings nur kurz. Dann genießt er weiter sein Leben, und bald wird über ihn geredet. Schlechter Umgang, Drogen, Frauen, Egoismus, Selbstsucht.

DORIAN interessiert das alles nicht. Das Bild, auf dem er immer hässlicher und älter wird, versteckt er. Jahre später kommt der Maler BASIL und redet ihm ins Gewissen. DORIAN macht ihn für die Misere verantwortlich, hat sich nicht mehr im Griff und ersticht den Maler. Und dann geht es zunehmend bergab mit DORIAN. Opium, Wahnbilder, Panikattacken. Er will neu anfangen und sein Bildnis zerstören. Doch als er mit dem Messer das Porträt durchsticht, ermordet er sich selbst.

Seine Diener erkennen den Toten erst gar nicht: *welk, runzlig und widerlich im Angesicht* liegt er da, das Bild aber zeigt ihren Herrn *in all dem Zauber seiner erlesenen Jugend und Schönheit.*

Smalltalk-Info

DAS BILDNIS DES DORIAN GRAY ist eines der wenigen Werke von Weltrang, die praktisch jeder kennt. Abgedrehter Plot, dazu die skandalumwitterte Lebensgeschichte des Autors – kein Wunder, dass junge Menschen im Rahmen eines Das-muss-man-gelesen-haben-Feldzuges lieber zu *DORIAN GRAY* als zum *WOYZECK*-Fragment greifen. Um dann von der Großartigkeit zu schwärmen und den einen oder anderen Aphorismus zu zitieren.

Da könnte man für Aufruhr sorgen, wenn man sagt, dass das Werk durchaus strukturelle Schwächen hat. Und dass ein bisschen zu häufig die Sinnspruch-Gießkanne ausgegossen wird. Und nicht diesen Satz vergessen: *»Seine Bühnenstücke* [wahlweise: *Essays*] *sind viel bedeutender!«*

Zitat

> *A man cannot be too careful in the choice of his enemies.*
> *(Bei der Wahl seiner Feinde kann man nicht vorsichtig genug sein.)*

Sagt der arrogante LORD HENRY zu DORIAN GRAY – weil er einfach zu jedem Thema den passenden Spruch auf Lager hat (oder auch zwei).

Massaker bei Wounded Knee	Erste Impfung	*Alle meine Entlein* (E. Anschütz)	Erste Selbstwähler-Telefone

1890
DIE KREUTZERSONATE
Lew Tolstoi

1891
DAS BILDNIS D. DORIAN GRAY
Oscar Wilde

★ 1854 in Irland
✝ 1900 in Frankreich

»Ich kann allem widerstehen – außer der Versuchung«

Das mit der Versuchung hat **Oscar Wilde** nicht selbst gesagt, sondern eine seiner Figuren. Trotzdem passt dieser Ausspruch perfekt zu seinem Leben (weshalb er auch schon ziemlich überstrapaziert ist).

Der Ire **Oscar Wilde** ist ein Dandy seiner Zeit: kultiviertes Auftreten, elegante Kleidung, geistreich-witzig-extravagant. Er ist auf Anhieb erfolgreich, erst mit seinem einzigen Roman *DAS BILDNIS DES DORIAN GRAY*, dann mit seinen Gesellschaftskomödien, die vor allem im englischen Original vor Sprachwitz und Situationskomik geradezu explodieren.

Apropos Original: *THE IMPORTANCE OF BEING EARNEST*, sein bekanntestes Bühnenstück, lässt sich schon im Titel nicht optimal übersetzen. Das Wortspiel *earnest* = aufrichtig / Ernest = Name der Hauptperson funktioniert auf Deutsch nur bedingt. Deshalb wird das Stück nach vielen Versuchen für den passenden Titel schließlich *BUNBURY* genannt (nach einer Nebenfigur) – mit dem Zusatz *ODER DIE BEDEUTUNG ERNST ZU SEIN*.

Vor allem aber ist **Oscar Wilde** ein Aphorismusgenie. Die Kunst, mit wenigen Worten philosophische Gedanken rauszuhauen und die Leser erstaunt-nachdenklich zurückzulassen, treibt er zur Perfektion.

Die Londoner Szene ist begeistert von dem intelligenten, witzigen Autor. Dass er seine Homosexualität relativ offen auslebt, gibt ihm außerdem eine leicht verruchte Aura. Aber dann kommt das Jahr 1895, und alles wird anders.

Oscar Wilde wird wegen Unzucht angeklagt und zu zwei Jahren Haft verurteilt. Dahinter steckt der Vater seines Freundes **Bosie**, der von dem Verhältnis der beiden *not amused* ist. Im Gefängnis muss **Oscar Wilde** schwere Zwangsarbeit verrichten – und erholt sich nie davon. Finanziell, gesundheitlich und gesellschaftlich ruiniert, geht **Oscar Wilde** nach der Haftentlassung nach Paris. Der Besitzer des **Hôtel d'Alsace** hat offenbar ein Herz für den Autor. Obwohl total pleite, wohnt **Wilde** im besten Zimmer und bekommt bestes Essen. *Ich sterbe, wie ich gelebt habe – über meine Verhältnisse*, soll **Wilde** gesagt haben – Aphorismus-Drescher bis zum Schluss. Seine letzten Worte sind angeblich: *Entweder geht diese scheußliche Tapete – oder ich.*

Oscar Wilde war der Meinung, *Kunst sei das Wichtigste überhaupt* und *Kunst ist ganz und gar nutzlos!* – zwei Kernaussagen des Ästhetizismus.

Baubeginn Transsibirische Eisenbahn | Maupassant offiziell für verrückt erklärt | Erste Flugversuche von O. v. Lilienthal

1891
GÖSTA BERLING
Selma Lagerlöf

SIR ARTHUR CONAN DOYLE

Die Abenteuer des Sherlock Holmes

The Adventures of Sherlock Holmes

Inhalt

Schon 1887 schreibt Doyle den ersten *Sherlock-Holmes*-Roman, *Eine Studie in Scharlachrot*: Holmes und Dr. Watson lernen sich kennen, ziehen zusammen in die Baker Street 221 b, kurz darauf gibt es den ersten Fall. Der Roman bleibt eher unbeachtet, erst als 1891 die erste Kurzgeschichte über das Detektiv-Duo in einer Zeitschrift erscheint, hat *Sherlock Holmes* seinen Durchbruch.

1892 kommen dann zwölf zuvor abgedruckte Kurzgeschichten im Sammelband heraus, unter anderem *Der Bund der Rothaarigen* (Mörder will Bank ausrauben), *Das gesprenkelte Band* (eine gefleckte Schlange als Mordwaffe) und *Der blaue Karfunkel* (Juwelendieb versteckt Klunker in Gänsekropf).

In allen Geschichten ist die Detektivarbeit wichtiger als die Überführung des Täters. Am Anfang steht immer ein Rätsel (nicht unbedingt ein Verbrechen), das Holmes unbedingt lösen will; manchmal findet er das Rätsel selbst, manchmal wird er beauftragt. Mit seinem messerscharfen Verstand und in analytischen Dialogen mit Watson geht er den Dingen auf den Grund und wird damit zum berühmtesten Detektiv aller Zeiten.

Smalltalk-Info

1: Wie Sherlock Holmes aussieht, berichtet Watson, der Erzähler der Geschichten, ziemlich genau: über 1,80 Meter groß, dünn, durchdringende Augen, schmale Falkennase. Abends trägt er immer seinen roten Morgenrock. Der karierte Hut mit Ohrenklappen wird zwar nur in einer späteren Geschichte erwähnt, hat sich aber trotzdem als Markenzeichen durchgesetzt.

2: Pfeife raucht Holmes ständig; wenn er sich langweilt, gibt es auch mal Kokain oder Morphium. Ups! Na ja, damals galt beides nicht als böse Droge, sondern war frei erhältlich. Doyle wollte bestimmt keinen Junkie-Detektiv schaffen. Als Koks und Morphium in Verruf gerieten, hat er Holmes die Drogen auch schnell wieder abgewöhnt.

3: Viele Leute waren überzeugt, dass es Sherlock Holmes wirklich gab. Die Geschichten wirkten so realistisch, weil Doyle immer das aktuelle Geschehen mit einbezog. Außerdem spielten die Fälle jeweils an wirklich existierenden Schauplätzen – ja, sogar die Baker Street gab es auch *in echt* (allerdings gab es damals keine Nummer 221 b).

Autor

Arthur Conan Doyle ist Arzt (Dr. Watson ist sein Alter Ego), bevor er vom Schreiben leben kann. *Sherlock Holmes* macht den Briten weltberühmt, er selbst allerdings findet seine (heute praktisch vergessenen) historischen Romane viel besser. Damit er endlich wieder Zeit für andere Bücher hat, lässt der Autor Sherlock Holmes in der Geschichte *Das letzte Problem* bei den Ermittlungen sterben – sehr zum Entsetzen seines größten Fans, seiner Mutter.

Doyle hat anderes zu tun: Er kämpft im Zweiten Burenkrieg mit, den Großbritannien gewinnt. Doyle schreibt ein Buch darüber und bekommt daraufhin seinen Ehrentitel *Sir* (und nicht etwa für seine tollen Detektivgeschichten!).

Es war einmal …

Berühmte / schöne Buchanfänge

»Schreiben Sie den ersten Satz so, dass der Leser unbedingt den zweiten lesen will – und dann immer so weiter«

Hat der amerikanische Schriftsteller William Faulkner gesagt: Jeder kann selbst überprüfen, ob das bei diesen Beispielen geklappt hat.

Alle glücklichen Familien gleichen einander, jede unglückliche Familie ist auf ihre Weise unglücklich.
ANNA KARENINA, Lew Tolstoi (Der berühmteste erste Satz.)

Nennt mich Ismael.
MOBY DICK, Herman Melville (Sollte man auch im Original kennen, ist auch nicht so schwer: *Call me Ismael.*)

Ilsebill salzte nach.
DER BUTT, Günter Grass (Wurde mal als schönster erster Satz der deutschsprachigen Literatur gewählt.)

Als Gregor Samsa eines Morgens aus unruhigen Träumen erwachte, fand er sich in seinem Bett zu einem ungeheuren Ungeziefer verwandelt.
DIE VERWANDLUNG, Franz Kafka (Wurde mal als zweitschönster erster Satz der deutschsprachigen Literatur gewählt.)

Wenn ihr das wirklich hören wollt, dann wollt ihr wahrscheinlich als Erstes wissen, wo ich geboren bin und wie meine miese Kindheit war und was meine Eltern getan haben und so, bevor sie mich kriegten, und den ganzen David-Copperfield-Mist, aber eigentlich ist mir gar nicht danach, wenn ihr's genau wissen wollt.
DER FÄNGER IM ROGGEN, J. D. Salinger

Ich hatte eine Farm in Afrika am Fuß des Ngong-Gebirges.
AFRIKA, DUNKEL VERLOCKENDE WELT, Tania Blixen

Es war ein strahlend kalter Apriltag, und die Uhren schlugen dreizehn.
1984, George Orwell

Scarlett O'Hara war nicht eigentlich schön zu nennen.
Vom Winde verweht, Margaret Mitchell

Lange Zeit bin ich früh schlafen gegangen.
Auf der Suche nach der verlorenen Zeit, Marcel Proust

Sage mir, Muse, die Taten des vielgewanderten Mannes …
Odyssee, Homer (Wer Eindruck machen will, kann das im Original zitieren: *Andra moi ennepe, Mousa, polytropon, hos mala polla planchthe.*)

Am Rande der kleinen, kleinen Stadt lag ein alter verwahrloster Garten.
Pippi Langstrumpf, Astrid Lindgren

flußlauf, vorbei an Er' und Adams, von küstenknick zum bug der bucht, bringt uns auf kommodem vicus zirkel wieder zurück zu Howth Castells Engrer umgebung.
Finnegans Wake, James Joyce (Da weiß man wenigstens gleich, was man zu erwarten hat.)

Nachts, im Mondenschein, lag auf einem Blatt ein kleines Ei.
Die kleine Raupe Nimmersatt, Eric Carle

Tom!
Tom Sawyers Abenteuer, Mark Twain

Ich bin nicht Stiller.
Stiller, Max Frisch

Es war ein alter Mann, der allein in einem kleinen Boot im Golfstrom fischte, und er war jetzt vierundachtzig Tage hintereinander hinausgefahren, ohne einen Fisch zu fangen.
Der alte Mann und das Meer, Ernest Hemingway

In einer Höhle in der Erde, da lebte ein Hobbit.
Der kleine Hobbit, J. R. R. Tolkien

Ein einfacher junger Mann reiste im Hochsommer von Hamburg, seiner Vaterstadt, nach Davos-Platz im Graubündischen.
Der Zauberberg, Thomas Mann

Es wiederholte sich alljährlich.
Verblendung, Stieg Larsson

KARL MAY

Winnetou I

Inhalt
Der Ich-Erzähler (= OLD SHATTERHAND ≈ **Karl May**) ist als Feldmesser am Eisenbahnbau in den USA beteiligt. Von St. Louis aus soll die Strecke nun durchs Land der Apachen gehen. Die aber wollen das Feuerross auf keinen Fall auf ihrem Territorium haben. Also rückt Apachenhäuptling INTSCHU TSCHUNA mit seinem Sohn WINNETOU und KLEKIH-PETRA an, um das weitere Vermessen zu verbieten. RATTLER (eine Art Eisenbahnbauer-Polizist) schießt auf WINNETOU, trifft aber KLEKIH-PETRA. Das bedeutet Krieg. INTSCHU TSCHUNA sammelt seine Leute, es gibt eine Menge Kämpfe, Gefangennahmen, Befreiungen, List und Tücke. Am Ende sind viele Weiße tot und die übrigen Gefangene der Apachen. Auch OLD SHATTERHAND, obwohl der eigentlich ihr Freund sein will, vor allem der Freund von WINNETOU. Der traut dem Braten nicht, aber schließlich kann OLD SHATTERHAND ihm beweisen, dass er ein Guter ist.

Schnell wird Blutsbrüderschaft geschlossen, WINNETOU bringt seinem neuen Kumpel alles bei, was Weiße sonst nicht können – und seine Schwester NSCHO-TSCHI verliebt sich in ihn. Papa INTSCHU TSCHUNA stimmt einer Heirat zu, obwohl NSCHO-TSCHI dazu Christin werden muss. Aber dann werden alle von Banditen überfallen und INTSCHU TSCHUNA + NSCHO-TSCHI getötet. Trauer und Entsetzen – und WINNETOU reitet los, um Rache zu nehmen (der Böse stirbt aber erst am Ende des dritten Bands).

Smalltalk-Info
WINNETOU taucht zum ersten Mal in einer Erzählung **Karl Mays** aus dem Jahr 1875 auf. Aber da ist er ein älterer, rauchender Indianer, der seine Feinde skalpiert, Zigarettenstummel isst – und in einer anderen Erzählung stirbt. Erst in der Zweitverwertung wird WINNETOU der gute, junge, schöne, gerechte, edle, tapfere, ehrliche Held.

Autor
Karl May ist mehrfach im Gefängnis, bevor er anfängt zu schreiben. Erst Erzählungen, dann bald seine Reiseromane über KARA BEN NEMSI, OLD SUREHAND und WINNETOU. Zwar ist er zu dem Zeitpunkt weder nach Amerika noch in den Orient gereist, dafür hat er reichlich Phantasie. So viel, dass er bald selbst glaubt, OLD SHATTERHAND zu sein, und das auch allen erzählt. Die berühmten Gewehre (Silberbüchse, Bärentöter, Henrystutzen) lässt er sich extra anfertigen und geht dann in voller SHATTERHAND-Montur zum Fotografen. Später kassiert **Karl May** reichlich Ärger für diese Selbst-Legendenbildung.

Seine Bücher wurden in mehr als 40 Sprachen übersetzt und mehr als 200 Millionen Mal verkauft. Trotzdem ist er zum Beispiel in den USA und in Großbritannien praktisch unbekannt.

Zitat

> *Das Schönste an ihm aber waren seine Augen, diese dunklen, sammetartigen Augen, in denen, je nach der Veranlassung, eine ganze Welt der Liebe, der Güte, der Dankbarkeit, des Mitleides, der Besorgnis, aber auch der Verachtung liegen konnte.*

Nur eine der sehr blumigen Passagen, in denen **Karl May** seinen Helden preist.

1893

Mitteleuropäische Zeit in Deutschland eingeführt | Patent Reißverschluss | Popcornmaschine erfunden

1893

DIE WEBER Gerhart Hauptmann | *WINNETOU I* Karl May

THEODOR FONTANE

Effi Briest

Inhalt
Der 38-jährige BARON VON INSTETTEN hat ein Auge auf die 17-jährige EFFI BRIEST geworfen. Er hält um ihre Hand an, die Eltern stimmen zu (gute Partie!), Heirat, Umzug nach Hinterpommern. Zack, zack. Großes Haus, schöne Landschaft, aber gähnende Langeweile. EFFI ist einsam und gruselt sich in dem alten Haus. Sie bekommt eine Tochter und langweilt sich weiter.

Auftritt MAJOR VON CRAMPAS. Cooler Name, cooler Typ. Während ihr Gatte irgendwelche Dienstreisen unternimmt, studiert EFFI mit CRAMPAS ein Theaterstück ein. Es heißt *Ein Schritt vom Wege*, und der Titel ist Programm für EFFIS weiteres Leben.

Es kommt nämlich, wie es kommen muss: Sie lässt sich auf eine Affäre mit dem Major ein. Das ist zwar aufregend, aber eigentlich viel *zu* aufregend. EFFI ist heilfroh, als sie mit ihrem Mann nach Berlin umzieht und die CRAMPAS-Affäre verdrängen kann.

Dummerweise findet INSTETTEN sechs Jahre später kompromittierende Briefe. Es hilft nichts: Er muss sich mit dem Exgeliebten seiner Frau duellieren und EFFI verlassen. So waren die Regeln – auch wenn dadurch ALLE Beteiligten ins Unglück gestürzt wurden: CRAMPAS (wird erschossen), INSTETTEN (wollte weder Duell noch Ende der Ehe), Tochter ANNIE (darf ihre Mutter nicht mehr sehen), EFFIS Eltern (Tochter entehrt) und EFFI selbst (stirbt an zu viel Peinigung).

Zitat

Das ist ein weites Feld.

Sagt Vater BRIEST immer, wenn er keine Lust hat, sich oder irgendetwas zu erklären. Mit diesem Satz endet der Roman auch: BRIEST kommentiert damit die Schuldfrage.

Ein sehr alltagstaugliches Zitat, das man sich unbedingt merken sollte.

Für Einsteiger
Fontane ist sehr gut zu lesen, aber Achtung! – auch wenn der Inhalt nach viel Action klingt: Das meiste bleibt ungesagt. Man muss zwischen den Zeilen lesen (*heiße Küsse* ist schon das Äußerste an Explizität) und Symbole deuten können.

Zum Reinkommen die großartigen Balladen (*JOHN MAYNARD*, *HERR VON RIBBECK AUF RIBBECK IM HAVELLAND*) lesen und dann *UNTERM BIRNBAUM* – eine Kriminalgeschichte (spannend, aber bitte keinen Ritualmord und Ähnliches erwarten).

Erstes Autorennen (in Paris) | Dreyfus-Affäre (in Frankreich) | Tower Bridge für den Verkehr freigegeben

1894

DAS DSCHUNGELBUCH Rudyard Kipling | *EFFI BRIEST* Theodor Fontane

LYMAN FRANK BAUM

Der Zauberer von Oz

The Wonderful Wizard of Oz

Inhalt

Hauptpersonen: das Mädchen DOROTHY, ihr Hund TOTO, eine VOGELSCHEUCHE, ein LÖWE und ein BLECHMANN. Zusammen sind sie auf dem Weg zum ZAUBERER VON OZ.

Was zuvor geschah: Ein sehr großer Sturm hat DOROTHY und TOTO mitsamt ihrem Haus weggerissen. Sie landen im Munchkin-Land, wo die BÖSE HEXE DES OSTENS herrscht, die aber praktischerweise direkt vom Farmhaus erschlagen wird. Dafür kommt die GUTE HEXE DES NORDENS, gibt DOROTHY ein Paar silberne Zauberschuhe und erklärt ihr den Weg zum ZAUBERER VON OZ, damit der ihr zurück nach Hause hilft. Unterwegs gabelt DOROTHY noch eine VOGELSCHEUCHE auf (die den ZAUBERER um Verstand bitten will) und einen feigen LÖWEN (will Mut) und einen BLECHMANN (will ein Herz).

Wie es weitergeht: Beim ZAUBERER läuft es gut; er will allen helfen, aber – kleiner Haken – vorher müssen sie die BÖSE HEXE DES WESTENS töten. Was nicht auf Anhieb klappt, stattdessen werden DOROTHY und der LÖWE gefangen genommen, die VOGELSCHEUCHE und der BLECHMANN zerstört.

Schließlich kann DOROTHY aber die Hexe töten, die Kameraden werden repariert, dann geht es zurück zum ZAUBERER. Der leider gar kein ZAUBERER ist, sondern nur so getan hat. Deswegen kann er der kleinen Reisegruppe auch gar nicht helfen, überzeugt aber den BLECHMANN und die VOGELSCHEUCHE, dass sie das, was sie sich wünschen, bereits besitzen.

Der Rückweg: Es hilft nichts, alle müssen zur GUTEN HEXE DES SÜDENS (war ja klar). Der Weg ist nicht ganz einfach, immerhin bekommt der LÖWE unterwegs ein Königreich. Und schließlich erfahren sie nur, dass die Zauberschuhe (die DOROTHY schon die ganze Zeit trägt) ihr den Weg zurück weisen. So kommt DOROTHY am Ende wieder nach Hause – während der BLECHMANN das Exreich der WESTHEXE regiert und die VOGELSCHEUCHE die Untertanen des Doch-nicht-ZAUBERERS übernimmt.

Smalltalk-Info

In Deutschland ist (wenn überhaupt) vor allem der Musicalfilm mit **Judy Garland** bekannt (seltsamerweise sind die Zauberschuhe da knallrot), in Amerika dagegen kennt jedes Kind den *ZAUBERER VON OZ*. DOROTHY & Co. sind sozusagen HÄNSEL & GRETEL der Amis.

Autor

Kritiker haben erst mal ziemlich rumgemäkelt, das Buch sei schlecht geschrieben. Tatsächlich ist der Stil eher schlicht.

Baum ist eigentlich Geschäftsmann, mit 20 fühlt er sich plötzlich zur Geflügelzucht berufen und schreibt sein erstes Buch über die Paarung und Aufzucht des Hamburger Huhns (= seine favorisierte Rasse).

Außerdem spielt **Baum** Theater und schreibt Stücke, hat ein kleines Geschäft, ist Journalist und Handlungsreisender, schreibt ein Buch über Schaufensterdekoration und erzählt seinen Kindern immer gerne Gute-Nacht-Geschichten. Aus denen wird irgendwann das Buch *DER ZAUBERER VON OZ* – trotz der Kritiker sofort extrem erfolgreich. So erfolgreich, dass **Baum** noch 16 (!) Fortsetzungen schreibt. Und noch zig andere Kinderbücher – in Deutschland praktisch alle unbekannt.

THOMAS MANN

Buddenbrooks: Verfall einer Familie

Inhalt
Wie der Titel andeutet (und wie jeder weiß), geht es um eine Lübecker Familie. Mehr als 20 Personen aus vier Generationen treten auf.

JOHANN BUDDENBROOK führt das Familienunternehmen, die Getreidegroßhandlung Buddenbrook, der Sohn JEAN arbeitet auch in der Firma. Ihre Konkurrenten sind die HAGENSTRÖMS, zugezogene Neureiche, die allen ein bisschen suspekt sind. Als JOHANN stirbt, übernimmt JEAN das Geschäft, und bald fängt auch sein Sohn THOMAS als Lehrling an.

JEAN zwingt seine Tochter TONY, einen Hamburger Kaufmann zu heiraten, obwohl TONY einen anderen liebt. Allerdings zeigt sich bald, dass es mit der guten Partie nichts ist; der Gatte ist zahlungsunfähig, und zum Wohl der Firma darf sich TONY von ihm scheiden lassen. Später heiratet sie einen anderen, den sie aber auch verlässt, weil er ein Betrüger ist.

So geht es auf und ab mit den BUDDENBROOKS, als plötzlich und unerwartet Firmenchef JEAN stirbt. Mit nur 29 Jahren übernimmt THOMAS die Leitung. Er hat kein besonders gutes Händchen für Geschäfte – und auch die Einstellung seines Bruders CHRISTIAN hilft nicht weiter. Der ist ein Hallodri und muss die Firma schließlich wieder verlassen.

THOMAS heiratet GERDA, und sie bekommen einen Sohn: HANNO, ein sensibler Träumer. HANNO soll mal die Firma übernehmen, so THOMAS' Hoffnung. Er selbst ist mit Mitte 40 schon komplett ausgebrannt. Die HAGENSTRÖMS werden immer bedeutender in Lübeck, mit den BUDDENBROOKS geht es bergab.

Noch vor seinem 50. Geburtstag stirbt THOMAS. In seinem Testament hat er verfügt, dass die Firma verkauft wird – er hatte wohl erkannt, dass HANNO niemals sein Nachfolger werden könnte. Tatsächlich stirbt HANNO mit 16 Jahren an Typhus.

Für Einsteiger
Natürlich passiert noch tausendmal mehr in dem Roman. Das Leben aller Familienmitglieder wird über die Jahrzehnte verfolgt – manche sprechen niederdeutsch, manche französisch, polnisch, preußisch plus diverse Dialekte. Trotzdem ist es der »einfachste« Roman von Thomas Mann. Dennoch: Für den Einstieg empfehlen sich die Novellen: *DER TOD IN VENEDIG* natürlich oder *TONIO KRÖGER*.

Smalltalk-Info
Der Name der Stadt Lübeck wird im ganzen Roman nie genannt. Trotzdem war es offensichtlich, dass die BUDDENBROOKS in der Hansestadt leben. Nach dem Erscheinen war die Empörung erst mal groß – viele Einwohner meinten sich in Romanfiguren wiederzuerkennen. Buchhändler gaben sogar Listen aus, auf denen stand, welche Lübecker Persönlichkeit welcher Romanfigur entspricht.

Verkauft haben sich die *BUDDENBROOKS* übrigens erst gar nicht so gut – zu teuer! Zwölf Mark kostete die zweibändige Ausgabe – das entspricht etwa heutigen 70 Euro. Der Absatz stieg erst nach zwei Jahren, als eine einbändige Ausgabe für fünf Mark (≈ 30 Euro) auf den Markt kam.

1898
KRIEG DER WELTEN
H. G. Wells

Ausbruch Burenkrieg in Südafrika
1899
HERZ DER FINSTERNIS
Joseph Conrad

Erster Nobelpreis f. Literatur verliehen (S. Prudhomme)
1901
DER ZAUBERER VON OZ
Lyman Frank Baum
BUDDENBROOKS
Thomas Mann

★ 1875 in Deutschland
✝ 1955 in der Schweiz

»Wo ich bin, ist Deutschland« *

Ein Muss für alle, die sich für die Familie Mann interessieren: das Doku-Drama *DIE MANNS – EIN JAHRHUNDERTROMAN* von *Heinrich Breloer*. Sensationelle Schauspieler, großartige Originalaufnahmen und eine hinreißende Elisabeth Mann Borgese auf Spurensuche.

Thomas Mann ist 25 Jahre alt, als sein erster Roman *BUDDENBROOKS* erscheint. Das Buch gilt heute als DAS Jahrhundertwerk der deutschen Literatur – damals allerdings halten sich die Kritiker bedeckt oder äußern sich sehr abfällig. Erst mit Verspätung findet **Thomas Manns** Debüt Leser und Anerkennung.

1905 heiratet er **Katia Pringsheim**, die beiden bekommen sechs Kinder, die später selber mehr oder weniger berühmt wurden: **Erika** (Autorin, Schauspielerin, politisch engagiert), **Klaus** (Autor, siehe Seite 108), **Golo** (Historiker), **Monika** (Autorin), **Elisabeth** (Ökologin und Seerechtlerin) und **Michael** (Musiker). Die Kinder nennen ihren Vater den ›Zauberer‹, seitdem er sich einmal zum Faschingsfest als solcher verkleidet hat.

»Pst, der Vater arbeitet« wird zum Standardsatz im Hause **Mann**. Von neun bis zwölf sitzt **Thomas Mann** am Schreibtisch, dann kommt er zum Essen und schreibt nachmittags weiter. Lange feilt er an seinen Sätzen, schafft selten mehr als eine Seite pro Tag.

1924 veröffentlicht **Thomas Mann** seinen Roman *DER ZAUBERBERG* – und da ist er, der große Erfolg. Alle sind begeistert, **Thomas Mann** darf auf den Nobelpreis hoffen. Doch erst fünf Jahre später kommt endlich der Anruf aus Stockholm. Und dann die Enttäuschung: Der Preis wird ihm für *BUDDENBROOKS* verliehen, für einen Roman, der inzwischen fast 30 Jahre alt ist!

Kurz darauf beginnt der Aufstieg der Nationalsozialisten. **Thomas Mann** verfolgt das Ganze mit Abscheu, realisiert aber lange nicht, was ein Sieg **Hitlers** für ihn bedeuten könnte. 1933 ist er mit seiner Frau auf einer Vortragsreise im Ausland, anschließend machen sie Urlaub in Arosa. **Erika** beschwört ihre Eltern, nicht mehr nach Deutschland zurückzukehren.

Sie gehen nach Südfrankreich und 1938 dann nach Amerika. Erst 1952 kehren sie nach Europa zurück – allerdings nicht nach Deutschland, sondern in die Schweiz, nach Zürich. **Manns** Verhältnis zu Deutschland bleibt problematisch, aber er unternimmt regelmäßige Reisen in seine Heimat und bekommt 1955, kurz vor seinem Tod, die Ehrenbürgerwürde Lübecks verliehen.

* So die berühmte Antwort, die **Thomas Mann** einem Reporter gab – auf die Frage, ob er das Exil als Last empfinde. Außerdem sagte er noch: »Ich trage meine Kultur in mir und betrachte mich nicht als gefallenen Menschen.«

Kuba unabhängig | Burenkrieg in Südafrika endet

1902

DANTONS TOD Georg Büchner | *PETER RABBIT* Beatrix Potter | *NACHTASYL* Maxim Gorki

JACK LONDON

Ruf der Wildnis

The Call of the Wild

Inhalt

Erzählt wird die Lebens- und Leidensgeschichte eines Hundes: BUCK ist halb Bernhardiner, halb Schäferhund und lebt gemütlich und zufrieden bei seinem Besitzer in Kalifornien. Doch eines Tages wird er vom Gärtnergehilfen gestohlen und nach Alaska verkauft, wo er als Schlittenhund abgerichtet wird.

In der eisigen Kälte ist es schnell vorbei mit seinem netten Sozialverhalten. Hier herrscht das Gesetz des Stärkeren. BUCKS Rivale im Rudel ist der Leithund SPITZ, den er schließlich besiegt, wodurch er selbst zum Leithund wird.

Wieder wird BUCK verkauft – diesmal an drei Goldsucher, die keine Ahnung von Schlittenhunden haben und sie erst überfüttern, dann hungern lassen. Im letzten Moment wird BUCK von JOHN THORNTON gerettet und wieder aufgepäppelt. Die beiden leben eine Zeitlang froh und glücklich mit und in der Natur. Immer wieder unternimmt BUCK lange Ausflüge in die Wildnis und freundet sich mit einem Wolf an.
Als er wieder mal von einem Streifzug durch die Wälder zurückkehrt, findet er sein geliebtes Herrchen tot – umgebracht von Indianern.

Buck übt blutige Rache und folgt dann dem Ruf der Wildnis: Er schließt sich dem Wolfsrudel an und kehrt nur noch einmal im Jahr zurück in die Zivilisation, um JOHN THORNTON zu betrauern.

Autor

Jack London war ein irrer Typ: Mit 13 die Schule verlassen, weil er Geld verdienen musste. Illegaler Austernfischer, Seemann, Robbenjäger. Dann den Highschool-Abschluss nachgeholt und in Berkeley (!) studiert. Abgebrochen, um in Alaska nach Gold zu suchen. Kein Erfolg, kein Geld.

Dann wird **Jack London** Autor. Verdient sich seinen Lebensunterhalt mit Abenteuergeschichten. Reist und schreibt darüber. Wird Landwirt und Schweinezüchter. Stirbt mit nur 40 Jahren auf seiner Farm in Kalifornien. Selbstmord? Folgen von Alkoholismus? Eine Nierenkrankheit? Das wurde nie geklärt.

Für Einsteiger

Es gibt auch diverse Verfilmungen von *RUF DER WILDNIS* – am bekanntesten ist die mit **Charlton Heston** und **Raimund Harmstorf**. Schöner Film, allerdings komplett anders als das Buch, insofern auch kein guter Ersatz.

Das Buch liest sich aber abenteuerlich gut, wenn man Tiergeschichten mag (siehe unten). Sonst vielleicht lieber zum *LOCKRUF DES GOLDES* oder zum *SEEWOLF* greifen. Letzterer ist übrigens ebenfalls mit **Raimund Harmstorf** verfilmt worden (legendär die Szene, in der Seewolf **Harmstorf** eine rohe Kartoffel zerquetscht) – aber auch hier gilt Film ≠ Roman.

Same, same but different

Natürlich *WOLFSBLUT* vom selben Autor (Hund wird von skrupellosem Mann für Hundekämpfe missbraucht, dann von netter Familie gerettet), *BLACK BEAUTY* von **Anna Sewell** (Pferd wird von netter Familie an skrupellose Menschen verkauft, gequält und schließlich von nettem Jungen gerettet), *DER SCHWARZE HENGST BENTO* von **Ditha Holesch** (Pferd wächst bei netten Menschen in Deutschland auf, wird nach Brasilien an skrupellose Menschen verkauft, flieht und wird Leithengst einer Wildpferdeherde).

Erste Tour de France | Erster Western gedreht *(Der große Eisenbahnraub)* | Erster Motorflugzeug (Gebrüder Wright)

1903

RUF DER WILDNIS Jack London | *TONIO KRÖGER* Thomas Mann

Typ Leichtleser

Bücher für Literatur-Einsteiger

Leicht zu lesen ist zum Beispiel (fast) alles von **Ken Follett**, **Agatha Christie** oder **John Irving**. Deren Bücher zählen allerdings zur Unterhaltungsliteratur. Wer den Einstieg in die sogenannte Hochliteratur sucht, sollte vor allem auf eine geringe Seitenzahl achten. Geeignet sind daher Novellen, Erzählungen oder kurze Romane – wie etwa:

GRAHAM GREENE
DER DRITTE MAN
spannend

MARTIN WALSER
EIN FLIEHENDES PFERD
*lustig**

THOMAS MANN
DER TOD IN VENEDIG
großartig

STEFAN ZWEIG
SCHACHNOVELLE
beeindruckend

J. D. SALINGER
FRANNY UND ZOOEY
schräg

Aber Vorsicht! Kurze Bücher bergen oft die Gefahr eines literarischen Experiments. *DIE JALOUSIE* von **Alain Robbe-Grillet** zum Beispiel ist zwar kurz, aber auch ohne Handlung. Auch *DER FREMDE* von Camus ist eher Herausforderung als Lesespaß.

---

* Achtung! Die **Walser**-Novelle als lustig zu bezeichnen könnte in Literatenkreisen für Aufruhr sorgen. Dort spricht man eher von einem »Glanzstück deutscher Prosa« (**Marcel Reich-Ranicki**).

Typ Backgrounder

Biografien und mehr

Manchmal findet man den Zugang zu einem Schriftsteller durch ein Buch über ihn. Im allerbesten Fall eröffnet ein biografisches Buch sogar ein ganzes Zeitpanorama. Hier nur eine kleine Auswahl für alle, die den indirekten Weg bevorzugen oder einfach mehr wissen wollen:

ERNEST HEMINGWAY
PARIS – EIN FEST FÜRS LEBEN
die Lost Generation trifft sich

SYLVIA BEACH
SHAKESPEARE AND COMPANY
siehe oben – aus einem anderen Blickwinkel

ALMA MAHLER-WERFEL
MEIN LEBEN
nicht nur über Literaten, aber auch

SIGRID DAMM
CHRISTIANE UND GOETHE
Dichterfürst mal ganz anders

JOYCE MAYNARD
TANZSTUNDEN
zehn Monate mit J. D. Salinger

ARTHUR MILLER
ZEITKURVEN
Marilyn, McCarthy und mehr

ALAIN DE BOTTON
WIE PROUST IHR LEBEN VERÄNDERN KANN
alles über Proust – mit reichlich Humor

ERIKA MANN
MEIN VATER, DER ZAUBERER
Innensicht der berühmten Familie

Kurz, wichtig

Literatur im Schnelldurchlauf

ANTON TSCHECHOW

DER KIRSCHGARTEN

Wischnjowy sad

Der *KIRSCHGARTEN* ist die Attraktion auf einem Gut in Russland. Die Besitzerin, LJUBOW RANJEWSKAJA, lebt in Paris und gibt das Geld mit vollen Händen aus – genau wie ihr Bruder GAJEW.

Als die totale Pleite droht, kehrt RANJEWSKAJA nach Russland zurück, um zu retten, was zu retten ist. Ein Kaufmann bietet an, den Kirschgarten abzuholzen und dort Ferienhäuser zu errichten. Auf keinen Fall! Andere Möglichkeiten werden erwogen, Träume zerplatzen, RANJEWSKAJAS Tochter ANJA verliebt sich in den Studenten PJOTR – und am Ende ersteigert der Kaufmann das Gut und setzt seine Datschen-Idee doch durch.

Achtung, viel Symbolik! KIRSCHGARTEN = russischer Adel (schön, aber nutzlos). ANJA / PJOTR = Hoffnung (neue Generation, wird aktiv und sucht Glück in der Stadt). Eines der bekanntesten russischen Bühnenstücke – und ausnahmsweise wenig schwermütig, sondern fast schon leicht und lustig.

JAMES MATTHEW BARRIE

PETER PAN

Peter Pan or The Boy who wouldn't grow up

PETER PAN wohnt in Nimmerland (*Neverland*) und ist der Anführer der *verlorenen Jungs*, die immer mal gegen die Piraten von CAPTAIN HOOK kämpfen. Eines Nachts fliegt PETER PAN mit seiner Fee TINKERBELL ins Zimmer von WENDY und ihren Brüdern. Er nimmt sie mit nach Nimmerland, wo WENDY die Mutter der verlorenen Jungs wird und alle zusammen ein paar Abenteuer erleben (Indianer, Piraten, Krokodil, Gift).

Dann wollen WENDY und ihre Brüder aber zurück zu ihren Eltern, und etwas widerstrebend bringt PETER sie nach Hause. Günstig: WENDYS Eltern adoptieren die verlorenen Jungs. PETER PAN will nicht bleiben, aus Angst, doch noch erwachsen zu werden.

Die Geschichte ist längst weltberühmt, geliebt wird sie aber vor allem von den Briten: In London steht sogar ein PETER-PAN-Denkmal.

HEINRICH MANN

PROFESSOR UNRAT ODER DAS ENDE EINES TYRANNEN

Hauptperson ist der Lehrer RAAT, der seine Schüler so tyrannisiert, dass ihn alle nur *Professor Unrat* nennen.

Als er mal wieder ein paar Schülern an den Kragen will, gerät er in das Vergnügungslokal *Der Blaue Engel*. Da findet er die verfolgten Schüler und einen Grund, sie zu bestrafen. Schließlich gucken sie sich unzüchtige Auftritte von einer gewissen ROSA FRÖHLICH an!

Aber dann verfällt der alte, vergrätzte RAAT der jungen, schönen Sängerin. Er kauft ihr Blumen, lädt sie zum Essen ein, finanziert ihr Appartement – und macht sich zum Gespött der Leute. Schließlich wird er aus dem Schuldienst entlassen, heiratet ROSA und wird zum verschwenderischen Anarchisten: Bordellinhaber, Zuhälter, Spielbankhalter. Am Ende landen ROSA und RAAT im Gefängnis.

Doppelmoral, bürgerliche Zwänge, unterdrückte Triebe – alles drin in diesem Buch!

1904

Patent Schneekette | Russische Revolution | Künstlerbund *Die Brücke* gegründet | A. Einstein veröffentlicht Relativitätstheorie Teil I

1904: *DER KIRSCHGARTEN* Anton Tschechow | *PETER PAN* James Matthew Barrie

1905: *PROFESSOR UNRAT* Heinrich Mann

JOHN GALSWORTHY

DIE FORSYTE SAGA

The Forsyte Saga

Drei Romane erzählen die Geschichte einer Familie der besseren Kreise in England von 1886 bis 1920 – ein eher kurzer Zeitraum für eine Trilogie, aber alles ist drin: zerrüttete Ehen, Affären, Leidenschaft, Verwicklungen, verfeindete Familienmitglieder, Versöhnungen.

In der Kurzfassung wird es etwas loriotmäßig: SOAMES FORSYTE heiratet IRENE, Trennung, Scheidung. IRENE hat eine Affäre mit PHILIP, der stirbt bei einem Unfall, IRENE heiratet später JOYLON, den Cousin ihres Exmannes. Der wiederum (also SOAMES) heiratet die Französin ANNETTE. Sie bekommen eine Tochter, FLEUR. IRENE und JOYLON bekommen einen Sohn, JON.

Zwischendurch leben, lieben und sterben noch einige Neben-Familienmitglieder, dann verlieben sich FLEUR und JON, was ihre Eltern jeweils unterbinden wollen (wegen Verfeindung!). Am Ende heiratet FLEUR einen Adligen – ein Aufstieg für die ganze Familie FORSYTE.

Im Prinzip Denver & Dallas in England und in literarisch wertvoll – **John Galsworthy** bekam sogar den Literaturnobelpreis für seine *vornehme Schilderungskunst*.

SELMA LAGERLÖF

DIE WUNDERBARE REISE DES KLEINEN NILS HOLGERSSON MIT DEN WILDGÄNSEN

Nils Holgerssons underbara resa genom Sverige

Eine Auftragsarbeit: Die schwedische Schulbehörde brauchte ein Lesebuch, in dem die Kinder etwas über ihr Heimatland lernen. **Selma Lagerlöf** freute sich sehr über diesen Auftrag, denn bevor sie vom Schreiben leben konnte, war sie selbst Lehrerin gewesen.

Und sie hatte auch gleich eine gute Idee, wie es mit der Landeskunde klappen könnte: Sie ließ einen Jungen zum Zwerg werden, sich Wildgänsen anschließen und mit einer Hausgans durch ganz Schweden fliegen. So lernen die Kinder zusammen mit NILS Menschen, Landschaften und Sagen ihrer Heimat kennen – und auch die Probleme des Landes.

Nebenbei wird NILS, der wegen Bosheit und Faulheit verzaubert wurde, durch seine Abenteuer zum netten Jungen geläutert. Am Ende kommt er natürlich nach Hause zurück und wird auch wieder groß.

Alle waren von dem Buch begeistert, es wurde nicht nur von Schülern gelesen, sondern bald vom ganzen Land – und schließlich von der ganzen Welt. Einer der seltenen Fälle, in denen ein Kindermärchen zu Weltliteratur wurde.

Gemeckert hat nur die schwedische Schulbehörde: So hatten sie sich das nicht vorgestellt – viel zu unterhaltsam für ein Schulbuch!

GEORGE BERNARD SHAW

Pygmalion

Inhalt

Am Anfang steht eine Wette zwischen Phonetikprofessor HIGGINS und dem Sprachwissenschaftler PICKERING. Sie dreht sich um das Blumenmädchen ELIZA DOOLITTLE: nett, hübsch, spricht aber einen schlimmen Gossenjargon. HIGGINS will eine Dame aus ihr machen und ihr den Akzent der feinen Londoner Gesellschaft beibringen.

Topp, die Wette gilt. Und nach wochenlangem Training ist es tatsächlich geschafft: Aus Aschenputtel ist eine feine Dame geworden, mit perfektem Upper-Class-Akzent. Allerdings versteht sie zum Teil gar nicht, worüber sie redet. Außerdem hat sie sich in HIGGINS verliebt, während der sie nur als Studienobjekt sieht. Als ELIZA das realisiert, verlässt sie wütend sein Haus und geht zu HIGGINS' Mutter, die von Anfang an vor dem Experiment gewarnt hat. Am Ende heiratet ELIZA den mittellosen FREDDY und eröffnet mit ihm ein Blumengeschäft.

Ha, den Plot kennt man irgendwoher, bringt es aber weder mit Shaw noch mit *PYGMALION* zusammen? Das liegt daran, dass in den fünfziger Jahren daraus ein berühmtes Musical wurde: *MY FAIR LADY.*

Für Einsteiger

Dramen zu lesen ist meistens anstrengend. Dieses liest sich sehr gut. Trotzdem sollte man es – wenn möglich – auf einer Bühne sehen. Und wird feststellen, dass *PYGMALION* viel mehr zu bieten hat als das kitschige *MY-FAIR-LADY*-Musical.

Smalltalk-Info

1: Den Hintergrund für das Stück (und den merkwürdigen Titel) findet man in der griechischen Mythologie: Pygmalion war ein Künstler, der sich in eine selbstmodellierte Frauenstatue verliebt hat. Als Pygmalion mal wieder mit der Statue knutscht, wird sie tatsächlich lebendig. Nachzulesen in **Ovids** *METAMORPHOSEN*.

2: Shaw hat das Stück extra für eine bekannte englische Schauspielerin geschrieben – unter anderem um sie ein bisschen zu ärgern. »Mrs. Pat« hat auf der Bühne nämlich selbst ein bisschen gekünstelt gesprochen, um eine bessere Herkunft vorzugaukeln.

Autor

George Bernard Shaw ist Provokateur, Besserwisser, Sozialist und schon in jungen Jahren ziemlich schrullig – ein Außenseiter. Lange Zeit lebt er total zurückgezogen, bis er mit 30 die Frauen entdeckt und diverse Affären hat, zum Teil zeitgleich (führt darüber Buch!). Mit Anfang 40 heiratet er, seine Frau besteht allerdings auf einer platonischen Ehe. Also hat Shaw weiter Affären.

Er wird wahnsinnig alt und verdient ziemlich viel Geld (aber protzt nie damit – einziger Luxus: ein Rolls-Royce). Außer ihm hat bisher kein Nobelpreisträger auch einen Oscar bekommen – Shaw hat das Drehbuch für die Verfilmung seines Romans geschrieben. Seine Begeisterung über den Preis hält sich in Grenzen; zur Oscarverleihung geht er gar nicht erst hin, weil er meint, die hätten eh keine Ahnung von seinem Werk.

Ich wünschte, ein Shakespeare zu sein, und wurde ein Shaw ist vielleicht sein berühmtestes Zitat – wird immer noch auf Mousepads, Schlüsselanhänger und so weiter gedruckt. Das hätte ihm bestimmt NICHT gefallen.

Sturz der Monarchie in Portugal | *Der Blaue Reiter* gegründet (W. Kandinsky / F. Marc) | *Der Rosenkavalier* (R. Strauss) | R. Amundsen erreicht als Erster den Südpol

1910 *MALTE LAURIDS BRIGGE* Rainer Maria Rilke

1911 *DIE RATTEN* Gerhart Hauptmann

Titanic gesunken

Kreuzworträtsel erfunden

Fließbandtechnik perfektioniert (H. Ford)

1912

TARZAN BEI DEN AFFEN
Edgar Rice Burroughs

DIE BIENE MAJA
Waldemar Bonsels

DER TOD IN VENEDIG
Thomas Mann

1913

PYGMALION
George Bernard Shaw

MARCEL PROUST

Auf der Suche nach der verlorenen Zeit

À la recherche du temps perdu

Inhalt

Dieses Werk besteht aus sieben Bänden, und das ist nicht der einzige Grund, warum es schwierig ist, die Handlung in wenigen Sätzen zusammenzufassen. Das Problem ist vielmehr, dass es seitenlang gar keine Handlung gibt, sondern eher so etwas wie gedankliche Abschweifungen. Lange gedankliche Abschweifungen. Und endlos viele Personen, so circa 500.

Es beginnt damit, dass sich der Ich-Erzähler (gesundheitlich nie auf der Höhe, ziemlich träge und ganz schön neurotisch ≈ **Marcel Proust**) an seine glückliche Kindheit erinnert, vor allem an den Sommer, den er immer bei Verwandten auf dem Land verbracht hat. Dort lernt er SWANN kennen (hier wird kurz ein kleiner Extraroman eingeflochten, die Liebesgeschichte von SWANN und ODETTE), er verliebt sich (erst in GILBERTE, dann in ALBERTINE) und lernt die Welt des Hochadels kennen. Manchmal geht es ein bisschen um Politik, aber selten, und auch mal um Homosexualität.

Der Erzähler lebt schließlich mit ALBERTINE zusammen, behandelt sie schlecht, sie verlässt ihn und stirbt bei einem Unfall. Dann: Erster Weltkrieg, der Erzähler muss nicht hin – zu kränklich. Am Ende des letzten Bandes fällt ihm auf, wie sehr die Zeit alles verändert hat. Was bleibt, sind nur Erinnerungen. Und da hat er eine tolle Idee: Er setzt sich hin und schreibt einen Roman darüber – um die verlorene Zeit wiederzufinden.

Aber natürlich ist dieser karge Plot nur das Skelett der sieben Bände. Handlung wird überschätzt, fand **Proust**. Ihm ging es um mehr: Zeit, Raum und Erinnerung, um Liebe an sich, Kunst und Gesellschaft um die Jahrhundertwende.

Smalltalk-Info

Die britische Komikergruppe **Monty Python** hat das Problem der Komplexität von **Prousts** Werk in einem sehenswerten Sketch aufbereitet: Bei der *All-England Summarize Proust Competition* müssen die Teilnehmer den Inhalt in 15 Sekunden zusammenfassen. Der einzig ernstzunehmende Kandidat schafft es gerade mal bis Seite eins von Band eins.

Für Einsteiger

Lesen Sie Band eins bis zur berühmten *Madeleineszene* (etwa Seite 60): Der Ich-Erzähler isst ein Stück Gebäck zum Tee und wird durch Geschmack / Geruch in die Vergangenheit katapultiert – und dann geht es richtig los mit dem ganzen Erinnern.

Wem das Buch bis hierhin gut gefallen hat, der kann sich gleich die restlichen sechs Bände kaufen und hat für die nächsten Monate (oder Jahre) den besten Lesestoff. Wer sich bis zu dieser Madeleineszene gequält hat (zum Beispiel weil die Sätze gerne mal über 20 Zeilen gehen), kann hier aufhören. Es wird auf den nächsten 3000 Seiten so weitergehen wie bisher.

Stattdessen vielleicht **Alain de Botton** lesen: Sein Buch *WIE PROUST IHR LEBEN VERÄNDERN KANN* bietet einen amüsanten Einblick in **Prousts** bizarres Leben und Werk – und endet mit dem Satz *Selbst die besten Bücher haben es verdient, in die Ecke geworfen zu werden.*

Oder den mehrteiligen **Proust**-Comic von **Stéphane Heuet**, der sehr treffend die Qualität und auch die Tücken des Originals wiedergibt.

Grand Central Terminal eingeweiht (in New York)
1913

Ausbruch Erster Weltkrieg
1914

1913
BRENNENDES GEHEIMNIS
Stefan Zweig

1913–27
AUF DER SUCHE NACH DER VERLORENEN ZEIT
Marcel Proust

★ 1871 in Frankreich
✝ 1922 in Frankreich

Proust hat die letzten 14 Jahre seines Lebens praktisch im Bett verbracht

Walter Benjamin sagte mal: *Proust war ein vollendeter Regisseur seiner Krankheit.* Will sagen: Nur weil Proust so war, wie er war, konnte er sein Monumentalwerk schreiben.

Wie konnte dieser durchgeknallte Typ überhaupt so viel schreiben? Und dann noch einen Roman, der (egal was man persönlich davon hält) zu den bedeutendsten Werken des 20. Jahrhunderts zählt?

Marcel Proust leidet immer. An diversen körperlichen Gebrechen (Asthma, Verdauungsprobleme, ständige Erkältungen und andere Krankheiten), aber auch psychisch (Depressionen, Angst vor Reisen / Mäusen / Bakterien – er trägt Schutzhandschuhe!, totale Mutterbindung, Hysterie in Bezug auf alles Mögliche). Außerdem mag er lieber Männer als Frauen, kommt aber auf dem Gebiet auch nicht voran: Seine große (und unglückliche) Liebe galt seinem (verheirateten) Chauffeur.

Am meisten aber fürchtet **Marcel Proust** die Kälte: Nie verlässt er das Haus ohne seinen Pelzmantel, den er auch als Decke benutzt. Als zusätzliche Decke, denn aus Angst vor einer Rauchvergiftung heizt er nicht ordentlich. In seiner Wohnung (die er erst mit 37 Jahren, nach dem Tod der Eltern, bezieht) trägt er lieber mehrere Pullover übereinander und behilft sich mit Wärmflaschen. Seinen Pelzmantel lässt er auch an, wenn er zum Essen eingeladen wird – falls er sich tatsächlich mal dazu durchringt, seine Wohnung zu verlassen. Am liebsten hält sich **Proust** in seinem Bett auf: Er schläft bis abends und schreibt nachts sein Werk – ebenfalls im Bett.

1913 beginnt er mit dem ersten Band – ohne zu ahnen, dass es der erste Band von einem gigantischen Werk wird. Aber dann fallen ihm so viele Dinge ein, die er alle unterbringen will. Und er ändert und streicht und ergänzt, ergänzt, ergänzt, auch noch in den fertigen Druckfahnen. In den Originalmanuskriptseiten findet man praktisch kein Wort, das nicht mindestens einmal durchgestrichen ist.

Obwohl viele Leser damals schon mit dem ersten Band überfordert sind, bekommt **Proust** Preise und Anerkennung. Und schreibt weiter. Die letzten Bände erscheinen erst nach seinem Tod. Mit 51 Jahren stirbt **Proust** an einer Lungenentzündung – weil er trotz Erkältung das Haus verlassen hat. Drei Mäntel und zwei Decken haben nicht gereicht.

Absinth verboten (in Frankreich)

Schlacht an der Somme (mehr als 1 Mio. Tote)

1915

Des Menschen Hörigkeit – William Somerset Maugham

Die Verwandlung – Franz Kafka

1916

Ein Porträt des Künstlers als junger Mann – James Joyce

JAMES JOYCE

Ulysses

Inhalt

Am 16. Juni 1904 spazieren LEOPOLD BLOOM und STEPHEN DEDALUS durch Dublin. Mitunter treffen sie sich oder andere Menschen. Und sonst? Ähm ... schwer zu sagen. Sonst geht es eigentlich um alles. Leben, Tod, Sex, Politik, Gesellschaft – das Ganze auf 1000 Seiten, eingewoben in die Beschreibung eines Tages von acht Uhr morgens bis zwei Uhr nachts.

Klingt schon kompliziert, aber das ist erst der Anfang. **Joyce** hatte ein paar gute Ideen, um aus seinem Werk ein tolles Interpretationspuzzle für Anglistikstudenten zu machen:

1: Es ist an **Homer** angelehnt, jedes der 18 Kapitel passt zu einer ODYSSEUS-Episode. Die passenden Überschriften hat Joyce aber wieder entfernt, man muss sie rekonstruieren!

So gibt es zum Beispiel das Kapitel *Hades*, da fährt BLOOM zu einer Beerdigung und denkt über den Tod nach. Oder das Kapitel *Circe*: BLOOM und DEDALUS sind im Bordell; BLOOM halluziniert, dass er schwanger wird.

2: Zu jedem Kapitel gehört ein bestimmter Erzählstil, einige ganz gut lesbar (zum Beispiel Essay, Reportage, Erzählung), andere gar nicht – wie der gefürchtete *Innere Monolog*. Hier serviert **Joyce** dem Leser schonungslos den kompletten Bewusstseinsstrom seiner Protagonisten, inklusive aller Abschweifungen und Assoziationen. Das geht so dann Seite um Seite – Zehntausende Wörter ohne Punkt und Komma und ohne direkten Sinn. Kein Wunder, dass während des Krieges in dem Text verschlüsselte Nachrichten eines Spionagerings vermutet wurden.

3: Den meisten Kapiteln wird ein Körperorgan (zum Beispiel Niere, Ohr, Speiseröhre), eine Farbe, eine Wissenschaft (Medizin, Theologie, Musik) und so einiges andere zugeordnet. **James Joyce** hat netterweise eine entsprechende Liste hinterlassen – allerdings: Vielleicht war das auch nur ein Witz?

Joyce über *ULYSSES*

> *Ich habe so viele Rätsel und Geheimnisse hineingesteckt, dass es die Professoren jahrhundertelang in Streit darüber halten wird, was ich wohl gemeint habe.*

Sagte **James Joyce** über sein Buch – und meinte, dass er sich so seine Unsterblichkeit gesichert habe. Womit er wohl recht hatte.

Andere über *ULYSSES*

1918 erschien *ULYSSES* in einer amerikanischen Zeitschrift, wurde dann aber wegen Obszönität verboten (die Sache mit dem Bewusstseinsstrom: nicht alle Gedanken sind jugendfrei).

1922 wagte die junge Verlegerin **Sylvia Beach**, das Buch in Paris zu veröffentlichen, was angeblich nur klappte, weil die französischen Drucker kein Englisch verstanden. In ihrer berühmten Buchhandlung Shakespeare & Company wurde das Buch in falschen Schutzumschlägen verkauft – weil die Kunden Angst hatten, mit einem eigentlich verbotenen Buch erwischt zu werden.

Von den Schriftstellerkollegen wurde das Buch mit großer Spannung erwartet – die Reaktionen reichten von Begeisterung (**T. S. Eliot, G. B. Shaw, Ezra Pound, Robert Musil**) bis Abscheu (**Virginia Woolf, D. H. Lawrence**).

Tucholsky verglich das Buch mit Liebigs Fleischextrakt:

> *Man kann es nicht essen. Aber es werden noch viele Suppen damit zubereitet werden.*

Revolution + Bürgerkrieg in Russland | USA treten in den Ersten Weltkrieg ein | Ermordung der russ. Zarenfamilie | Erster Weltkrieg endet | Ermordung R. Luxemburg + K. Liebknecht

1917 – *DER FALL DERUGA*, Ricarda Huch

1918

1919 – *DEMIAN*, Hermann Hesse

★ 1882 in Irland
✝ 1941 in der Schweiz

»Ich erwarte von meinem Leser, dass er sein ganzes Leben der Lektüre meines Werkes widmet«

Seit 1954 zelebrieren James-Joyce-Fans am 16. Juni auf der ganzen Welt den Bloomsday – vor allem in Dublin ein Erlebnis. Man kann Romanepisoden nacherleben: ein Gorgonzolabrot mit Burgunder bestellen oder ein Stück von Blooms Lieblingsseife kaufen.

Kaum ein Autor war so überzeugt von sich wie **James Joyce**. Dabei hat er lange Zeit weder Erfolg noch Geld, sondern ist ein Meister im Anpumpen. Er schreibt ein bisschen fürs Theater, trinkt, feiert – und lernt **Nora** kennen. Am 16. Juni 1904 haben die beiden das erste Rendezvous – das Datum hat **Joyce** später in *ULYSSES* verewigt. Mit **Nora** wird er sein Leben lang zusammen sein, obwohl sie seine Bücher nicht liest.

Die beiden gehen nach Triest, wo **Joyce** zehn Jahre als Englischlehrer arbeitet und schließlich seinen Erzählband *DUBLINER* veröffentlicht. Zwei Jahre später erscheint sein erster Roman *EIN PORTRÄT DES KÜNSTLERS ALS JUNGER MANN*. Hier kommt STEPHEN DEDALUS zum ersten Mal vor – als Alter Ego des Autors (DÄDALUS = Künstler in der griechischen Mythologie, der das Labyrinth für den bösen Stier gebaut hat).

Joyce hat auch schon erste Bewunderer – vor allem den Amerikaner **Ezra Pound** –, und endlich muss er seine Freunde nicht mehr um Geld bitten. Spenden bekommt er jetzt von seinen Fans, sogar der britische Premierminister hat Geld geschickt!

1920 gehen **Nora** und **Joyce** nach Paris, wo der Autor Sylvia Beach trifft. Wer weiß, was aus *ULYSSES* geworden wäre, wenn sie nicht das Wagnis der Veröffentlichung eingegangen wäre. Und das, obwohl **Joyce** inzwischen eine echte Diva geworden ist: Er hält sich nicht an Verträge und treibt sie mit seinen endlosen Korrekturen in den Wahnsinn.

Dann beginnt **Joyce**, *FINNEGANS WAKE* zu schreiben, das erst kurz vor seinem Tod komplett veröffentlicht wird. Gegen diesen Roman war *ULYSSES* ein Spaziergang. *FINNEGANS WAKE* ist wohl das schwierigste Werk der letzten 100 Jahre – unter anderem weil **Joyce** einfach mal neue Wörter komponiert und dabei 100 Sprachen benutzt hat, ohne wirklich eine Geschichte zu erzählen. Er hat nicht mit vielen Lesern gerechnet – und selbst seine Schriftstellerkollegen waren mit diesem Buch überfordert.
Was hat sich **Joyce** bloß dabei gedacht? Er selbst gab die Antwort: *Um die Kritiker dreihundert Jahre lang zu beschäftigen.*

Das könnte klappen.

A. Einstein erhält Nobelpreis für Physik (1921)

H. Carter entdeckt Grab von Tutanchamun (1922)

1920: *ZEIT DER UNSCHULD* – Edith Wharton; *DOKTOR DOLITTLE U. S. TIERE* – Hugh Lofting

1921

1922: *ULYSSES* – James Joyce; *DAS WÜSTE LAND* – T.S. Eliot

Wie lang?!

How long?! Quelle longueur?!

Hier jeweils eine Passage aus drei Werken im Vergleich: Deutsch beansprucht den meisten Platz. Je länger der Text, desto größer werden die Unterschiede. Dann zeigt sich, dass englische Originaltexte im Durchschnitt ein Drittel kürzer sind als ihre Übersetzung in andere europäische Sprachen.

Wie froh bin ich, dass ich weg bin! Bester Freund, was ist das Herz des Menschen! Dich zu verlassen, den ich so liebe, von dem ich unzertrennlich war, und froh zu sein! Ich weiß, du verzeihst mir's. Waren nicht meine übrigen Verbindungen recht ausgesucht vom Schicksal, um ein Herz wie das meine zu ängstigen? Die arme Leonore! ¶ How happy I am that I am gone! My dear friend, what a thing is the heart of man! To leave you, from whom I have been inseparable, whom I love so dear-

DIE LEIDEN DES JUNGEN WERTHERS

been specially appointed by fate to tor-

THE SORROWS OF YOUNG WERTHER

Ah ! mon ami, qu'est-ce que le cœur de

LES SOUFFRANCES DU JEUNE WERTHER

dont j'étais inséparable ; te quitter et être content ! Mais je sais que tu me le pardonnes. Mes autres liaisons ne semblaient-elles pas tout exprès choisies du sort pour tourmenter un cœur comme le mien ? La pauvre Léonore !

»Hier mein Geheimnis. Es ist ganz einfach: man sieht nur mit dem Herzen gut. Das Wesent-

DER KLEINE PRINZ

der kleine Prinz, um es sich zu

THE LITTLE PRINCE

It is only with the heart that one

LE PETIT PRINCE

essential is invisible to the eye," the little prince repeated, so that he would be sure to remember. ¶ – Voici mon secret. Il est très simple: on ne voit bien qu'avec le cœur. L'essentiel est invisible pour les yeux.– L'essentiel est invisible pour les yeux, répéta le petit prince, afin de se souvenir.

LANGE ROMANE

- ● ca. 657 000 Wörter
  Der Mann ohne Eigenschaften
  Robert Musil
- ● ca. 575 000 Wörter
  *Unendlicher Spass**
  David Foster Wallace
- ● ca. 1 500 000 Wörter
  Auf der Suche nach der verlorenen Zeit
  Marcel Proust

HÄUFIGSTES WORT

- ● der
- ● the
- ● le

LEGENDE

● Deutsch | ● Englisch | ● Französisch

> Twain sagt über die deutsche Sprache: *Wenn der deutsche Schriftsteller in einen Satz taucht, dann hat man ihn die längste Zeit gesehen, bis er auf der anderen Seite des Ozeans wieder auftaucht mit seinem Verb im Mund.*

Tom erschien auf dem Bürgersteig mit einem Eimer voller Weißkalk und einem langstieligen Pinsel. Er besah sich den Zaun – und der

TOM SAWYERS ABENTEUER

auf seine Seele. Ein Zaun: 30 Yard

THE ADVENTURES OF TOM SAWYER

schien ihm hohl und sein Leben

LES AVENTURES DE TOM SAWYER

peared on the sidewalk with a bucket of whitewash and a long-handled brush. He surveyed the fence, and all gladness left him and a deep melancholy settled down upon his spirit. Thirty yards of board fence nine feet high. Life to him seemed hollow, and existence but a burden. ¶ Tom sortit de la maison armé d'un baquet de lait de chaux et d'un long pinceau. Il examina la palissade autour du jardin. Toute joie l'abandonna et son âme s'emplit de mélancolie. Trente mètres de planches à badigeonner sur plus d'un mètre et demi de haut ; la vie n'était plus qu'un lourd fardeau.

HÄUFIGSTES VERB

- wird
- be
- être

HÄUFIGSTES ADJEKTIV

- neu
- good
- tout

HÄUFIGSTES SUBSTANTIV

- Prozent
- person
- homme

LANGE SÄTZE

- 1077 Wörter
  Tod des Vergil
  Hermann Broch
- 12 931 Wörter
  Ulysses
  James Joyce
- 823 Wörter
  Les Misérables
  Victor Hugo

Ee Star der Sprachen:
der meistbenutzte Buchstabe in Deutsch, Französisch und Englisch

LÄNGEN-FAKTEN

- Ein Satz in einem deutschen Roman ist durchschnittlich 13 Wörter lang.
- Der Trend geht zur Kürze: Je älter das Werk, desto länger die Sätze (im Durchschnitt).
- Der deutsche Wortschatz verfügt über knapp 500 000 Wörter, der englische hat etwas mehr, der französische dagegen nur 300 000 – denn die Franzosen bilden neue Wörter oft aus Kombinationen bereits vorhandener Vokabeln.

LÄNGSTE WÖRTER

- Donaudampfschifffahrtsgesellschaftskapitän [mehr Anhang optional] ... 42 Buchstaben**
- Antidisestablishmentarianism ... 29 Buchstaben
  = Widerstand gegen Aufhebung des staatskirchlichen Status der Kirche von England
- anticonstitutionnellement ... 25 Buchstaben
  = nicht verfassungsgemäß

* Lange Sätze sind ein Prinzip dieses Romans, ebenso wie unendlich viele Fremdwörter. Der deutsche Übersetzer brauchte sechs Jahre – und bekam einen Preis.

** Die deutsche Sprache hat die – oft belächelte – Eigenschaft, dass man Substantiv an Substantiv reihen und so immer neue und immer längere Wörter kreieren kann.

FRANZ KAFKA

Der Prozess

Inhalt
Eines Morgens wird JOSEF K. verhaftet. Einen Grund gibt es nicht, zumindest wird ihm keiner genannt. Seltsame Wächter verhören ihn im Schlafzimmer seiner Nachbarin. Er muss nicht ins Gefängnis, sondern darf sich weiter frei bewegen und auf seinen Prozess warten. Ein Scherz? Eine Verwechslung? Offenbar nicht. Er wird zu einer Untersuchung vorgeladen, in ein Zimmer irgendwo in einem Mietshaus. Dubiose Richter, merkwürdiges Publikum. Eine Woche später tagt das Gericht auf einem Dachboden. Noch mehr Angeklagte, abstruse Verwicklungen mit Frauen, K. fällt in Ohnmacht.

Und so wird alles immer absurder (weitere merkwürdige Personen, weitere trostlose Handlungsorte, weitere Fragezeichen bei K. und den Lesern), bis das Urteil gesprochen wird. Ein Jahr nach seiner Verhaftung wird JOSEF K. von zwei Beamten in einem Steinbruch erstochen.

Das muss man noch wissen
1: *DER PROZESS* war ein Romanfragment, **Kafka** hat die Kapitel immer mal wieder umsortiert und das Ganze schließlich unvollendet hinterlassen. So sind die Kapitel auch nicht in jeder Buchausgabe gleich angeordnet.
2: Ganz ehrlich: Niemand weiß, was **Kafka** mit diesem Text sagen wollte. Von Ohnmacht vor Autoritäten bis hin zur Parabel auf die Diktatur findet sich hier reichlich Freiraum für Interpretationen. Viele kluge Leute haben fröhlich an dem Text herumgedeutet, aber vielleicht sollte *DER PROZESS* auch einfach nur lustig sein. Möglich ist es.

Autor
Ein tyrannischer Vater, keine glückliche Liebe, Tuberkulose, Tod mit 40 Jahren – ein tragisches Schicksal. **Franz Kafka** ist eigentlich Beamter bei einer Versicherung, er schreibt nachts. Schnell und viel. Aber mit den meisten Texten ist er nicht zufrieden. Lässt sie unvollendet, fängt etwas Neues an.

Und **Kafka** ist radikal: Seinen Freund, den Schriftsteller **Max Brod**, weist er an, nach seinem Tod alle Texte zu vernichten. **Brod** kann diesen Wunsch nicht erfüllen. Er ist überzeugt von **Kafkas** Talent und übrigens Widerstand gewohnt: **Brod** ist immer derjenige, der **Kafka** zur Veröffentlichung seiner Texte praktisch zwingt. Hätte **Kafka** schon zu Lebzeiten mehr veröffentlicht, wäre er vielleicht schneller berühmt geworden. *DER PROZESS* erscheint erst zehn Jahre nach seiner Entstehung, ein Jahr nach **Kafkas** Tod.

Smalltalk-Info
Das Adjektiv *kafkaesk* steht sogar im Duden, mit der Erklärung *nach Art der Schilderungen Kafkas*. Man beschreibt damit gern verworrene, düstere Situationen, in denen nichts ist, wie es scheint, und man sich auf niemanden verlassen kann. **Kafka** selbst hätte dieses Wort wahrscheinlich nicht gemocht – und es trifft auf sein Werk auch nur oberflächlich zu. Wie gesagt: Wer weiß schon, was **Kafka** uns sagen wollte …

1923

Hitlerputsch in München | Reichsmark wird eingeführt | Lenin stirbt | *Rhapsody in Blue* (G. Gershwin) | Erstes Fax über den Atlantik geschickt

1923
DER TOTE IN DER BADEWANNE
Dorothy L. Sayers

1924
WENDEKREIS DES KREBSES
Henry Miller
DER ZAUBERBERG
Thomas Mann

FRANCIS SCOTT FITZGERALD

Der große Gatsby

The Great Gatsby

Inhalt

NICK (Durchschnittstyp) zieht nach Long Island, wo auch seine Cousine DAISY mit ihrem Mann TOM (reich) wohnt. NICKS direkter Nachbar ist der sagenumwobene MR. GATSBY (noch reicher), der rosa Anzüge trägt und dauernd riesige Partys gibt. Eines Tages wird auch NICK bei MR. GATSBY eingeladen. Und es zeigt sich, dass der große GATSBY eine ungewöhnliche Bitte an seinen Nachbarn hat: Er möchte NICKS Cousine DAISY treffen, denn sie war – Überraschung! – mal seine große Liebe. Als er noch arm war und kurz davor, in den Krieg zu ziehen.

Jetzt will er DAISY also wiedersehen. NICK arrangiert ein Treffen in seinem Haus, und bald beginnen GATSBY und DAISY ein Verhältnis. Letztere mit mäßig schlechtem Gewissen, schließlich weiß sie, dass auch ihr Mann TOM eine Geliebte hat. Sie weiß nur nicht, wer das ist. Das wiederum weiß aber NICK: Es handelt sich um MYRTLE WILSON, die Frau des Autohändlers.

Alles steuert auf den dramatischen Höhepunkt hin: NICK, TOM, DAISY und GATSBY machen einen Ausflug nach New York (viel Alkohol, angestaute Gefühle, Streit), und auf dem Rückweg überfährt DAISY mit GATSBYS Wagen aus Versehen die Geliebte ihres Mannes. TOM denkt, dass GATSBY am Steuer saß, und wird noch wütender auf den Rivalen. Er erzählt dem Autohändler WILSON von seinem Verdacht, WILSON erschießt GATSBY und danach sich selbst.

Ach ja: DAISY hätte ihren Mann vermutlich sowieso nicht verlassen, weil man bis zum Schluss nicht weiß, woher GATSBY überhaupt das ganze Geld hat – und TOM ein paar unschöne Geschichten aus der Vergangenheit recherchiert, die DAISY dann doch zu sehr verunsichern.

Smalltalk-Info

Der Roman war damals nicht besonders erfolgreich; verdient hat **Fitzgerald** erst an den Bühnen- und Filmrechten. Weitaus mehr Geld brachten seine Erzählungen.

Hemingway war ein großer Bewunderer von **Fitzgerald** und begeistert vom *GATSBY* (trotz des hässlichen, grellen Schutzumschlags). Nach der Lektüre warnte er ihn – so von Literat zu Literat: *Du hast einen ausgezeichneten Roman geschrieben, und du darfst keinen Kitsch schreiben.*

Nachzulesen in **Hemingways** *PARIS – EIN FEST FÜRS LEBEN*, wo man sehr viel Interessantes über Fitzgerald und die zwanziger Jahre erfährt!

Für Einsteiger

DER GROSSE GATSBY ist leicht zu lesen und perfekt für alle, die in das Lebensgefühl der zwanziger Jahre eintauchen wollen. Dekadenz und Reichtum, Champagner, Partys und immer eine schleppende Langeweile, weil man nichts unbedingt tun muss.

In destillierter Form findet sich das alles auch in **Fitzgeralds** großartigen Erzählungen – in *EIN DIAMANT SO GROSS WIE DAS RITZ* zum Beispiel gibt PERCY seinem Schulkameraden gegenüber an: *Mein Vater ist bei weitem der reichste Mann der Welt.* Er besitze zum Beispiel einen Diamanten, so groß wie das Ritz.

Wunderbare Geschichten aus einer maßlosen Epoche.

F. S. Fitzgerald + E. Hemingway treffen sich in Paris	*Mein Kampf* (A. Hitler)	R. Pahlavi wird Schah von Persien

1925

MANHATTAN TRANSFER John Dos Passos	*DER PROZESS* Franz Kafka	*DER GROSSE GATSBY* F. Scott Fitzgerald

⋆ 1896 in Minnesota, USA
✞ 1940 in Kalifornien, USA

»Wer mir einen Helden zeigt, dem zeige ich eine Tragödie«

Die Villa, die Fitzgerald in Cap d'Antibes mietete, wurde kurze Zeit später zum Hôtel Belles Rives umgebaut. Das Hotel gibt es immer noch: Heute kostet dort ein Zimmer mit Meerblick so um die 400 Euro.

Seine Karriere beginnt heldenhaft und endet als Tragödie. Acht Tage nach der Veröffentlichung seines ersten Romans *DIESSEITS VOM PARADIES* heiratet **Francis Scott Fitzgerald** seine große Liebe **Zelda**. Er ist 24, sie vier Jahre jünger. Die beiden gelten als DAS Traumpaar der zwanziger Jahre: jung, schön, aus gutem Hause und voller Energie – immer auf der Suche nach Abenteuern. Er ist der hübsche Dandy mit dem weichen Gesicht, sie eine typische Zwanziger-Jahre-Schönheit mit gewelltem Haar und Kleidern *à la mode*. Es gibt ein super Foto, wo die beiden mit ihrer Tochter vor dem Weihnachtsbaum Charleston tanzen.

Eine Zeitlang leben die **Fitzgeralds** in Paris und an der Côte d'Azur, wo sie mit anderen Exilamerikanern rauschende Feste feiern. Sie gehören zu den ersten Strandtouristen in Cap d'Antibes, wo sie sich für den Sommer 1925 eine Villa mieten. Hier geben sie viel Geld aus, das **Scott** dann wieder ranschaffen muss – mit Kurzgeschichten für Zeitschriften, die nicht immer gut, aber beliebt sind.

In Cap d'Antibes schreibt **Fitzgerald** seinen zweiten Roman *ZÄRTLICH WAR DIE NACHT*, in dem wie immer viele Personen aus seinem richtigen Leben vorkommen. Auch die Tagebucheintragungen seiner Frau hat er gern übernommen, ebenso ihre Affäre mit einem französischen Piloten und ihren Selbstmordversuch.

Es ist ein Leben auf der Überholspur mit zu viel Alkohol, zu viel Party, zu viel von allem. **Zelda** wird psychisch krank, die Traumehe wird zum Alptraum, **Scotts** Stern beginnt zu sinken. **Hemingway**, der mit **Zelda** nie gut auskam, macht sie verantwortlich, nennt sie **Fitzgeralds** *Handicap*. Andererseits leidet auch **Zelda** unter ihrem egoistischen Mann, der kein Verständnis für ihre eigenen literarischen Ambitionen hat. Sie liefert ihm viele Ideen, schreibt selbst Kurzgeschichten (die meist unter seinem Namen veröffentlicht werden, weil es mehr Geld bringt) und einen Roman: *EIN WALZER FÜR MICH*. Sie ist begabt, aber man lässt sie nicht.

1930 hat **Zelda** einen Nervenzusammenbruch; sie muss immer wieder in psychiatrische Behandlung. Obwohl sie mit **Scott** nicht mehr zusammenlebt, bleiben sie verheiratet und schreiben sich sogar Liebesbriefe. Währenddessen geht es mit **Scott** rasant bergab: noch mehr Alkohol, Depressionen, Herzinfarkt mit 45. **Zelda** stirbt acht Jahre später bei einem Brand im Krankenhaus.

Panzerkreuzer Potemkin (S. Eisenstein) | *Goldrausch* (C. Chaplin) | Erstes Hilton-Hotel eröffnet (in Dallas)

1925
MRS. DALLOWAY
Virginia Woolf

VIRGINIA WOOLF

Mrs. Dalloway

Inhalt
Die äußere Handlung spielt an einem Tag im Juni in London. MRS. DALLOWAY und ihr Mann erwarten Gäste zum Abendessen – und MRS. DALLOWAY muss noch einiges erledigen. Als sie mit ihren Besorgungen nach Hause kommt, trifft sie sich mit einem Jugendfreund, dann macht sie sich für den Abend zurecht.

Parallel dazu geht es um den traumatisierten Kriegsveteranen SEPTIMUS WARREN SMITH, der sich auf seinen Selbstmord vorbereitet.

Und sonst: jede Menge Bewusstseinsströme. Die ganze Zeit verlieren sich die beiden Protagonisten in ihrer jeweiligen Gedankenwelt, immer wieder ausgelöst durch Ereignisse in der echten Welt. WARREN denkt natürlich über den schrecklichen Krieg nach, MRS. DALLOWAY über ihr Leben, speziell ihre Jugend und eventuell verpasste Chancen. Was man halt so denkt, wenn man 51 ist, einen Jugendfreund erwartet und eine wichtige Gesellschaft vorbereiten muss.

Am Ende erfährt MRS. DALLOWAY während des Abendessens von WARRENS Selbstmord und erschrickt kurz – nach dem Motto: Huch, es gibt auch schlimme Schicksale.

Smalltalk-Info
Dafür, dass sich **Virginia Woolf** so abfällig über *ULYSSES* geäußert hat, gibt es ziemlich viele Ähnlichkeiten (Handlung spielt an einem Tag, in Gedanken monologisiert wird reichlich).

Same, same but different
Die Stundenschläge von Big Ben sind ein wichtiges Element, sie geben den äußeren Zeitrahmen vor. Eigentlich wollte **Virginia Woolf** ihren Roman sogar *THE HOURS* nennen, hat sich aber doch dagegen entschieden.

2001 aber schrieb der amerikanische Autor **Michael Cunningham** einen Roman mit dem Titel *DIE STUNDEN* – eine Hommage an **Virginia Woolf**. Er verbindet die Lebensgeschichte der Autorin mit der ihrer Heldin MRS. DALLOWAY und einer weiteren Frau, die 1949 in Los Angeles lebt und den Roman von **Virginia Woolf** liest. **Cunningham** bekam für sein Buch den Pulitzerpreis.

Für Einsteiger
Vielleicht fängt man erst mal mit dem **Cunningham**-Roman an. Auch keine leichte Kost, aber immer noch zugänglicher als **Virginia Woolf**. Einen Einstieg in den Einstieg bietet der oscarprämierte Film *THE HOURS* mit **Meryl Streep, Nicole Kidman** und **Julianne Moore**. Ist noch mal anders, weckt aber ein Grundinteresse an der Autorin **Virginia Woolf**.

Übrigens
... hat das Theaterstück *WER HAT ANGST VOR VIRGINIA WOOLF* von **Edward Albee** mit der englischen Autorin praktisch gar nichts zu tun. Der Titel ist eine Anspielung auf den Disney-Song *Who is Afraid of the Big, Bad Wolf* – und ein intellektueller Witz des Dramatikers.

Typ Abenteurer

Geschichten aus anderen Welten

Vor 300 Jahren hat Daniel Defoe mit *Robinson Crusoe* ein Genre geschaffen, das immer noch sehr beliebt ist: den Abenteuerroman. Ein Blick in die Klassiker dieser Literaturabteilung lohnt sich immer, aber *Moby Dick*, *Der Graf von Monte Christo*, *Die Schatzinsel* und *Winnetou* wirken auf den Leser 2.0 womöglich eher altmodisch als abenteuerlich. Wer mit Büchern auf Reisen gehen will, könnte es mit dieser Auswahl versuchen:

ALEX GARLAND
DER STRAND
Backpacker-Albtraum

DANIEL KEHLMANN
DIE VERMESSUNG DER WELT
ironische Bildungsbürger-Story

FRANK SCHÄTZING
DER SCHWARM
Öko-Thriller mit Sci-Fi

JOHN BOYNE
DER SCHIFFSJUNGE
*die Bounty-Geschichte neu erzählt**

JULES VERNE
REISE UM DIE ERDE IN 80 TAGEN
und vieles andere, altmodisch natürlich, aber auf angenehm kuriose Art

---

* Eigentlich ein Jugendbuch, aber das macht gar nichts. Und dazu passt perfekt *Cook – Die Entdeckung eines Entdeckers* von Tony Horwitz. Der amerikanische Journalist (und Pulitzerpreisträger) ist auf den Spuren von James Cook gereist (unter anderem auf einem Originalnachbau der *Endeavour* unter Segelbedingungen des 18. Jahrhunderts) und schreibt darüber mit viel Humor. Eigentlich ein Sachbuch, aber das macht auch nichts.

Typ Lyrik

Gedichte für Anfänger

Mit Lyrik ist es so eine Sache. Man liest Gedichte in der Schule, vielleicht noch mal am Anfang oder Ende großer Lieben – aber sonst? Vor dem Einschlafen noch etwas Lyrik? Eher nicht. Dabei ist ein gutes Gedicht wie ein guter Song. Und auch Gedichte gibt es für jede Stimmung, nicht nur für Deutschunterricht oder Liebeskummer zum Beispiel:

EDGAR ALLAN POE
DER RABE
zum Gruseln

JOACHIM RINGELNATZ
IM PARK
zum Lachen

WILLIAM SHAKESPEARE
SONETT 18*
zum Niederknien

EDUARD MÖRIKE
ER IST'S
zum Freuen

BRECHT
FRAGEN EINES LESENDEN ARBEITERS
zum Nachdenken

ROBERT FROST
DER NICHTGEGANGENE WEG
zum Mutmachen

EDWARD LEAR
LIMERICKS
zum Wundern

---

* Allein der Anfang: *Shall I compare thee to a summer's day? Thou art more lovely and more temperate ...* (Vergleich' ich dich mit dem Tag im holden Lenze? Du bist weit süßer, bist dir immer gleich ...) – und da ist auch gleich klar, dass man dieses Gedicht im Original genießen muss. Ob man alle Wörter versteht, ist eigentlich egal.

ERNEST HEMINGWAY

Fiesta

The Sun Also Rises

Inhalt

Männer, Abenteuer, Alkohol und Frauen – aus diesen Elementen bestehen praktisch alle Romane von **Hemingway**. In diesem Fall findet das Abenteuer in Pamplona statt und heißt *Corrida*, also spanischer Stierkampf.

Die beteiligten Männer heißen Jake (der Ich-Erzähler), Robert, Bill (alle drei Schriftsteller aus Amerika) und Mike (windiger Typ). Die Frauen heißen Brett (Krankenschwester, Exaffäre von Robert, eigentlich immer geliebt von Jake, in Heiratsabsichten mit Mike) und Frances (angeblich verlobt mit Robert, aber der will sie nun doch nicht).

Dieses muntere Grüppchen trifft also in Pamplona aufeinander, trinkt und schaut sich die Stierkämpfe an. Natürlich lassen Konflikte nicht lange auf sich warten: Robert bandelt wieder mit Brett an (was Mike sauer macht, Jake und Frances verletzt und Brett langweilt), Brett lässt sich mit einem jungen Torero ein (was Mike und Robert sauer macht und Jake verletzt). Am Ende sind eigentlich alle unglücklich.

Smalltalk-Info

Nach dem Ersten Weltkrieg war es für amerikanische Schriftsteller total angesagt, in Paris zu leben und zu schreiben: **F. Scott Fitzgerald, T. S. Eliot, Ezra Pound, John Dos Passos, Hemingway** – sie diskutieren in den Cafés, trinken, schreiben, lieben, leben.

Die amerikanische Schriftstellerin **Gertrude Stein**, die in Paris einen Salon hatte, nannte **Hemingway** & Co. die *Lost Generation** – desillusioniert vom Krieg, mit Hang zu Alkohol und Liebesaffären. Aber allesamt geniale Autoren.

Für Einsteiger

Hemingway ist für seine klare, schlichte Sprache berühmt (siehe rechts), was aber nicht heißt, dass sich seine Bücher so weglesen lassen. Perfekt für den Einstieg sind seine grandiosen Erinnerungen an die zwanziger Jahre: *Paris – Ein Fest fürs Leben* und natürlich die Novelle *Der alte Mann und das Meer* (siehe Seite 134).

* In *Paris – Ein Fest fürs Leben* schreibt **Hemingway** auch, wie **Gertrude Stein** zu dem Ausdruck kam: Sie hatte ihn vom Chef einer Kfz-Werkstatt. Die Mechaniker konnten **Steins** Ford T nicht reparieren, und der Chef bezeichnete seine Arbeiter als *génération perdue*. **Gertrude Stein** benutzte diesen Begriff dann direkt für **Hemingway** & Co. – und sagte auch noch: »Ihr habt vor nichts Respekt. Ihr trinkt euch zu Tode.«

1926

Erster Fernseher

1926

Der Hexer	*Fiesta*	*Traumnovelle*	*Das Totenschiff*
Edgar Wallace	Ernest Hemingway	Arthur Schnitzler	B. Traven

⋆ 1899 in Illinois, USA
✞ 1961 in Idaho, USA

Hemingway war Kriegsreporter, Großwildjäger in Afrika und Frauenheld sowieso

Hemingway leidet an Depressionen. Mit 61 Jahren erschießt er sich. Selbstmord wie sein Vater, Bruder, seine Schwester und seine Enkelin. Eine traurige, berühmte Familie.

Ernest Hemingway ist wahrscheinlich der bekannteste Schriftsteller Amerikas. Er hat großartige Romane und Kurzgeschichte geschrieben – und ein aufregendes Leben geführt.

Schon in der Schule schreibt Ernest gern und gut. Er wird Reporter und geht 1918 in den Krieg. Als Fahrer für das Rote Kreuz landet der attraktive 18-Jährige an der italienischen Front. Er wird verwundet, kommt ins Lazarett und verliebt sich in eine Krankenschwester (mehr oder weniger so nachzulesen im Roman *In einem andern Land*).

Zurück in Amerika, arbeitet Hemingway wieder als Reporter, heiratet Hadley und geht mit ihr nach Paris, wo sie ganz zwanziger-Jahre-like leben – andere Künstler treffen, trinken, kein Geld, viel Leben. 1927 dann sein Durchbruch mit *Fiesta*, Scheidung von Hadley, direkt nächste Ehe mit Pauline. Zurück nach Amerika, viele Reisen, Großwildjagd in Afrika mit dem Mann von Karen Blixen, Reporter im Spanischen Bürgerkrieg. Alle seine Erlebnisse verarbeitet er in seinen Romanen und Kurzgeschichten (nur zum Beispiel: *Schnee am Kilimandscharo* spielt in Afrika; *Wem die Stunde schlägt* im Spanischen Bürgerkrieg).

Hemingway ist eine Berühmtheit, ein Kultautor. Sein Leben – vollgepackt wie ein Roman: Frauengeschichten und Trinkgelage, Einsatz als Kriegsreporter an diversen Orten der Welt, Boxer und Jäger, zwei Flugzeugabstürze in Afrika, vier Ehen, drei Kinder, Pulitzer- und Nobelpreis für *Der alte Mann und das Meer*.

Hemingway hat einen ganz neuen Schreibstil geschaffen: knapp, klar und ohne Schnörkel – die wichtigen Informationen findet man bei ihm zwischen den Zeilen. Weglassen war seine Methode, er selbst nannte es die »Eisberg-Theorie«:

> *Ich versuche immer nach dem Prinzip des Eisbergs zu schreiben. Sieben Achtel davon liegen unter Wasser, nur ein Achtel ist sichtbar. Alles, was man eliminiert, macht den Eisberg nur noch stärker. Es liegt alles an dem Teil, der unsichtbar bleibt. Wenn ein Schriftsteller etwas auslässt, weil er etwas nicht weiß, dann ist ein Loch in der Geschichte.*

A. A. MILNE

Pu der Bär

Winnie-the-Pooh

Inhalt

Da ein echter *PU*-Fan (und davon gibt es mehr, als man denkt) niemals die deutschen Namen benutzen würde, sind die Originalnamen in Klammern übermittelt. Nur damit man weiß, wovon die Rede ist, falls man in ein *PU* (*POOH*)-Insider-Gespräch gerät (wovon es ebenfalls mehr gibt, als man denkt). WINNIE PU (WINNIE-THE-POOH) ist ein orange-gelber Bär *von sehr geringem Verstand*. Er lebt im Hundertsechzig-Morgen-Wald (*Hundred Acre* Wood*), zusammen mit FERKEL (PIGLET), TIEGER (TIGGER), KANINCHEN (RABBIT), dem depressiven ESEL I-AH (EEYORE), der Kängurumutter KÄNGA (KANGA), dem Kängurubaby KLEIN-RUH (ROO), der Eule EULE (OWL) und dem Jungen CHRISTOPHER ROBIN.

PU erlebt in jedem der vier Bände diverse beschauliche Abenteuer. Das Spannungslevel ist der Zielgruppe (etwa sechsjährige Kinder) angepasst: PU besucht KANINCHEN, isst sehr viel Brot mit Honig und Kondensmilch und bleibt im Kaninchenloch stecken. Oder I-AH verliert seinen Schwanz, ist noch depressiver als sonst, bis PU den Schwanz zufällig bei EULE entdeckt, wo er als Klingelzug dient.

Warum also gibt es so viele erwachsene Fans? Wegen des Wortwitzes! **Harry Rowohlt** hat in seiner Neuübersetzung ganze Arbeit geleistet: Es ist witzig! Aber das Original ist noch tausendmal witziger (sagen die POOH-Fans).

Smalltalk-Info

Die Figuren gab es wirklich! **Christopher Robin**, der (echte) Sohn von **A. A. Milne**, hat zum ersten Geburtstag einen Teddybären bekommen, den er später WINNIE nannte (nach einer echten Bärin im Londoner Zoo). Den Stoffesel Eeyore gab es im selben Jahr zu Weihnachten, und das Stoffschwein Piglet war ein Geschenk der Nachbarn. Tigger, Kanga und Roo kamen dazu, als Papa **Milne** schon mit seinen Geschichten angefangen hatte – um das Personal in den Büchern aufzustocken.

BABY ROO ist leider verloren gegangen, aber die anderen Stofftiere kann man in der New York Library besichtigen, nicht gewaschen, nicht ausgebessert – sie sehen aus, wie geliebte Stofftiere eben aussehen.

Autor

Der Engländer **Alan Alexander Milne** ist vor allem Theater- und Drehbuchautor. Aber WINNIE PU macht ihn weltberühmt. **Milne** schreibt die Geschichten für seinen Sohn **Christopher Robin** – und ein Dialog zwischen ihm und seinem Sohn (der immer seinen Bären dabeihat) bildet auch eine Art Rahmenhandlung der Bücher.

Übrigens

Bei PU bloß nicht an **Disney** denken! Die Originalzeichnungen stammen von dem englischen Illustrator **Ernest H. Shepard**. Er hat tatsächlich den vierjährigen **Christopher Robin** (süß!) in dem Buch verewigt, wollte den echten Bären allerdings nicht übernehmen. Gefiel ihm irgendwie nicht. Stattdessen hat er sich von dem Bären *seines* Sohnes inspirieren lassen.

* Interessante Übersetzung: *acre* (= 4 047 qm) ist ein angloamerikanisches Flächenmaß, für das es im Deutschen keine Entsprechung gibt. Am ehesten schien wohl das alte deutsche Maß Morgen (= 2 500 qm) zu passen – und man wollte exakt sein: 100 acre = 160 Morgen!

HERMANN HESSE

Der Steppenwolf

Inhalt

Hauptperson ist HARRY HALLER, der Steppenwolf. Er fühlt sich halb als Mensch (= ziemlich normaler Bürger, bisschen intellektuell und an Kultur interessiert), halb als Wolf (= Außenseiter, empfänglich für allerlei animalische Versuchungen).

HALLER ist fast 50 Jahre alt und steckt – wie man schon merkt – in einer Lebenskrise. Über das Warum erfährt man nicht viel, aber offenbar hat er seinen Ruf, viel Geld und seine Frau verloren – was ja Grund genug für eine umfassende Krise ist. HARRY erwägt einen Selbstmord, lernt dann aber die Prostituierte HERMINE kennen, die ihm zeigt, was das Leben lebenswert macht. Zunächst organisiert sie für HARRY eine Geliebte, das ist schon mal ein guter Anfang.

Dann geht es ins *Magische Theater*, und hier wird es dann ein bisschen undurchschaubar, was Wirklichkeit, was Traum, was Rauschgiftphantasie ist. HALLER trifft die als Mann verkleidete HERMINE und erkennt in ihr seinen Jugendfreund HERMANN, außerdem begegnet er **Mozart**, der **Händel** im Radio hört.

Irgendwann versucht er, HERMINE / HERMANN zu erdolchen, das zumindest passiert nicht in echt. Aber insgesamt hat die Orgie HARRY einen neuen Lebenssinn erschlossen, und er kann optimistisch in die Zukunft blicken.

Das erinnert an Dantes *GÖTTLICHE KOMÖDIE* und **Goethes** *FAUST*? Ist beabsichtigt!

Smalltalk-Info

In den sechziger Jahren war **Hesse** in Deutschland ziemlich out. Zu kitschig, zu pathetisch. Dafür entdeckten die Amerikaner plötzlich ihre Begeisterung für **Hermann Hesse** – und vor allem für den *STEPPENWOLF*. Eine Rockband nannte sich nach dem Roman (und hatte mit *Born to be Wild* einen Riesenhit), der wurde ein Weltbestseller – und *DER STEPPENWOLF* war damit auch in Deutschland wieder angesagt.

Für Einsteiger

Für Anfänger wird immer *UNTERM RAD* empfohlen, eine Schulgeschichte, die daher auch oft Pflichtlektüre für Neuntklässler ist – und schon deshalb nicht besonders beliebt.

Romantiker sollten mit *NARZISS UND GOLDMUND* anfangen (da geht es übrigens auch um Gegensätze, herrlich kitschig und voller Leidenschaften), alle anderen vielleicht tatsächlich mit dem *STEPPENWOLF*. Trotz einiger etwas anstrengender Passagen kann jeder für sich etwas herauslesen – das beschwingt ja irgendwie. Und lang ist das Buch auch nicht.

Und ansonsten: alle Gedichte von **Hermann Hesse**. Auch enorm pathetisch teilweise, aber schön.

Autor

Wie sein Werk schon erkennen lässt, ist **Hermann Hesse** gern mal etwas esoterisch unterwegs. Er zieht mit einem Naturpropheten in dessen Felsengrotte und reist durch Asien auf der Suche nach spiritueller Inspiration.

Nach diversen persönlichen Krisen muss er in psychotherapeutische Behandlung. Seine innere Ruhe findet **Hesse** erst mit seiner dritten Ehefrau **Ninon** in seinem Haus *Casa Rossa* im Tessin, wo er auch seinen letzten Roman *DAS GLASPERLENSPIEL* schreibt.

Patent Muttermilchpumpe | Erster Nonstopflug von New York nach Paris (C. Lindbergh)

1927
DER STEPPENWOLF
Hermann Hesse

BERTOLT BRECHT

Die Dreigroschenoper

Inhalt

London, 18. Jahrhundert: Dem Geschäftsmann PEACHUM gehört die Firma *Bettlers Freund*: Gegen Zahlung der Hälfte ihrer »Einnahmen« bekommen die Bettler von PEACHUM Unterstützung.

Aber PEACHUM hat es nicht leicht. Immer Ärger mit den Bettlern, und dann erfährt er auch noch, dass seine eigene Tochter POLLY heimlich den Gangsterboss MACHEATH alias MACKIE MESSER geheiratet hat. (Der Zuschauer ist natürlich dabei beim rauschenden Hochzeitsfest, das in einem umdekorierten Pferdestall stattfindet, voll mit geraubten Geschenken.) So geht's nicht, denkt PEACHUM und zeigt MACHEATH bei der Polizei an.

POLLY warnt ihren Liebsten, der flieht, macht einen Abstecher ins Bordell und wird prompt von seiner Exgeliebten SPELUNKEN-JENNY verraten. Der Gangster landet im Gefängnis, aber da die Tochter des Polizeichefs ebenfalls eine Ex von MACKIE MESSER ist, kann er erneut fliehen. Wird aber auch noch mal verraten (von – Überraschung! – einer Exgeliebten).

Er kommt in die Todeszelle und soll gehenkt werden. Doch kurz vor der Hinrichtung wird MACHEATH begnadigt, in den Adelsstand erhoben, bekommt ein Schloss und eine Rente bis ans Lebensende.

Der Gangster hat gewonnen, das Publikum tobt vor Begeisterung.

Smalltalk-Info

DIE DREIGROSCHENOPER ist gar keine richtige Oper. Sondern eher ein Theaterstück mit Songs. Immerhin 22 an der Zahl; der berühmteste, *Die Moritat von Mackie Messer* (der mit dem Haifisch und den Zähnen), kommt gleich als Erstes – und wird praktisch immer noch mal als Zugabe gegeben. Obwohl sich das Premierenpublikum erst vom siebten Lied (dem *Kanonensong*) begeistern ließ, wurde *DIE DREIGROSCHENOPER* zu **Brechts** größtem Theatererfolg.

Der Titel stammt übrigens von **Lion Feuchtwanger. Brecht** hatte sein Stück eigentlich *LUDENOPER* genannt.

Same, same but different

Vorlage war die *BEGGAR'S OPERA* (1728) des englischen Dramatikers **John Gay**. Die Handlung ist tatsächlich sehr ähnlich, die Umsetzung unterscheidet sich deutlich.

Für Einsteiger

... in das **Brecht**-Œuvre perfekt. Natürlich nicht als Lektüre, sondern auf der Bühne. Es ist zwar irgendwie ein politisches Stück (na ja, es ist von **Brecht**!), aber vor allem mitreißendes Musiktheater – dem Komponisten **Kurt Weill** sei Dank.

Autor

Bertolt Brecht ist einer der wichtigsten Dramatiker (und Lyriker) des 20. Jahrhunderts. *MUTTER COURAGE UND IHRE KINDER*, *DAS LEBEN DES GALILEI*, *BAAL*, *DER GUTE MENSCH VON SEZUAN* – alles Stücke, die immer noch an den Theatern der Welt gezeigt und in den Schulen gelesen werden.

Und er erfindet mit **Erwin Piscator** das *Epische Theater*, eine neue Darstellungsform, die – mit allerhand Schikanen (Drehscheiben Projektionen, Schauspieler, die das Geschehen kommentieren) – das Publikum zum Mitdenken animieren soll.

W. Disney erfindet die *Micky Maus* | Erfindung von Toastbrot | Entdeckung Penicillin (A. Fleming)

1928

THERESE Arthur Schnitzler | *DREIGROSCHENOPER* Bertolt Brecht | *LADY CHATTERLEYS LIEBHABER* D. H. Lawrence

Ladies

ERICH KÄSTNER

Emil und die Detektive

Inhalt

EMIL lebt mit seiner Mutter in einer Kleinstadt. Die Mutter muss als Friseuse hart arbeiten, EMIL versucht, ihr das Leben so leicht wie möglich zu machen: gut in der Schule, hilft im Haushalt, streitet nicht – ein Traumsohn, überaus korrekt, ein bisschen strebsam, aber nicht ohne Humor.

In den Ferien soll er zu Verwandten nach Berlin fahren. Im Zug werden ihm schrecklicherweise die 140 Mark gestohlen, die er eigentlich der Großmutter zur Unterstützung mitbringen sollte. Aber EMIL weiß, wer der Dieb ist: sein Abteilgenosse, der dubiose HERR GRUNDEIS. Als der am Bahnhof Zoo aussteigt, übernimmt EMIL die Verfolgung.

Zum Glück trifft er bald GUSTAV MIT DER HUPE und seine Straßenbande, die sofort ihre Dienste als Detektive anbieten. In einer generalstabsmäßigen Aktion wird erstens GRUNDEIS rund um die Uhr beschattet und zweitens EMILS Großmutter darüber informiert, dass ihr Enkel erst eine Mission erledigen muss. Mit dem Geld der Gemeinschaft können sich die Jungen sogar Taxifahrten und Telefongespräche leisten. Zwischendurch taucht auch noch EMILS Cousine PONY HÜTCHEN auf und versorgt alle mit Brötchen und frechen Sprüchen.

Am Ende wird GRUNDEIS von einer Horde Jungen eingekesselt und in einer Bank gestellt – gerade als er EMILS Scheine wechseln lassen will. Die Polizei nimmt den Dieb fest und bringt EMIL zu seinen Verwandten, die ihn schon sehnsüchtig erwarten. Es stellt sich heraus, dass GRUNDEIS ein gesuchter Bankräuber ist. EMIL bekommt eine Belohnung von unfassbaren 1000 Mark und kann seiner Mutter einen *elektrischen Trockenapparat* schenken.

Smalltalk-Info

1: Der Autor lässt sich selbst in dem Buch vorkommen: Am Ende ist er ein Journalist, der EMIL für die Zeitung interviewt: *»Hör mal Emil«*, sagte **Herr Kästner**, *»kommst du ein bisschen mit mir auf die Redaktion? Vorher essen wir irgendwo Kuchen mit Schlagsahne.«* Ein bisschen befremdlich, aber auch ganz liebenswert.

2: Die Geschichte hat das Kinderbuchgenre revolutioniert: Sie spielt nicht in einer phantastischen oder wohlbehüteten Welt, sondern mitten in der Großstadt – praktisch auf der Straße, mitten im Hier und Jetzt. Außerdem gibt es fast keine Erwachsenen; die Kinder entscheiden alles selbst und sind damit erfolgreicher als die Polizei. Hat die Leute damals umgehauen.

Für Einsteiger

Das extrem umfangreiche Vorwort ist für heutige Kinder vielleicht etwas unwitzig, die Geschichte aber immer noch schön abenteuerlich – auch für Erwachsene! Die altmodischen Ausdrücke vor allem der Jungen sind mal zum Lachen *(kolossal, knorke, Pinke)*, mal zum kurz Zusammenzucken *(Ich bin hier bekannt wie 'ne Missgeburt)*.

Übrigens

Ohne die Illustrationen von **Walter Trier** wäre das Buch nur halb so schön. Der deutsche Zeichner wurde damit weltberühmt. Etwa 80 Jahre später versuchte sich die preisgekrönte Zeichnerin **Isabel Kreitz** an einer *Graphic Novel* im Stil **Walter Triers** – mit Erfolg!

★ 1899 in Dresden
✝ 1974 in München

Ganz klar: EMIL ist wie **Erich**. Ein Musterschüler (aber nicht unsympathisch), ein Muttersöhnchen (aber kein Weichei). Auch **Kästners** Mutter ist Friseurin. Sie arbeitet hart, um ihrem Sohn ein besseres Leben zu bieten – und er hilft, wo er kann.

Eigentlich will **Erich Kästner** Lehrer werden, aber nach dem Krieg weiß er: Er will lieber lernen als lehren. Der Vater ist genervt: Studieren ist teuer!

Aber die Mutter hat Verständnis und sucht mit **Erich** ein billiges Zimmer in Leipzig. Er schreibt ihr fast jeden Tag; *Muttchen* schickt Päckchen mit Kuchen, Zigaretten und Geld, obwohl **Kästner** schon bald nebenbei für die Zeitung schreibt.

1925 macht der Musterknabe seinen Abschluss mit Eins und kann sich ganz dem Schreiben widmen: Reportagen, Glossen, vor allem aber Gedichte. Kein hochtrabendes Zeug, sondern Gebrauchslyrik für jedermann und trotzdem durchaus scharfzüngig und gesellschaftskritisch. *Kennst du das Land, wo die Kanonen blühn?*, fragt der Pazifist spöttisch und nimmt deutschen Gehorsam und Militarismus aufs Korn. Sein erstes Kinderbuch *EMIL UND DIE DETEKTIVE* wird ein Welterfolg. Danach erscheinen *PÜNKTCHEN UND ANTON*, *DAS FLIEGENDE KLASSENZIMMER* und schließlich sein wichtigster »Erwachsenenroman« *FABIAN*.

»Nur wer erwachsen wird und Kind bleibt, ist ein Mensch«

1933. Die Nationalsozialisten verbrennen seine Bücher. *Eine theatralische Frechheit*, schimpft **Kästner**, der fassungslos zusieht. Er wird verhaftet, verhört, bespitzelt – aber dann weitgehend in Ruhe gelassen. Er bleibt in Berlin, will seine geliebte Mutter nicht verlassen. Später schreibt er unter Pseudonym Drehbücher für die UFA – was ihm im Nachhinein oft vorgeworfen wurde.

Nach dem Krieg knüpft **Kästner** da an, wo er zwölf Jahre zuvor aufhören musste. Er schreibt Reportagen, Gedichte und Kinderbücher *(DIE KONFERENZ DER TIERE, DAS DOPPELTE LOTTCHEN)* – und hat wieder Erfolg. Er demonstriert gegen Aufrüstung und Vietnamkrieg. Doch die Uneinsichtigkeit der Deutschen erschüttert ihn. Außerdem leidet er darunter, dass er nicht die große Literatur schreibt. Er raucht zu viel, trinkt zu viel, wird krank. Dabei lieben die Leser ihn. *Die Größe eines Menschen hängt nicht von der Größe seines Wirkungsfeldes ab*, hat **Erich Kästner** gesagt. Aber vielleicht selbst nicht geglaubt.

Erich Kästner war übrigens nicht nur Musterknabe: Sein verschmitztes Grinsen ließ Frauen reihenweise schwachwerden. Verheiratet war er nie, aber 40 Jahre mit ***Luiselotte Enderle*** liiert, die dann schon mal als »Frau Kästner« angesprochen wurde. Affären hatte Erich Kästner trotzdem, aber immer diskret.

Nom de plume*

Autoren und deren Pseudonyme

Novalis
Georg Philipp Friedrich Freiherr von Hardenberg

Anne Golon
Simone Changeux

Jack London
John Griffith Chaney

Currer Bell
Charlotte Brontë

George Eliot
Mary Ann Evans

Stendhal
Marie Henri Beyle

Truman Capote
Truman Streckfus Persons

Brynjolf Bjarme
Henrik Ibsen

Ellis Bell
Emily Brontë

Richard Bachman
Stephen King

Acton Bell
Anne Brontë

W. C. Fields
Mahatma Kane Jeeves**
William Claude Dukenfield

Dorothea van Male u. a.
Hugo Claus

Molière
Jean-Baptiste Poquelin

Joachim Ringelnatz
Hans Bötticher

Utta Danella
Utta Schneider

LEGENDE **Jean Améry** — Pseudonym
Hans Mayer — Echter Name

John le Carré
David John Moore Cornwell

Jean Améry
Hans Mayer

Tania Blixen
Karen Blixen

Janosch
Horst Eckert

Anthony Burgess
John Burgess Wilson

George Orwell
Eric Arthur Blair

Lewis Carroll
Charles Lutwidge Dodgson

Gorch Fock
Johann Wilhelm Kinau

Voltaire
François Marie Arouet

Heinz G. Konsalik
Heinz Günther

Fernando Pessoa
Antonio Nogueira de Seabra

Pablo Neruda
Neftalí Ricardo Reyes Basoalto

Erich Maria Remarque
Erich Paul Remark

Mark Twain
Samuel Langhorne Clemens

Hans Fallada
Rudolf Ditzen

Peter Panther, Theobald Tiger, Ignaz Wrobel u. a.
Kurt Tucholsky

A Lady
Jane Austen

Patricia Highsmith
Patricia Plangman

* »Nom de Plume« ist der wunderbare französische Ausdruck für *Pseudonym*, der früher auch in Deutschland geläufig war. Kommt von *plume* = (Schreib-)Feder.
** Lustig: Sagt man »Mahatma Kane Jeeves«, könnte man auch verstehen »My hat, my cane, Jeeves« – was übersetzt so viel bedeutet wie: »Man reiche mir Hut und Spazierstock« (*Jeeves* = der ewige Diener).

Kurz, wichtig

Literatur im Schnelldurchlauf

ALFRED DÖBLIN
BERLIN ALEXANDERPLATZ

FRANZ BIBERKOPF hat seine Geliebte ermordet, war vier Jahre im Gefängnis und hat jetzt beste Vorsätze für den Rest seines Lebens. Klappt leider gar nicht.

Er gerät in schlechte Gesellschaft: REINHOLD, ein brutaler Krimineller, schafft es immer wieder, dass BIBERKOPF für ihn arbeitet.

Als der mal wieder versuchen will, ehrlich und gut zu bleiben, stößt ihn REINHOLD aus dem Auto. FRANZ verliert seinen Arm – und kommt trotzdem nicht aus dem Milieu raus. Er wird Zuhälter und Hehler.

Alles eskaliert, als REINHOLD sich an BIBERKOPFS Freundin MIEZE ranmacht. Die will aber nicht, also wird sie von REINHOLD ermordet. FRANZ hat zwar nichts damit zu tun, versteckt sich trotzdem aus Angst vor der Polizei, wird gefunden und verhaftet. Verurteilt wird aber am Ende REINHOLD, während FRANZ nun endlich erkennt, dass es so nicht weitergeht, und ein neuer Mensch wird.

Neben der Handlung findet man jede Menge Bewusstseinsstrom, inneren Monolog und andere Schikanen, die das Buch zu einem fortschrittlichen Roman (Wichtig! Bedeutend!) machen, allerdings nicht unbedingt zum Lesevergnügen beitragen.

ERICH MARIA REMARQUE
IM WESTEN NICHTS NEUES

Sehr wichtiges Antikriegsbuch! Welterfolg!

PAUL BÄUMER und seine Klassenkameraden melden sich freiwillig an die Front. Schon die Ausbildung ist ernüchternd brutal, und an der Westfront erleben sie die Grauen des Krieges unmittelbar, den sinnlosen Tod Hunderter Soldaten.

Am Ende stirbt auch PAUL. Kurz vor Kriegsende, *an einem Tag, der so ruhig und so still war, dass der Heeresbericht sich auf den Satz beschränkte, im Westen sei nichts Neues zu melden.*

Aber auch die, die überleben, haben alles verloren. Die *Lost Generation*, wie sie auch Hemingway beschreibt, wird durch den Krieg um ihre Kindheit, ihre Jugend und alle Werte gebracht, die sie bis dahin verinnerlicht hatte.

Remarque wollte nicht anklagen, er wollte nur schildern. Den ganzen grausamen Krieg aus der Sicht eines einfachen Soldaten – geschrieben im knappen Reportagestil.

1929

Erster Elektrorasierer | Erste Oscarverleihung | Erfindung Wohnwagen

1929

BERLIN ALEXANDERPLATZ Alfred Döblin | *IM WESTEN NICHTS NEUES* Erich Maria Remarque | *TIM UND STRUPPI* Hergé

LION FEUCHTWANGER

ERFOLG

Erster Teil der *WARTESAAL-TRILOGIE*. Alles beginnt Anfang der zwanziger Jahre in München. Aufgrund einer Falschaussage landet der unbequeme Museumsdirektor KRÜGER im Gefängnis. Seine Freundin JOHANNA versucht alles, um ihn wieder rauszuholen – vergeblich. KRÜGER stirbt; seine Freunde wollen nun sein Schicksal bekannt machen.

Schon am Ende des ersten Teils geht es um die NSDAP, hier allerdings noch verschlüsselt als die »WAHRHAFT DEUTSCHEN«. **Feuchtwanger** hatte als einer der Ersten die Gefahr durch die Nazis erkannt.

Den zweiten Teil der Trilogie schrieb er schon im Exil – und die Nationalsozialisten konnten beim Namen genannt werden: *DIE GESCHWISTER OPPERMANN* erzählt die Geschichte einer jüdischen Familie in den Jahren 1932 und 1933. FEUCHTWANGER selbst war zu diesem Zeitpunkt noch überzeugt, dass der Spuk bald ein Ende haben würde.

Der dritte Teil *EXIL* erschien 1940 und schildert das Leben und die Probleme der Emigranten in Paris in den Jahren vor dem Kriegsausbruch.

Auch **Feuchtwanger** lebte bis 1940 in Frankreich, musste dann über Spanien und Portugal in die USA fliehen und hat immer mit den Intellektuellen gehadert, die in Deutschland geblieben sind – auch das ein Thema im Roman *EXIL*.

ROBERT MUSIL

DER MANN OHNE EIGENSCHAFTEN

Nicht gerade ein Actionroman. Es wird eher gedacht als gehandelt. Der Plot, hm.

Also: Es ist 1913, als ULRICH Urlaub vom Leben nimmt. Hat alles irgendwie nicht geklappt, daher macht er jetzt mal was ganz anderes: Er schließt sich einem Kreis an, der das 70. Thronjubiläum von **Kaiser Franz Joseph** vorbereitet. Aber das läuft auch nicht gut. Alle sind zu sehr auf sich selbst fixiert – eine gemeinsame Idee wird nicht gefunden. Und ULRICH findet auch nicht seinen Sinn des Lebens. Tragisch, bizarr, aber schön geschrieben.

Der Österreicher **Robert Musil** war übrigens auch ein Großmeister des Aphorismus – und hat eine schöne Formel dafür gefunden: *Aphorismus = das kleinste mögliche Ganze. DER MANN OHNE EIGENSCHAFTEN* ist die reinste Aphorismus-Werkstatt:

> *Die Ichsucht ist die verlässlichste Eigenschaft des menschlichen Lebens.*

Und:

> *Eifersucht setzt voraus, dass man aus der Liebe einen Besitz machen will.*

Plot hin oder her – allein für solche Sätze lohnt die Lektüre.

KURT TUCHOLSKY

SCHLOSS GRIPSHOLM EINE SOMMERGESCHICHTE

Wie wäre es mit einer kleinen Liebesgeschichte? Überlegen Sie sich das mal! Das Buch soll nicht teuer werden, und ich drucke Ihnen für den Anfang zehntausend Stück. Schreibt **Ernst Rowohlt.**

Nicht wirklich allerdings. **Tucholsky** hat seiner Erzählung einen fiktiven Briefwechsel mit seinem Verleger vorangestellt. Der möchte nach den ganzen politischen Büchern mal wieder was Schönes herausbringen. Aber Liebe? Puh, sagt **Tucholsky**, lieber eine Sommergeschichte.

Man wird (fiktiv) handelseinig, und **Tucholsky** schreibt über den Schwedenurlaub von PETER (= Ich-Erzähler) und seiner Freundin LYDIA, die sich im Schloss Gripsholm einmieten. Hier werden sie erst von PETERS Freund, dann von LYDIAS Freundin besucht (ups, es gibt eine Nacht zu dritt, ziemlich gewagte Idee damals), aber neben all der Lockerheit passiert auch was Ernstes: PETER und LYDIA befreien ein Mädchen aus den Fängen einer tyrannischen Kinderheimleiterin.

Schon mit 22 hat **Tucholsky** seine erste Erzählung veröffentlicht: *RHEINSBERG*. Die Leser liebten seinen heiteren Stil und die erotischen Zwischentöne.

CARL ZUCKMAYER

DER HAUPTMANN VON KÖPENICK

WILHELM VOIGT ist verzweifelt: Er hat seine Haftstrafe abgesessen, bekommt aber jetzt keine Arbeit, weil er nicht gemeldet ist. Und ohne Arbeit bekommt er keinen Pass. Als er in einem Trödelladen eine Uniform entdeckt, entwickelt er einen Plan, um sich den Pass zu besorgen: In der Uniform eines Hauptmanns rekrutiert er ein paar Soldaten, die gerade vom Wachwechsel kommen, und marschiert zum Rathaus von Köpenick.

Dort muss er allerdings feststellen, dass es keine Pass-Abteilung gibt – der Plan geht nicht auf. VOIGT stellt sich der Polizei, muss wieder ins Gefängnis – aber mit dem Versprechen auf einen Pass nach der Entlassung.

So ähnlich wirklich passiert: 1906 marschierte der echte **Wilhelm Voigt** ins Rathaus von Köpenick, war aber nicht ganz so edel wie die **Zuckmayer**-Version, sondern sackte dort die Staatskasse ein.

Zuckmayers Theaterstück war extrem erfolgreich in der Weimarer Republik; die Nazis waren dann weniger zufrieden mit dem antimilitärischen Subtext.

M. Ghandi im Hungerstreik | *Tarzan* (mit J. Weissmüller)

1931

SCHLOSS GRIPSHOLM Kurt Tucholsky | *DER HAUPTMANN VON KÖPENICK* Carl Zuckmayer | *DIE GUTE ERDE* Pearl S. Buck

1932

SCHÖNE NEUE WELT Aldous Huxley | *RADETZKYMARSCH* Joseph Roth

ALDOUS HUXLEY

SCHÖNE NEUE WELT

Brave New World

Ein dystopischer Roman. Dystopie = das Gegenteil von Utopie. Utopie = gute fiktive Gesellschaft, Dystopie = schlechte fiktive Gesellschaft.

Der Roman spielt so um 2540. Die Menschheit ist in Kasten eingeteilt: Die *Alphas* sind in jeder Hinsicht die besten, die *Epsilons* die niederen Menschen. Herangezüchtet werden sie alle in Brut- und Aufzuchtstationen.

Hauptpersonen sind LENINA *(Beta)* und BERNARD *(Alpha)*, Mitarbeiter des Brut- und Normzentrums. Sie besuchen ein Reservat, wo die Menschen noch »wie früher« leben – inklusive natürlicher Fortpflanzung, igitt. Hier lernen sie den »Wilden« JOHN kennen, dessen Mutter die verschollene Exfreundin des Direktors des Zentrums ist. Sie bringen die beiden mit in die »Zivilisation«, wo JOHN zum Star wird – ebenso wie sein »Entdecker« BERNARD.

Alles endet natürlich im Desaster: JOHN verliebt sich in LENINA, die kann aber wegen ihrer Züchtung mit Gefühlen gar nicht umgehen. JOHN versucht es mit einer Revolte, die scheitert, er wird in die Verbannung geschickt und BERNARD gleich mit – aber nicht an den gleichen Ort. Gegen Ende wird JOHN in eine Sex-Orgie verwickelt und ist darüber so schockiert, dass er sich erhängt.

Früher hieß das Buch in Deutschland übrigens *WACKERE NEUE WELT*, bis man erkannte, dass sich der Titel erstens auf ein Shakespeare-Zitat (aus dem Drama *DER STURM*) bezieht und zweitens *brave* zu Shakespeares Zeiten gar nicht *wacker* bedeutete, sondern *schön*!

AGATHA CHRISTIE

MORD IM ORIENT-EXPRESS

Murder on the Orient Express

Der belgische Detektiv HERCULE POIROT fährt mit dem Zug, in der Nacht wird ein Mann mit zwölf Messerstichen getötet. Günstigerweise landet der Zug in einer Schneewehe – keiner kann raus. Allerdings kann die Polizei auch nicht rein – aber POIROT schafft das auch allein. Er befragt die Passagiere, und merkwürdigerweise haben alle ein Alibi.

Schließlich erkennt POIROT: Es war eine Gemeinschaftstat. Der Ermordete hatte ein Baby entführt und getötet (**Agatha Christie** ließ sich von der Entführung des **Lindbergh**-Babys inspirieren).

Alle Schlafwagenpassagiere kannten die Familie und hatten nach der Tat Rache geschworen. Jeder hat dem Kidnapper einen Stich verpasst. Durch einen Trick POIROTS werden die Passagiere nicht verhaftet.

POIROTS achter Fall gilt als einer der beliebtesten Romane von **Agatha Christie** (obwohl **Raymond Chandler** ihn niveaulos fand). Die britische Autorin hat insgesamt 66 Romane plus zig Kurzgeschichten geschrieben.

Machtergreifung A. Hitlers | Bücherverbrennungen in Deutschland | Röhm-Putsch | Erster Filmauftritt von *Donald Duck* | Gründung der Emigrantenzeitung *Aufbau* in N. Y.

MEUTEREI AUF DER BOUNTY J. N. Hall / C. B. Nordhoff

1933

1934

MORD IM ORIENT-EXPRESS Agatha Christie | *ZÄRTLICH IST DIE NACHT* F. Scott Fitzgerald

Bestseller

*Die meistverkauften Bücher aller Zeiten**

1954
J. R. R. TOLKIEN
DER HERR DER RINGE
150 MILLIONEN

1937
J. R. R. TOLKIEN
DER KLEINE HOBBIT
100 MILLIONEN

1937
NAPOLEON HILL
DENKE NACH UND WERDE REICH
70 MILLIONEN

2003
DAN BROWN
THE DA VINCI CODE – SAKRILEG
80 MILLIONEN

1887
SIR HENRY RIDER HAGGARD
SIE
83 MILLIONEN

1939
AGATHA CHRISTIE
UND DANN GABS KEINES MEHR
100 MILLIONEN

* Ja, J. K. Rowling hat mehr Bücher verkauft als J.R.R. Tolkien, nämlich insgesamt über 400 Millionen. Allerdings gibt der Verlag keine Zahlen zu einzelnen Bänden heraus – deshalb taucht *Harry Potter* hier nicht auf, im Gegensatz zu *Der Herr der Ringe*. Das ist nämlich keine Trilogie, sondern ein Roman, der gegen Tolkiens Willen in drei Bänden veröffentlicht wurde (siehe auch Seite 111).

* Außer Konkurrenz laufen religiöse und politische Werke. Ein Vergleich der *Bibel* mit dem *Hobbit* wäre erstens unfair und zweitens unredlich, weil man die Auflage der *Bibel* nur schätzen kann (ca. zwei bis drei Milliarden). Gleiches gilt für *Die Worte des Vorsitzenden Mao* (Auflage: mehr als eine Milliarde), das *Manifest der Kommunistischen Partei* (ca. 500 Millionen) und den *Koran* (ca. 200 Millionen).

ELIAS CANETTI

Die Blendung

Inhalt
Hauptperson ist PETER KIEN, der seine Bestimmung darin sieht, Bücher zu sammeln. Und zwar im fünfstelligen Bereich. Außer Bücher interessiert ihn eigentlich nichts. Seine Frau THERESE war seine Haushälterin – er hat sie praktisch nur geheiratet, weil sie seine Schätze immer so schön abgestaubt hat.

Dieser Schuss geht allerdings nach hinten los: THERESE hat überhaupt keinen Sinn für den Büchertick ihres Gatten, sie will eigentlich nur sein Geld und treibt KIEN schließlich aus der Wohnung.

Jetzt wird es zunehmend absurd: KIEN irrt durch die Stadt, lernt einen durchgeknallten Zuhälter kennen, der auf kruden Wegen KIENS Geld ergaunert und noch allerlei andere Ideen hat, um die Handlung auf bizarre Weise voranzutreiben – zum Beispiel indem er erzählt, dass THERESE tot ist.

Die aber hat derweil eine Affäre mit dem sadistischen PFAFF begonnen. Als sie KIEN treffen, wird der noch verrückter (weil er ja dachte, THERESE sei tot), es kommt zu einer Schlägerei; KIEN gesteht, dass er THERESE umgebracht hat, was die Polizei nicht ernst nimmt, da THERESE ja offensichtlich lebt. KIEN zieht zu ihr und dem Sadisten und denkt fortan, eine Halluzination zu haben (= die vermeintlich tote THERESE und so weiter).

Schließlich kommt KIENS Bruder GEORG (praktischerweise ein Psychiater) aus Paris angereist und bringt KIEN zurück in dessen Bibliothek. So einfach ist es dann aber doch nicht, einen Wahnsinnigen zu heilen: Am Ende verbrennt sich KIEN und seine Bücher gleich mit.

Smalltalk-Info
Ganz schön irre, dieser KIEN – und trotzdem trägt er Züge seines Autors. Canetti hatte sogar einen Bruder, der wirklich Georg hieß, in Paris lebte – und Psychiater war!

Für Einsteiger
An der *BLENDUNG* haben sich schon Leseprofis die Zähne ausgebissen. Hans Magnus Enzensberger nannte das Buch unerträglich, *ein literarisches Monster*.

Denn – man ahnt es vielleicht – es gibt natürlich reichlich inneren Monolog, das war einfach total angesagt in diesen Zeiten.

Für einen **Canetti**-Einstieg eignet sich viel besser seine dreibändige Autobiografie, vor allem der zweite Teil *DIE FACKEL IM OHR*, der die Jahre 1921 bis 1931 schildert.

Autor
Elias Canetti hat immer große literarische Pläne (und deshalb auch gar keinen richtigen Beruf), bekommt tatsächlich 1981 den Nobelpreis für Literatur; *DIE BLENDUNG* ist allerdings sein einziger Roman. Ansonsten schreibt er drei Dramen und alles Mögliche: Essays, Reiseberichte, Tagebücher, seine Autobiografie und die bekannte soziologisch-psychologische Studie *MASSE UND MACHT* (seeehr komplex und nicht unumstritten).

Als Mensch ist **Canetti** mindestens exzentrisch, wenn nicht egoistisch, eitel, jähzornig. Seine Autobiografie gibt da ein paar tiefe Einblicke.

1935

Nürnberger Rassengesetze | Erste Getränkedose | Penguin-Books: preiswerte Taschenbücher revolutionieren den Buchmarkt

1935

DIE »AFRICAN QUEEN« C. S. Forester | *DIE BLENDUNG* Elias Canetti | *DIE STERNE BLICKEN HERAB* A. J. CRONIN

KLAUS MANN

Mephisto. Roman einer Karriere

Inhalt
Ein Schlüsselroman ist ein Roman, der reale Personen beschreibt, diese aber verschlüsselt, damit es keinen Ärger gibt. Letzteres hat im Falle von *MEPHISTO* nur bedingt geklappt. Die echten Personen waren ziemlich klar identifizierbar und stehen daher im Folgenden in Klammern.

Die Handlung reicht von Mitte der zwanziger Jahre bis 1936 – in dieser Zeit bringt es HENDRIK HÖFGEN (≈ **Gustaf Gründgens**) vom Provinzschauspieler zum Superstar, allerdings nur, weil er seine Seele an die Nazis verkauft.

Schon zu Beginn ist klar: HÖFGEN will nach oben. Er arbeitet viel und tyrannisiert seine Mitspieler am Hamburger Künstlertheater (≈ Hamburger Kammerspiele). Er hat eine Geliebte, die dunkelhäutige JULIETTE, heiratet aber BARBARA BRUCKNER (≈ **Erika Mann**), Tochter des Geheimrats BRUCKNER (≈ **Thomas Mann**) – was ihn allerdings nicht davon abhält, sich weiter mit JULIETTE zu treffen.

HÖFGEN geht nach Berlin, wird immer berühmter und trifft sich mit JULIETTE weiterhin heimlich, obwohl er sich von BARBARA getrennt hat. Und er spielt die Rolle seines Lebens, den Mephisto in Goethes *FAUST* (doppeldeutig! Seele verkauft!). 1933 wird es schwierig für HÖFGEN: Sein Name steht auf der schwarzen Liste der Nationalsozialisten, ein Berufsverbot droht.

Doch obwohl HÖFGEN die Nazis doof findet, profitiert er davon, dass eine Kollegin für ihn ein gutes Wort bei LOTTE LINDENTHAL (≈ **Emmy Göring**) einlegt. Fortan wird er von ganz oben protegiert und kann weitermachen mit seiner Karriere. Und wird immer skrupelloser.

Er hilft zwar einem alten Freund, verrät aber JULIETTE, damit sie gezwungen wird, das Land zu verlassen. Gerüchte um eine dunkelhäutige Geliebte kann sich HÖFGEN nicht leisten und heiratet deshalb sicherheitshalber NICOLETTA (≈ **Pamela Wedekind**), eine alte Freundin.

Glücklich ist er aber nicht. Als er mit *HAMLET* eine schlechte Vorstellung abliefert und trotzdem gefeiert wird, merkt er, dass das Publikum nicht sein Talent, sondern seine Macht bejubelt.

Smalltalk-Info
Der Roman wurde von den Nationalsozialisten natürlich sofort verboten und erschien in einem Exilverlag. Nach 1945 traute sich aber auch kein Verlag in Deutschland – alle fürchteten Prozesse. 1956 erschien *MEPHISTO* im Ostberliner Aufbau-Verlag – in Westdeutschland wurde die Herausgabe 1966 verboten: Gründgens' Adoptivsohn hatte erfolgreich vor dem Verfassungsgericht geklagt.

Erst 1981 erschien der Roman dann auch in Westdeutschland – trotz des Urteils. Es gab aber keine neue Klage der Gründgens-Erben – sie hätten vermutlich auch keinen Erfolg gehabt.

Übrigens
Klaus Mann hat immer wieder beteuert, sein Roman sei *kein* Schlüsselroman. Er habe nicht die Geschichte eines bestimmten Menschen erzählen wollen; die Personen seien nur Typen.

Für Einsteiger
Der Roman ist leicht zu lesen und bestimmt der beste Einstieg in das Werk von **Klaus Mann**. Wer es noch bequemer haben will, guckt die grandiose Verfilmung mit **Klaus Maria Brandauer** als HENDRIK HÖFGEN.

Ausbruch Spanischer Bürgerkrieg	Londoner Kristallpalast brennt nieder	Edward VIII. verzichtet wegen W. Simpson auf die Krone

1936

GASTHAUS JAMAICA Daphne du Maurier	*MEPHISTO. ROMAN EINER KARRIERE* Klaus Mann	*DER DUNKLE GRENZBEZIRK* Eric Ambler

★ 1906 in Deutschland
✝ 1949 in Frankreich

»Ruhe gibt es nicht, bis zum Schluss«

Unbedingt lesen: Klaus Manns Autobiografie *Der Wendepunkt*. Die erste Hälfte des 20. Jahrhunderts, eine berühmte Familie und viel Leben dazwischen.

Klaus Mann ist der älteste Sohn von **Thomas Mann** und hat es schon deswegen nicht leicht. Der Vater ist übermächtig, streng, distanziert. Für den sensiblen **Klaus** ist es schwer, einen Weg zu finden. Immer wird er am Vater gemessen, er will ihm beweisen, dass er gut ist – und hat doch das Gefühl, nie zu genügen.

Klaus Mann widersetzt sich, indem er ein Leben lebt, das sein korrekter Vater nur verachten kann: Alkohol, Drogen, rauschende Feste, eine undefinierte Beziehung zu seiner Schwester **Erika** – und schließlich das Bekenntnis zur Homosexualität, damals noch strafbar!

Es ist ein ruheloses Leben in einer ruhelosen Zeit. **Klaus Mann** schreibt zuerst für das Theater: Sein Stück *Anja und Esther* wird 1925 an den Hamburger Kammerspielen aufgeführt. In den Hauptrollen: er selbst, seine Verlobte **Pamela Wedekind**, seine Schwester **Erika** und deren Ehemann in spe **Gustaf Gründgens**. Thema: die lesbische Beziehung zweier Frauen – ein Skandal.

Der nächste Skandal kurz darauf: Sein Roman *Der fromme Tanz* erscheint. Thema: Homosexualität. Man ist entsetzt, aber durchaus interessiert daran, was der Sohn von **Thomas Mann** so schreibt.

1933. **Hitler** wird Reichskanzler. Noch im selben Jahr verlässt **Klaus Mann** das Land, geht zunächst nach Frankreich und wird bald einer der wichtigsten Exilautoren. 1938 erscheint sein Roman *Der Vulkan*, der grandios die Hoffnungen, den alltäglichen Kampf und die zerplatzten Träume der Emigranten beschreibt. Ein Jahr später emigriert **Mann** in die USA, wo er es auf bewundernswerte Weise schafft, sich in der fremden Sprache und Kultur zu behaupten. Seine zweite Autobiografie *Der Wendepunkt* schreibt er auf Englisch, er hält Vorträge und tritt 1941 sogar in die US Army ein.

Trotzdem schafft er es nicht, zur Ruhe zu kommen. Drogen, Depressionen, immer wieder große Enttäuschungen – vor allem als er nach Kriegsende keinen Erfolg in Deutschland hat. Sein Selbstmord im Mai 1949 ist traurigerweise keine Überraschung.

MARGARET MITCHELL

Vom Winde verweht

Gone with the Wind

Inhalt

Im Grunde geht es darum, dass sich die unglaublich hübsche und eigensinnige SCARLETT O'HARA nach dem unglaublich langweiligen ASHLEY WILKES verzehrt, obwohl sie den unglaublich charmanten und interessanten RHETT BUTLER haben könnte. ASHLEY dagegen hat schon lange erkannt, dass seine Nachbarin in einer anderen Liga spielt, also verkündet er auf einem Gartenfest seine Verlobung mit der unglaublich langweiligen MELANIE, woraufhin SCARLETT aus Trotz den Antrag von MELLYS unglaublich langweiligem Bruder CHARLES annimmt.

Dann bricht der Amerikanische Bürgerkrieg aus = jede Menge Leid (CHARLES tot, ASHLEY traumatisiert, alles kaputt), Spannung und Leidenschaft (SCARLETT & RHETT & doch nicht).

SCARLETT heiratet aus finanziellen Gründen den nächsten Loser, der stirbt auch, sie verzehrt sich noch ein bisschen nach ASHLEY und heiratet dann ENDLICH RHETT. Trotzdem kein Happy End, im Gegenteil: SCARLETT hätte doch gern ASHLEY und streitet dauernd mit RHETT, beider Tochter stirbt nach Reitunfall, RHETT kommt nicht darüber weg. Als SCARLETT ENDLICH erkennt, dass sie RHETT liebt, hat der die Nase voll *(Frankly, my dear, I don't give a damn*)* und verlässt sie.

Zitat

Morgen ist auch noch ein Tag.

Das sagt SCARLETT immer, wenn sie gerade keine Lust hat, etwas zu entscheiden – und es ist auch der letzte Satz (= Hoffnung für die weinende Leserin: Vielleicht hat SCARLETT nämlich am nächsten Tag eine Idee, um RHETT zurückzuholen). **Margaret Mitchell** hatte sogar überlegt, diesen Satz als Buchtitel zu wählen.

Smalltalk-Info

Allein in Amerika wurde in den ersten drei Monaten eine Million Exemplare verkauft. 1937 bekam **Margaret Mitchell** den Pulitzerpreis, 1939 kam der berühmte Film in die Kinos.

Same, same but different

Wenn Ihnen die Kombination aus unglücklicher Liebe & Historie gefällt, versuchen Sie doch auch mal: *DOKTOR SCHIWAGO* von **Boris Pasternak** (unglückliche Liebe & Revolution – eher anspruchsvoll), *DÉSIRÉE* von **Annemarie Selinko** (unglückliche Liebe & Napoleon – eher kitschig).

---

* Diesen berühmten Satz wollte der Produzent **David O. Selznick** unbedingt im Film haben – er war bereit, für das schlimme Wort »damn« 5 000 Dollar Strafe zu zahlen.

J. R. R. TOLKIEN

Der kleine Hobbit

The Hobbit or There and Back Again

Inhalt

Die Hobbits sind kleine Fantasywesen, die im Reich Mittelerde leben. Eines Tages wird Titelheld Bilbo Beutlin von dem großen Zauberer Gandalf und seinen 13 Zwergen besucht. Bilbo soll ihnen helfen, ihren Schatz vom Drachen Smaug zurückzuerobern – und bekäme dann ein Vierzehntel ab. Bilbo lässt sich auf das Abenteuer ein, obwohl er ziemliche Angst hat.

Erst mal müssen sie durch ganz Mittelerde reisen und werden dabei auch prompt von Orks gefangen. Bei der Flucht geht Bilbo verloren, findet aber in einem Höhlengang günstigerweise einen Ring, der unsichtbar macht. Er gehört eigentlich dem fiesen, schleimigen Wesen Gollum, das ziemlich wütend ist über den Verlust seines Ringes. Bilbo schafft es aber, sich und den Ring vor Gollum zu retten, und trifft auch die anderen wieder, sodass die Reise weitergehen kann.

Bald verabschiedet sich leider Gandalf (andere Termine), und kurz darauf wird die Zwergen-Hobbit-Reisegruppe wieder gefangen genommen, diesmal von Waldelben. Aber mit dem Ring und einigen Tricks kann Bilbo allesamt befreien, und so gelangen sie schließlich ans Ziel: Im Berg Erebor, wo früher die Zwerge gelebt haben, hat sich jetzt der böse Drache Smaug breitgemacht. Bilbo kundschaftet die Lage aus, wird vom Drachen entdeckt, der kann ihn aber nicht fangen und verwüstet stattdessen die nahe gelegene Stadt Esgaroth. Dann allerdings wird er von einem Bogenschützen erledigt, der dank Bilbo die einzig verletzbare Stelle des Drachen kannte.

Anschließend gibt es einen heftigen Streit um den Schatz: Die Bewohner der zerstörten Stadt wollen eine Entschädigung, die Zwerge bestehen auf ihrem Eigentum. Kurz vor dem großen Kampf kommt Gandalf vorbei und warnt alle vor dem anrückenden Heer der Orks. Schwups verbünden sich die Streitenden und besiegen die Orks.

Der kleine Hobbit Bilbo ist nun reich, kehrt nach Hause zurück, macht es sich gemütlich und schreibt erst mal alles auf.

Für Einsteiger

Wer sich nicht sicher ist, ob er sich an das gewaltige Epos *Der Herr der Ringe* heranwagen will, bekommt mit dem *Hobbit* einen leicht zu lesenden Eindruck des Settings.

Smalltalk-Info

Tolkien hat die Geschichten seinen Kindern vor dem Schlafengehen erzählt. Eines Tages langweilte er sich bei der Arbeit an der Uni so sehr, dass er anfing, die Hobbit-Abenteuer aufzuschreiben und auszuschmücken. Als die Mittelerde-Sache dann ein großes Ding wurde, hat er am *Hobbit* noch mal ein paar Änderungen vorgenommen, um es etwas »erwachsener« klingen zu lassen (und um es inhaltlich an die anderen Bände anzupassen).

Zitat

> *In einer Höhle in der Erde, da lebte ein Hobbit.*

So beginnt der Roman. Ein hübscher, kurzer, prägnanter Satz, den man sich gut merken kann – um ihn gelegentlich zu zitieren. Schließlich ist es der Beginn einer unglaublich erfolgreichen Fantasyreihe.

★ 1892 in Südafrika

✞ 1973 in England

John Ronald Reuel **Tolkien** ist auf jeden Fall eins von diesen besonderen Kindern, die seltsame Dinge lernen, während andere Kinder Fußball spielen.

Schon früh interessiert er sich für Sprachen; seine Mutter kann ihm etwas Französisch, Latein und Deutsch beibringen. In der Schule begeistert sich **Tolkien** dann für Altenglisch, später für Gotisch – eine Sprache, die nicht besonders gut überliefert ist, weshalb sich **Tolkien** einige Wörter dazu ausdenkt.

Nach der Schule beginnt er ein Studium der klassischen Sprachen in Oxford, lernt Walisisch und Finnisch und erfindet eine ganz und gar neue Sprache: Quenya (in Mittelerde sprechen das dann die Elben).

Tolkien heiratet seine Jugendliebe **Edith**, muss im Krieg die schreckliche Schlacht an der Somme miterleben, wird krank nach Hause geschickt und beginnt, die phantastischen Geschichten aufzuschreiben, die ihm so im Kopf herumspuken. *Think big*, meint er offenbar und plant ein gewaltiges Mythenwerk über die Entstehung von Mittelerde, das er aber nie ganz fertigstellt.

Tolkien konnte sich schon als Kind für fremde Wörter begeistern

Nach dem Krieg arbeitet **Tolkien** am *New English Dictionary* mit, später wird er Dozent für Angelsächsisch in Oxford. Hier beginnt er, die Geschichte vom Kleinen Hobbit aufzuschreiben, und findet tatsächlich einen Verlag. Der will gleich einen Folgeband, ein Wunsch, den **Tolkien** gern erfüllt. Aber es dauert – und es wird gar kein Kinderbuch. 1954 erscheint *Der Herr der Ringe* und revolutioniert die phantastische Literatur. Seit **Tolkien** spricht man vom Genre *Fantasy*. Noch nie hatte ein Autor eine so konsequent durchdachte Phantasiewelt erschaffen. Nicht sofort, aber in den sechziger Jahren wird *Der Herr der Ringe* ein Weltbestseller; das berühmte Zitat können bis heute alle Fans mitsprechen:

> *Ein Ring, sie zu knechten, sie alle zu finden, ins Dunkel zu treiben und ewig zu binden.*

Der Herr der Ringe ist in drei Einzelbänden erschienen, ist aber keine Trilogie. Tolkien bestand darauf, dass es ein einziger Roman ist. Dreigeteilt wurde er nur, weil ein Einzelband für die meisten unerschwinglich gewesen wäre. Nach dem Krieg waren die Papierpreise hoch, und so konnten sich die Leser das Buch sozusagen nach und nach kaufen.

Sein restliches Leben verbringt **Tolkien** mit seinem Mythenwerk, *Das Silmarillion*, das posthum sein Sohn **Christopher** herausgibt. Und spätestens bei dieser Lektüre wird klar: **Tolkien** ging es nicht darum, ein paar Fabelwesen aufeinandertreffen zu lassen – ihm ging es um alles.

stes *Lurchi*-Heft
erscheint

Kurz, wichtig

Literatur im Schnelldurchlauf

ARCHIBALD CRONIN

DIE ZITADELLE

The Citadel

Nach seinem Medizinstudium arbeitet ANDREW MANSON als Assistenzarzt in einem walisischen Bergbaugebiet. Hier herrschen Armut und Krankheit; MANSON arbeitet Tag und Nacht. Er macht Karriere, eröffnet eine Praxis in London, wo er reiche Hypochonder mit Placebos behandelt und sehr viel Geld verdient. Zwar kann MANSON seiner Familie jetzt ein gutes Leben bieten, aber seine Frau CHRISTINE ist enttäuscht über die Entwicklung ihres Mannes – vom jungen Idealisten zum skrupellosen Schickimicki-Mediziner. Es kommt, wie es kommen muss: Schicksalsschlag, Einsicht, Besserung.

Dieser satte Arztroman ist in weiten Teilen autobiografisch: Der Schotte **A.J. Cronin** (arm, aber begabt) bestand sein Studium mit Bestnoten, überstand seine ersten Jahre als Arzt in Wales, eröffnete eine Praxis in London, verpasste der High Society überflüssige Spritzen – und bekam mit Mitte 30 ein Magengeschwür. Zwangspause. Besinnung. Da könnte man doch ein Buch schreiben, dachte sich **Cronin**. Sein Debütroman *DER HUTMACHER UND SEIN SCHLOSS* wurde ein Welterfolg – ist aber heute (zu Recht) praktisch vergessen. **Cronins** große Bücher *DIE ZITADELLE* und der Bergarbeiterroman *DIE STERNE BLICKEN HERAB* schrammen hart am Trivialroman vorbei – und sind gerade darum gut zu lesen!

TANIA BLIXEN

AFRIKA, DUNKEL VERLOCKENDE WELT

Den afrikanske Farm

Erst seit dem weltberühmten Film mit **Meryl Streep** heißt der Roman *JENSEITS VON AFRIKA*. Die Dänin **Karen Blixen** (deutsches Pseudonym **Tania Blixen**) erzählt darin von ihren Erlebnissen als Farmerin in Kenia. Autobiografisch, aber auch eine große Liebesgeschichte, geschrieben mit viel Pathos und Poesie – und Achtung: Völlig anders als der Film! Der erste Satz ist allerdings in Film und Buch identisch: *Ich hatte eine Farm in Afrika …*

1903 wandert **Karen Blixen** mit ihrem Mann Bror nach Kenia aus, wo er vom Geld ihrer Familie eine Kaffeefarm gekauft hatte – in einer Gegend, die zum Kaffeeanbau eigentlich völlig ungeeignet ist. Sie versucht das Unmögliche, während er sich auf Safaris und mit Prostituierten vergnügt. Und ja, **Karen Blixen** hat sich tatsächlich in den smarten DENYS FINCH HATTON verliebt. Das kommt im Roman allerdings gar nicht vor. Und sie hat sich auch nicht seinetwegen von ihrem Mann getrennt – das ist nur die Filmversion.

17 Jahre lang hatte **Karen Blixen** ihre Farm in Kenia, dann kehrte sie enttäuscht zurück nach Dänemark und widmete sich nur noch dem Schreiben.

Japanisch-Chinesischer Krieg (Massaker von Nanking) | Golden Gate Bridge fertiggestellt

1937

DIE ZITADELLE Archibald Cronin | *AFRIKA, DUNKEL VERLOCKENDE WELT* Tania Blixen | *HABEN UND NICHTHABEN* Ernest Hemingway

DAPHNE DU MAURIER
REBECCA

Ich-Erzählerin (jung, unbedarft) ist die zweite Frau von MAXIM DE WINTER (älter, geheimnisvoll). Er nimmt sie mit auf seinen Landsitz Manderly. Das Einleben fällt schwer, denn überall lauert der Geist der wunderbaren REBECCA, der ersten Frau MAXIMS, die auf mysteriöse Weise bei einem Bootsunglück umgekommen ist. MAXIM hatte ihre Leiche identifiziert.

Vor allem die Haushälterin MRS. DANVERS kann die neue MRS. DE WINTER nicht akzeptieren und macht ihr das Leben schwer. Da finden Taucher zufällig eine Leiche: REBECCA (jetzt wirklich).

MAXIM gesteht seiner Frau die Wahrheit: Er hat REBECCA umgebracht, weil sie ihn betrogen und sie sich sowieso nie geliebt haben. Bei der gerichtlichen Untersuchung kommt heraus, dass REBECCA unheilbar krank war. Offenbar Selbstmord; MAXIM + Frau kehren nach Manderly zurück, das leider gerade abbrennt.

Genial verfilmt von Alfred Hitchcock, aber das Buch ist eigentlich spannender.

ALEXANDER SUTHERLAND NEILL
DIE GRÜNE WOLKE
The Last Man Alive

A.S. Neill hat 1921 in England die antiautoritäre Schule *Summerhill* gegründet. Für seine Schüler hat er sich eine Geschichte ausgedacht, die sie nach jedem Kapitel kommentieren und durch ihre Kritik verändern können (= Rahmenhandlung).

Die Geschichte geht so: Ein Millionär besucht Summerhill mit seinem Zeppelin und nimmt NEILL plus ein paar Kinder mit auf eine Luftfahrt. Plötzlich fahren sie durch eine seltsame grüne Wolke, und als sie wieder landen, sind alle Menschen zu Stein geworden. Sie brechen auf zu einer Reise um die Welt, um zu gucken, ob es überall so aussieht.

Dabei erleben sie ziemlich viele (teilweise recht brutale) Abenteuer und schaffen es absolut nicht, sich zu vertragen und eine neue Ordnung aufzubauen. Schließlich überlebt nur der Lehrer.

Ein drastisches Ende, das zum größten Teil von den Schülern selbst herbeigeführt wurde.

THORNTON WILDER
UNSERE KLEINE STADT
Our Town

Eine fiktive Kleinstadt in Amerika um die Jahrhundertwende: alles nett, harmonisch, beschaulich. In drei Akten wird erzählt, wie sich das Leben dort zwischen 1901 und 1913 verändert. Hauptpersonen sind EMILY und GEORGE, zuerst Kinder, dann verheiratet – und im letzten Akt ist EMILY im Reich der Toten. Sie kann allerdings für einen Tag zu den Lebenden zurückkehren und wundert sich, wie banal doch alles ist.

Das Ganze ist *Episches Theater* à la **Brecht**: kaum Bühnendeko, kein Vorhang, Zuschauer können beim Umräumen zugucken. Es gibt einen Spielleiter, der mal mitspielt, mal kommentiert, mal mit dem Publikum kommuniziert. Die Zuschauer sollen lernen: Das Leben ist zwar eher unwichtig, aber man muss es lieben!

RAYMOND CHANDLER

DER GROSSE SCHLAF

The Big Sleep

Die Geburt von PHILIP MARLOWE! In diesem Roman taucht der berühmte Privatdetektiv zum ersten Mal auf (auch wenn man vielleicht dachte, er sei von **Humphrey Bogart** erfunden worden).

MARLOWE bekommt seinen Premierenauftrag von einem alten Mann in Hollywood: Er wird wegen der Spielschulden seiner 20-jährigen Tochter erpresst. Es folgt eine unglaublich verwickelte Ermittlung mit diversen Toten und reichlich Verbrechern. Aber MARLOWE deckt natürlich Stück für Stück die Wahrheit auf – ohne sich dabei von mächtigen Gangstern oder nackten Frauen aus der Fassung bringen zu lassen.

Raymond Chandler hat einen Detektiv geschaffen, der hundertfach kopiert wurde. Ein Einzelgänger, charmant und unnahbar, intelligent und unbestechlich, mit einem trockenen Humor zum Niederknien. Also doch **Humphrey Bogart**. Der hat MARLOWE in der legendären Verfilmung von *THE BIG SLEEP* (1946) gespielt. Deutscher Filmtitel war übrigens irritierenderweise *TOTE SCHLAFEN FEST*.

FRANZ WERFEL

DER VERUNTREUTE HIMMEL

Der Untertitel lautet *GESCHICHTE EINER MAGD*. Die Magd ist TETA LINEK, die nur einen Wunsch für ihr Leben hat – oder eigentlich für die Zeit danach –, und das ist *ewige Seligkeit*. Dazu geht sie eine Art persönlichen Ablasshandel ein: Sie unterstützt ihren Neffen mit all ihren Ersparnissen, damit der Theologie studieren kann. Doch als sie sich mit 70 zur Ruhe setzen und die letzten Lebensjahre im Haus des Neffen verbringen will, muss sie feststellen: Der Typ hat sie betrogen! Er ist gar nicht Pfarrer geworden, hat ihr Geld für wer-weiß-was ausgegeben.

TETA LINEK ahnt allerdings, dass ihr Plan auch nicht so ganz im Sinne des Erfinders war, und bricht zu einer Pilgerreise nach Rom auf. Noch während der Audienz beim Papst bricht sie zusammen.

Franz Werfel war in den zwanziger und dreißiger Jahren ein sehr populärer Autor. 1938 emigrierte er mit seiner Frau **Alma** nach Südfrankreich und floh zwei Jahre später auf abenteuerliche Weise nach Portugal (zu Fuß über die Pyrenäen, unter anderem mit **Heinrich Mann** – unbedingt die Autobiografie von **Alma Mahler-Werfel** lesen!). Von dort aus erreichte er das Exil in Amerika.

Spanischer Bürgerkrieg endet | Ausbruch Zweiter Weltkrieg | Luftangriffe auf London | Besetzung von Paris

1939

FRÜCHTE DES ZORNS – John Steinbeck | *DER GROSSE SCHLAF* – Raymond Chandler | *DER VERUNTREUTE HIMMEL* – Franz Werfel

1940

WEM DIE STUNDE SCHLÄGT – Ernest Hemingway

ALBERT CAMUS

DER FREMDE

L'Étranger

Der Roman spielt im Algerien der dreißiger Jahre. Der Protagonist MEURSAULT kommt nicht gerade sympathisch rüber. Kurz nach der Beerdigung seiner Mutter lässt er sich auf eine Affäre ein. Dann hilft er einem Zuhälter, eine Araberin kennenzulernen, die der so schlecht behandelt, dass ihr Bruder sehr ärgerlich wird. Als MEURSAULT ihn zufällig wiedertrifft, hält der Araber ein Messer in der Hand. MEURSAULT erschießt ihn und wird verhaftet.

Der zweite Teil des Buches schildert den Prozess. Die Richter wollen ein Motiv für den Mord finden, was sich als schwierig erweist. Denn nichts im Leben des Protagonisten hat irgendwelche Gründe und Zusammenhänge. MEURSAULTS Haupteigenschaft ist Gleichgültigkeit.

DER FREMDE ist eines der Hauptwerke des Existenzialismus und entsprechend schwere Kost. So sind sie halt, die Franzosen, man kennt das aus dem Kino. Viel Anspruch, wenig Action. Dennoch: Wer sich für französische Literatur interessiert, kommt an Camus nicht vorbei.

ANNA SEGHERS

DAS SIEBTE KREUZ

1937 fliehen sieben Männer aus einem Konzentrationslager. Der Kommandant lässt Kreuze an sieben Platanen nageln und schwört, dass die Flüchtlinge binnen sieben Tagen dort hängen werden.

Tatsächlich werden alle gefasst oder sterben bei der Flucht – nur einer schafft es: GEORG HEISLER. Es wird eine nervenaufreibende Flucht. Erst muss GEORG feststellen, dass seine Liebste LENI schon einen anderen hat (einen Nazi), aber dann bekommt er von vielen Leuten Hilfe: Mitfahrgelegenheiten, Kleidung, Essen, Geld – viele Kleinigkeiten, die ihm das Leben retten. Genau darum geht es, um Solidarität.

In der DDR war *DAS SIEBTE KREUZ* Pflichtlektüre für Schüler, in Westdeutschland ist es zu Unrecht ein bisschen in Vergessenheit geraten. Anna Seghers ist eine wichtige Autorin der Exilliteratur (vom Schicksal der Emigranten handelt ihr Roman *TRANSIT*). Sie hat sechs Jahre in Mexiko gelebt (und darüber wunderbar geschrieben), ist 1950 nach Ost-Berlin gegangen und war mehr als 20 Jahre Präsidentin des Schriftstellerverbandes der DDR.

Arsen und Spitzenhäubchen (J. Kesselring) | Angriff auf Pearl Harbor | *Unternehmen Barbarossa* (Deutscher Angriff auf die Sowjetunion)

1941 — 1942

CURIOUS GEORGE H. A. Rey / Margret Rey | *HANNI UND NANNI SIND IMMER DAGEGEN* Enid Blyton | *DER LETZTE TYCOON* F. Scott Fitzgerald | *DER FREMDE* Albert Camus | *DAS SIEBTE KREUZ* Anna Seghers

STEFAN ZWEIG

Schachnovelle

Inhalt

Auf einem Schiff, das von New York nach Buenos Aires unterwegs ist, fordert der unsympathische Öl-Millionär McConnor den ebenfalls unsympathischen Schachweltmeister Czentovic zu einer Partie Schach heraus. Natürlich gewinnt Czentovic mühelos, trotzdem will McConnor Revanche – und bekommt unerwartete Unterstützung von einem Fremden, der sich Dr. B. nennt. Dr. B. ahnt mehrere Züge von Czentovic voraus und flüstert Anweisungen, wie McConnor sich optimal verteidigen kann. So endet die Partie mit einem Remis.

Czentovic ist in seiner Ehre gekränkt, Dr. B. hingegen wirkt verstört und will auf keinen Fall noch mal spielen.

Nanu, denkt sich der Ich-Erzähler und versucht herauszufinden, was dahintersteckt. Und da erzählt ihm Dr. B. seine Geschichte: Als die Nationalsozialisten in Österreich einmarschieren, wird er von der Gestapo verhaftet und in Isolierhaft gesteckt. Er kann nicht raus, mit niemandem reden – seine Folter ist das absolute Nichts, monatelang. Eines Tages kann er bei einem Verhör ein Buch stehlen. Kein Roman, wie er enttäuscht feststellt, sondern eine Sammlung berühmter Schachpartien. Weil er eben nichts anderes hat, liest er sich die Züge durch, lernt sie auswendig, spielt sie auf seinem karierten Bettzeug nach. Und schließlich spielt er eigene Partien gegen sich selbst, wobei er sich zwingt, sein Bewusstsein zu spalten: Sein schwarzes Ich spielt gegen sein weißes Ich – nicht verwunderlich, dass er dabei schließlich wahnsinnig wird. Ein Glück eigentlich, denn so kommt er ins Krankenhaus, wird geheilt, und der nette Arzt erklärt ihn für unzurechnungsfähig, sodass er nicht wieder ins Gefängnis zurückmuss. Er soll allerdings nie wieder Schach spielen.

Nur mühsam lässt Dr. B. sich auf dem Schiff zu einer Partie gegen den Schachweltmeister überreden, aber ein einziges Mal will er noch spielen. Er gewinnt, Czentovic fordert Revanche, Dr. B. willigt ein. Ein Fehler, wie sich bald herausstellt. Der Wahn kehrt zurück. Dr. B. wird hektisch, bösartig, unkontrolliert. Der Ich-Erzähler beschwört ihn aufzuhören – und im letzten Moment beendet Dr. B. die Partie.

Smalltalk-Info

König g8 auf h7 und *Turm vor, c8 auf c4* – das klingt beeindruckend nach Insiderwissen. Tatsächlich hatte **Stefan Zweig** gar nicht besonders viel Ahnung von Schach – und so ist sein zweiter Protagonist Czentovic auch eher unglaubwürdig: Er stammt aus einfachen Verhältnissen, kann eigentlich nichts außer Schach und hat es nie geschafft, eine Partie im Kopf zu spielen. Als Romanfigur super, aber Schachweltmeister wird man so nie und nimmer.

Für Einsteiger

Die *SCHACHNOVELLE* ist vielleicht das allerbeste Buch für einen Einstieg in die Weltliteratur überhaupt: kurz, spannend, sprachlich großartig und trotzdem leicht zu lesen.

Zitat

> *Bekanntlich erzeugt kein Ding auf Erden einen solchen Druck auf die menschliche Seele wie das Nichts.*

Sagt Dr. B. über seine Isolierhaft.

★ 1881 in Österreich
✝ 1942 in Brasilien

»Erst im Unglück weiß man wahrhaft, wer man ist«

Neun Schriftsteller des 19. Jahrhunderts erhob Stefan Zweig zu *Baumeistern der Welt*: Balzac, Dickens, Dostojewski, Hölderlin, Kleist, Nietzsche, Casanova, Stendhal, Tolstoi. Seine Einordnung ist nachzulesen in drei *Meister*-Bänden.

Statt sie mit laaangweiligen Texten zur Französischen Revolution zu quälen, sollte man Schülern lieber Stefan Zweigs *MARIE ANTOINETTE* in die Hand drücken. Entsprechendes gilt für *MARIA STUART*, *MAGELLAN*, *ERASMUS VON ROTTERDAM*. **Stefan Zweig** ist vor allem durch seine historischen Biografien bekannt geworden. Geschichte wird lebendig, weil er sie zu Lebensgeschichten macht. Echte Personen mit echten Leidenschaften statt trockener Fakten und öder Zeitleisten. Nicht immer historisch ganz exakt, aber dafür (und gerade deshalb) lesenswert.

In feinster Kürze liefert **Stefan Zweig** all dieses in seinem großartigen Buch *STERNSTUNDEN DER MENSCHHEIT*. 14 historische Ereignisse werden hier geschildert, mit großer Sprachgewalt und beruhend auf der wunderbaren Idee, dass es ganz selten im Lauf der Geschichte Ereignisse gibt, in denen *eine zeitüberdauernde Entscheidung auf ein einziges Datum, eine einzige Stunde und oft nur eine Minute zusammengedrängt ist.* Zum Beispiel *DIE WELTMINUTE VON WATERLOO*, in der ein französischer Marschall entscheidet, sich an einen Befehl zu halten, und damit verpasst, **Napoleon** zu retten. Oder die Nacht, in der ein junger Franzose die Marseillaise dichtet und komponiert. Oder der Moment, in dem **Scott** feststellt, dass **Amundsen** schon vor ihm den Südpol erreicht hat.

Sternstunden, die oft tragisch enden – genau wie **Zweigs** eigene Geschichte: Der überzeugte Pazifist flieht vor den Nationalsozialisten nach London. Seine Bücher dürfen nicht mehr in Deutschland und Österreich erscheinen, werden aber in Schweden gedruckt. Als einer der wenigen Exilautoren ist **Zweig** immer noch erfolgreich und verdient auch Geld – trotzdem lässt ihn die politische Entwicklung und der Verlust seiner geistigen Heimat verzweifeln. Er emigriert nach Brasilien und nimmt sich 1942 das Leben.

ENID BLYTON

Fünf Freunde erforschen die Schatzinsel

Five on a Treasure Island

Inhalt

In diesem ersten von 22 Originalbänden lernen sich die fünf Freunde erst mal kennen: Die Geschwister JULIUS, RICHARD* und ANNE sollen die Ferien bei Tante FANNY verbringen. Die lebt mit ihrem Mann QUENTIN, einem kauzigen Gelehrten, und ihrer Tochter GEORGINA in einem Haus direkt am Meer.

Anfangs gibt es ein paar Unstimmigkeiten: Cousine GEORGINA entpuppt sich als totale Kratzbürste, die nichts von ihren Verwandten wissen will. Außerdem wäre sie lieber ein Junge und dreht durch, wenn man sie nicht GEORG nennt.

Aber der kluge JULIUS weiß das Cousinchen zu zähmen, und bald sind alle vier Kinder dicke Freunde. Ach ja, der fünfte Freund ist übrigens TIM, der Hund (der nur in Filmen und Hörspielen TIMMY heißt).

Das erste Abenteuer der fünf Freunde entwickelt sich wie folgt: Im Sturm wird ein Wrack an Land gespült, darin finden die Kinder eine Holzkiste, darin eine Schatzkarte. Ganz klar: Der Schatz ist versteckt auf der kleinen Insel, die GEORG gehört. Die fünf Freunde finden den geheimen Eingang zur Schatzhöhle, werden aber leider von einer Diebesbande überrascht, die GEORG, JULIUS und TIM einsperren. Aber natürlich kann RICHARD sie mit einer List und einem Geheimgang befreien, sie fliehen – und die Bösen werden gefasst.

Zwischendurch wird reichlich gegessen, wie immer bei **Enid Blyton**. Vorzugsweise gibt es Picknick mit Schinkenbutterbroten, Fruchtsaft und Dosenobst. Oder Tante FANNY serviert kalten Braten, Eier und Speck, Pudding und natürlich jede Menge Kuchen.

Smalltalk-Info

Es gibt nur 21 *FÜNF-FREUNDE*-Bücher (plus einen Band mit Kurzgeschichten), die wirklich **Enid Blyton** geschrieben hat. Auf den anderen (weit über 60!) Bänden steht zwar **Enid Blyton** drauf, sie werden aber von deutschen Ghostwritern verfasst.

Das hat die Erbengemeinschaft so genehmigt– allerdings unter bestimmten Auflagen: Abenteuer nur in den Ferien und im Original-Setting, keine Veränderung der Charaktere, keine Handys, keine Jugendsprache. »Ey cool, Alter« wird JULIUS also nie zu GEORG sagen.

Für Puristen

Natürlich kann man die echte **Enid Blyton** nur im Original genießen. Für ein Original-**Enid-Blyton**-Feeling könnte man auch die alten Bertelsmannausgaben lesen (gibt es im Antiquariat oder bei eBay). Die Übersetzung lässt zwar zu wünschen übrig, erzeugt aber ein wunderbar wohliges Nostalgiegefühl. Da heißt es noch *Pfundsidee* (neue Übersetzung: *prima Idee*), *Biskuits* (neu: *Kekse*) und *Du bist ein feiner Kerl* (neu: *Du bist wirklich toll*).

Die Neuausgaben punkten aber mit den Originalillustrationen von **Eileen A. Soper**. Die sind wirklich typisch **Blyton** – haben es aber leider nicht bis aufs Cover geschafft.

---

* Im englischen Original wird RICHARD meistens DICK genannt – in den deutschen Büchern bleibt es bei RICHARD. Der Hund heißt im Original TIMOTHY, auch TIM genannt. In den Verfilmungen heißt es DICK, TIMMY und GEORGE (englisch ausgesprochen!).

Premiere *Casablanca* | Erste Goldene Schallplatte (G. Miller f. *Chattanooga Choo Choo*) | Beginn der Schlacht von Stalingrad

1942
FÜNF FREUNDE BD. 1
Enid Blyton

★ 1867 in England
✝ 1968 in England

Enid Blyton hat 10 000 Wörter pro Tag geschrieben und mehr als 700 Bücher verfasst

Mit dem Mädchen GEORG hat Enid **Blyton** sich selbst beschrieben. Sie wäre auch gern ein Junge gewesen – und sieht auf Jugendfotos auch genauso aus, wie man sich die wilde GEORG vorstellt.

Ja, sie soll eine schreckliche Mutter gewesen sein. Lieblos, herrisch, ignorant. Behauptet zumindest ihre eigene Tochter **Imogen** in einer Biografie. Kann sich allerdings niemand vorstellen, der ihre Bücher kennt. Tolle Kinder, tolle Erwachsene. Man möchte direkt mitfahren auf dem *SCHIFF DER ABENTEUER*, mit *HANNI UND NANNI* aufs Internat gehen oder mit STUBS, BARNEY & Co. das *RÄTSEL UM DEN GEHEIMEN HAFEN* erkunden. Immer gibt es superleckeres Essen (Mitternachtspartys! Picknicks!), reichlich Abenteuer und am Ende mindestens einen tollen Erwachsenen, der den Rest regelt. Die Autorin eine Tyrannin? Eigentlich undenkbar. Und auch nie richtig bewiesen.

Enid Blyton ist eigentlich Lehrerin, aber schon mit 27 gibt sie den Beruf auf, um nur noch zu schreiben. Nach einem ersten Kinderroman und einigen Geschichten wird **Blyton** in den vierziger und fünfziger Jahren zu einer der produktivsten Kinderbuchautorinnen denn je – und fast alle ihre Bücher bilden Serien: *FÜNF FREUNDE*, *ABENTEUER UM …*, *SCHWARZE SIEBEN*, *RÄTSEL UM …*, *DIE VERWEGENEN VIER* (ehemals *DIE ARNOLDKINDER*), *DOLLY*, *HANNI UND NANNI* und, und, und. Welterfolge allesamt.

Achtung: Wo **Enid Blyton** draufsteht (der Autogrammschriftzug war übrigens ihre Idee!), ist nicht immer auch **Enid Blyton** drin. In Deutschland waren ihre Serien bis in die achtziger Jahre so erfolgreich, dass sie vor lauter Begeisterung von deutschen Autoren fortgeschrieben wurden. Die *TINA-UND-TINI*-Serie stammt sogar komplett von einer deutschen Autorin.

Inzwischen gibt es zwar immer noch Fanclubs, aber ihre Bücher sind unter Jugendlichen eher out. Zu stereotyp, zu altmodisch, zu wenig Action. Nur die *FÜNF FREUNDE* erfreuen sich weiterhin großer Beliebtheit, aber es sind eben schon lange nicht mehr die originalen **Blyton**-Fünf (siehe links).

Typ Villa Kunterbunt

Bücher für große und kleine Kinder

Wer sich noch einmal in die Kinderbuchklassiker vertieft, wird feststellen, dass sie praktisch alle merkwürdig verstaubt wirken. Einzige Ausnahme: Astrid Lindgren, der mit den meisten Büchern tatsächlich zeitlose Texte gelungen sind.

In der Kinderliteratur hat sich in den vergangenen Jahrzehnten wahnsinnig viel getan. Leider bekommen die vielen grandiosen Kinder- und Jugendbücher nie die Aufmerksamkeit, die sie verdienen – es sei denn, sie landen mit dem *All-Age*-Etikett auf der Bestsellerliste (wie etwa *Harry Potter*, *Twilight* oder *Panem*).

Wer sich auch ohne All-Age-Verheißung an Kinderliteratur traut, könnte es mit diesen Büchern probieren:

MARIA PARR
WAFFELHERZEN AN DER ANGEL
Kinder mit verrückten Einfällen

FRANK COTTRELL BOYCE
MEISTERWERK
extrem skurrile Geschichte aus Wales

KATE DE GOLDI
ABENDS UM 10
ein Junge und seine nicht ganz normale, aber liebenswerte Familie

JOHN D. FITZGERALD
MEIN GENIALER BRUDER UND ICH*
Jungenstreiche vom Feinsten

CARL HIAASEN
PANTHER
schräger Öko-Krimi mit viel Witz

JOHN GREEN
MARGOS SPUREN
übers Erwachsenwerden, große Jugendliteratur

---

* Eine Wiederentdeckung aus Amerika. Der Autor hat über seine Familie geschrieben – allerdings auch einiges dazuerfunden. Die Serie *The Great Brain* war in den sechziger Jahren sehr erfolgreich; leider gibt es nicht alle Bände auf Deutsch. Das Ganze erinnert ein bisschen an *Tom Sawyer*, ist aber moderner und für Kinder leichter zu lesen.

Typ Hardcoreleser

Bücher für Superliteraten

Wer es richtig wissen will in Sachen Hochliteratur, hat die Qual der Wahl. Denn »schwierige« Bücher gibt es reichlich. Im Gegensatz zur Unterhaltungsliteratur soll die hohe Literatur schließlich Werke schaffen, die auch noch nach Jahrhunderten als Kulturgut gelten. Kunst und Unterhaltung zu vereinen gelingt nur in den seltensten Fällen (siehe Seite 72).

Wenn lesen nicht wie Tatort gucken sein soll, dann sollte man sich folgende Werke vornehmen:

JAMES JOYCE
ULYSSES*
≈ 1000 Seiten

DAVID FOSTER WALLACE
UNENDLICHER SPASS
≈ 1500 Seiten

FRANZ KAFKA
DAS SCHLOSS
nur 400 Seiten, aber …

MARCEL PROUST
AUF DER SUCHE NACH DER VERLORENEN ZEIT
≈ 3000 Seiten

HERMAN MELVILLE
MOBY DICK
≈ 1000 Seiten und viele davon handeln von Walfang

Natürlich gibt es auch noch eine Menge dazwischen – zwischen ganz leicht und Hardcore. Weltliteratur, die sich auch am Pool lesen lässt (Hemingway, Fontane, Franzen und viele mehr).

---

* Falls die Verzweiflung zu groß wird, könnte man sich stattdessen den Kurzgeschichten-Zyklus *DUBLINER* vornehmen. Auch nicht von Pappe, aber irgendwie übersichtlicher.

Kurz, wichtig

Literatur im Schnelldurchlauf

ANTOINE DE SAINT-EXUPÉRY

DER KLEINE PRINZ

Le Petit Prince

Der KLEINE PRINZ lebt auf einem kleinen Asteroiden, reinigt die Vulkane und reißt die Affenbrotbäume raus, eine Art Weltallunkraut. Eines Tages wächst eine schöne Blume, die der KLEINE PRINZ hegt und pflegt. Aber schließlich wird sie zu anspruchsvoll und nervig (Achtung, Metapher: Blume = Frau), deswegen verlässt der KLEINE PRINZ seine Heimat und geht auf Reisen, um andere Asteroiden zu erforschen.

Schließlich landet er auf der Erde, wo er einen Fuchs zähmt. (Der Fuchs spricht auch den berühmten Satz: *Man sieht nur mit dem Herzen gut. Das Wesentliche ist für die Augen unsichtbar.* Gern genommen für Hochzeitszeitungen und Poesiealben.)

Dann trifft er den Erzähler (= Autor), der in der Wüste notgelandet ist, lässt sich ein Schaf zeichnen, erzählt ihm seine Geschichte und sucht mit ihm einen Brunnen.

Doch der KLEINE PRINZ hat schlimmes Heimweh und lässt sich von einer Schlange beißen, um so zu seinem Asteroiden zurückzureisen. *Kitschig!*, stöhnen manche. *Anrührend!*, schwärmen andere. Auf jeden Fall erfolgreich: *DER KLEINE PRINZ* ist eines der meistverkauften Bücher der Welt.

CURT GOETZ

TATJANA

Der Ich-Erzähler lernt einen Mann namens JOHNSON kennen, der ihm irgendwann seine Geschichte erzählt: Älterer Arzt verliebt sich in eine 13-jährige russische Cellistin. Sie ist ein Wunderkind, er sieht sie bei einem Konzert und ist sofort hin und weg. Direkt nach dem Auftritt ruft der Dirigent einen Arzt, denn TATJANA leidet an einer Art Nervenfieber. Der Protagonist eilt herbei und kann TATJANA tatsächlich helfen. Und zwar, indem er ihren toten Geliebten aus ihrer Wohnung entfernt, der beim Stelldichein offenbar einen Herzinfarkt erlitten hat. Kaum ist das erledigt, fängt TATJANA an, den Arzt zu verführen. In Amerika heiraten die beiden – kurz darauf stirbt sie.

LOLITA lässt grüßen, aber *TATJANA* war zuerst da – und **Nabokov** ein Verehrer von **Curt Goetz**. Der hat übrigens nur zwei Prosawerke geschrieben; außer der Novelle *TATJANA* noch den Roman *DIE TOTE VON BEVERLY HILLS*. Er ist zu Unrecht ein bisschen in Vergessenheit geraten – dabei war **Goetz** ein brillanter Komödienschreiber (*DAS HAUS IN MONTEVIDEO*, verfilmt unter anderem mit **Heinz Rühmann** und **Ruth Leuwerik**). Er hat nach seiner Emigration in die USA bei MGM gearbeitet und an vielen Drehbüchern mitgewirkt.

1943

Aufstand im Warschauer Ghetto | J. Kerouac tritt in die US Navy ein

1943

DER KLEINE PRINZ Antoine de Saint-Exupéry | *DAS GLASPERLENSPIEL* Hermann Hesse

JEAN-PAUL SARTRE

GESCHLOSSENE GESELLSCHAFT

Huis clos

Das Theaterstück, aus dem der berühmte Satz *»Die Hölle, das sind die anderen«* stammt. Den kann man übrigens immer mal wieder einwerfen, dazu wahlweise tief seufzen oder ein unbewegtes Gesicht aufsetzen.

Es geht um drei Leute, die sich nach dem Tod in einem geschlossenen Raum (= die Hölle) treffen: ESTELLE (reich, verführerisch), INÈS (lesbisch, intellektuell, Postangestellte) und GARCIN (feige, Journalist). GARCIN hat seine Frau misshandelt. INÈS hatte irgendwas mit dem Tod des Cousins einer gewissen FLORENCE zu tun, die sich selbst plus INÈS deshalb mit Gas vergiftet hat. ESTELLE hat erstens ihr Kind ermordet und zweitens ihren Geliebten in den Selbstmord getrieben.

Jedenfalls gibt es für alle genug Gründe, in der Hölle zu sein. Es ist ein bisschen warm in dem geschlossenen Raum, aber ansonsten von Fegefeuer keine Spur. Denn: Die Hölle, das sind die anderen. Die drei quälen sich gegenseitig. INÈS will ESTELLE, die aber ist an GARCIN interessiert, der wiederum von INÈS anerkannt werden will. Keiner kann ohne den anderen – und auch nicht mit. Ein Entkommen scheint unmöglich, doch plötzlich öffnet sich die Tür. Und? Aus Angst vor einer Falle bleiben alle drei, wo sie sind.

Als intellektuell-philosophische Konstellation interessant, als Theaterstück ein bisschen blutarm.

WILLIAM SOMERSET MAUGHAM

AUF MESSERS SCHNEIDE

The Razor's Edge

Ein Mann auf der Suche nach dem Sinn des Lebens: LARRY ist traumatisiert vom Ersten Weltkrieg (*Lost Generation!*, siehe auch Seite 90) und kann nicht einfach zur Tagesordnung übergehen. Seine Verlobte ISABEL ist ziemlich genervt von LARRYS Unentschlossenheit, organisiert ihm einen Job in Chicago und stellt ihm ein Ultimatum.

LARRY kann und/oder will nicht darauf eingehen, die Verlobung wird gelöst, ISABEL heiratet den gemeinsamen Freund GARY, LARRY reist sinnsuchend durch die Gegend: Kohlebergwerk, Kloster, Ashram (im Prinzip die Stationen eines Sabbatjahrreisenden des 20. Jahrhunderts, bis auf das Bergwerk vielleicht).

Nach einigen Jahren treffen sich LARRY, GARY, ISABEL und der Erzähler in Paris. LARRY hilft GARY und will eine gemeinsame Jugendfreundin heiraten. Das wird aber von ISABEL hintertrieben, weil die eigentlich immer noch in LARRY verliebt ist. Schließlich plant LARRY, wieder nach Amerika zurückzugehen, um dort ein einfaches Leben zu führen – was daraus wird, bleibt allerdings unklar.

William Somerset Maugham hat einen tollen Namen und eine interessante Biografie: Er studierte Medizin, arbeitete im Ersten Weltkrieg für den MI6, war verheiratet, aber eigentlich homosexuell und liiert mit seinem windigen Sekretär. Außerdem hatte er eine Villa an der Côte d'Azur und viel Erfolg mit seinen Büchern – ein echter Promi seiner Zeit.

ASTRID LINDGREN

Pippi Langstrumpf

Pippi Långstrump

Inhalt

Am Rande der kleinen, kleinen Stadt lag ein alter verwahrloster Garten. In dem Garten stand ein altes Haus und in dem Haus wohnte Pippi Langstrumpf. Sie war neun Jahre alt und sie wohnte ganz allein dort.

So beginnt das berühmteste Kinderbuch der Welt. Das alte Haus heißt natürlich *Villa Kunterbunt*, und PIPPI wohnt nicht ganz allein dort, sondern zusammen mit ihrem gescheckten Pferd und ihrem Äffchen HERRN NILSSON. Nebenan wohnen THOMAS und ANNIKA SETTERGREN – *zwei sehr liebe, wohlerzogene und artige Kinder*.

Die anarchische PIPPI hat einen verrückten Einfall nach dem nächsten, die braven Nachbarskinder gucken staunend zu oder lassen sich sogar zum Mitmachen überreden. Besonderen Drive bekommt das Ganze durch PIPPIS leicht übernatürliche Fähigkeiten. Sie kann unverletzt aus großen Höhen springen (und so die Polizisten überlisten), unglaublich viel Kuchen essen, balancieren wie eine Profi-Artistin (und Kinder aus einem brennenden Haus retten), freche Jungen über einen Ast hängen und zwei Diebe auf den Schrank heben.

Weil ihre Mutter tot ist und ihr Vater König auf einer Südseeinsel*, kann PIPPI immer machen, was sie will. Lange aufbleiben, wahnwitzige Lügengeschichten erzählen, ihr Pferd mit in die Küche nehmen, Pfefferkuchen auf dem Fußboden ausstechen, Eigelb in die Haare schmieren, mit Scheuerbürsten Schlittschuh fahren und dabei den Boden wischen.

Die Erwachsenen sind entsetzt und möchten gleichzeitig das arme Waisenkind erziehen: FRAU SETTERGREN lädt sie zum Kaffeekränzchen ein (und PIPPI benimmt sich komplett daneben), die Lehrerin tut ihr Bestes (aber *Plutimikation* ist nicht PIPPIS Ding), Polizisten kommen, um sie ins Kinderheim zu bringen. Das sei nicht nötig, meint PIPPI: *»Ich habe schon einen Platz in einem Kinderheim. Ich bin ein Kind, und das hier ist mein Heim.«*

Auch in den beiden Folgebänden *PIPPI GEHT AN BORD* und *PIPPI IN TAKA-TUKA-LAND* triumphiert kindliche Logik immer wieder über erwachsene Vernunft.

Smalltalk-Info

PIPPIS voller Name lautet: PIPPILOTTA VIKTUALIA ROLLGARDINA PFEFFERMINZ EPHRAIMSTOCHTER LANGSTRUMPF. Für den Film wurde der vierte Name in SCHOKOMINZA geändert. Nur im Film hat übrigens auch das Pferd den Namen KLEINER ONKEL.

Same, same but different

2007 erschien in Deutschland die »Ur-PIPPI«, das Originalmanuskript, das Astrid Lindgren einem schwedischen Verlag geschickt hatte, der es ablehnte. Daraufhin überarbeitete sie die Geschichte. PIPPI wurde deutlich freundlicher, der ganze Text etwas weniger anarchisch.

* Im Original ist PIPPIS Vater ein Negerkönig, und überhaupt kommt das Wort *Neger* häufiger vor. 2007 hat der deutsche Verlag in einer Neuausgabe zunächst eine Fußnote eingefügt, die erklärt, dass *Neger* damals ein üblicher Ausdruck war, man heute aber *Schwarzer* sagen würde. Zwei Jahre später dann wurde das N-Wort komplett aus dem Buch gestrichen. Nun ist PIPPIS Vater Südseekönig und PIPPI nicht mehr Negerprinzessin, sondern Taka-Tuka-Prinzessin.

★ 1907 in Schweden
✝ 2002 in Schweden

»Ich stehe immer auf der Seite der Kinder«

Es gibt zig Biografien über Astrid Lindgren. Am besten sind die, die für Kinder geschrieben wurden. Zum Beispiel *BESUCH BEI ASTRID LINDGREN* von Kerstin Ljunggren.

Durch *PIPPI LANGSTRUMPF* wird **Astrid Lindgren** überhaupt erst zur Autorin. 1941 muss ihre Tochter **Karin** wegen einer Lungenentzündung im Bett liegen. Und sie sagt den Satz, den alle kranken Kinder sagen: »Mama, kannst du mir was erzählen?« **Astrid Lindgren** antwortet, wie alle Mütter antworten: »Aber was soll ich dir denn erzählen?« Und **Karin** sagt: »Erzähl mir von Pippi Langstrumpf.« Sie hat den Namen in dem Moment erfunden – und ihrer Mutter fällt sofort ein passendes Mädchen zu dem merkwürdigen Namen ein.

Vier Jahre später rutscht **Astrid Lindgren** im Schnee aus, verstaucht sich den Fuß und muss nun selbst im Bett liegen. Endlich hat sie Zeit, die Geschichte von PIPPI LANGSTRUMPF aufzuschreiben und an einen Verlag zu schicken – mit der Anmerkung: *In der Hoffnung, dass Sie nicht das Jugendamt verständigen.* Das tut der Verlag zwar nicht, aber veröffentlichen will man das Manuskript auch nicht.

Astrid Lindgren überarbeitet ihren Text und schickt ihn ein Jahr später an einen anderen Verlag, der das Buch dann herausbringt. Das gibt einen kleinen Skandal. Die Sprache sei schlampig und vulgär, empören sich die Kritiker, und PIPPI ein denkbar schlechtes Vorbild. *Kein normales Kind isst eine ganze Sahnetorte auf oder geht barfuß auf Zucker. Beides erinnert an die Phantasie eines Irren!*, schreibt ein bekannter schwedischer Literaturwissenschaftler.

Die Kinder dagegen lieben PIPPI sofort, und offenbar teilen auch die Eltern die Befürchtungen der Pädagogen des Landes nicht. Das Buch jedenfalls verkauft sich trotz der negativen Debatte ganz ausgezeichnet, und **Astrid Lindgren** hört nicht mehr auf zu schreiben. *KALLE BLOMQUIST*, *WIR KINDER AUS BULLERBÜ*, *KARLSSON VOM DACH*, *MADITA*, *MICHEL*, *DIE BRÜDER LÖWENHERZ* – alles Bücher, die immer noch von allen Kindern geliebt werden.

Sie bekommt unzählige Preise – und es gibt heute niemanden, der auch nur ein einziges schlechtes Wort über **Astrid Lindgren** sagt. Eine echte Heldin der Literatur.

ALBERT CAMUS

Die Pest

La Peste

Inhalt

In der algerischen Stadt Oran ist eigentlich alles ganz normal. Doch plötzlich sterben Ratten. Erst ein paar, dann Hunderte. Dann sterben Menschen. Lange traut sich niemand, das Schreckliche auszusprechen: Oran wird von der Pest heimgesucht.

Könnte auch ein Thriller von **Michael Crichton** oder **Richard Preston** sein: Stadt wird von Killerbakterien lahmgelegt, Gegenmittel und Impfstoff fieberhaft gesucht, ein guter Arzt arbeitet bis zur Erschöpfung, um zu retten, was zu retten ist.

Der gute Arzt heißt hier BERNARD RIEUX – und im Prinzip läuft alles genau so ab wie in einem Actionthriller inklusive ekliger Details. Allerdings ist dies der Roman eines philosophischen Literaten und deshalb voll von Symbolik, Metaphern, Zeichen. Die Pest steht für das Böse (Krieg), und die Frage ist, wie sich die einzelnen Menschen verhalten – solidarisch oder egoistisch. Und dann gibt es noch einen Pater, der die religiöse Komponente reinbringt.

Autor

Albert Camus war Schriftsteller und Philosoph. Er hat sich eine eigene Philosophie des Absurden ausgedacht. Dabei geht es – kurz gesagt – darum, dass es eine Menge sinnloses Leid gibt. Der Mensch soll aber trotzdem dagegen kämpfen, am besten zusammen mit anderen (Solidarität!).

Camus wurde in Algerien geboren, hat mit seiner zweiten Frau mehrere Jahre in Oran gelebt. Während einer Kur in Frankreich (**Camus** hatte Tuberkulose) wurde Oran von den Alliierten besetzt – er konnte nicht zurück und begann in Paris mit seinem Buch.

Smalltalk-Info

Gabriel García Márquez schrieb folgenden Kommentar zu *DIE PEST*: *Camus irrt sich nicht in seinem Roman. Das Drama sind nicht die, die durch die Hintertür zum Friedhof entwischten – und für die die Angst vor der Pest endlich vorbei war –, sondern die Lebenden, die in ihren stickigen Schlafzimmern Blut schwitzten, ohne der belagerten Stadt entfliehen zu können.*

Für Einsteiger

DIE PEST ist auf jeden Fall eins der einfacheren Werke von **Albert Camus**. Man kann die ausufernden Interpretationen lesen, muss aber nicht. Die Handlung ist spannend und nicht verschachtelt / verblendet / verworren.

WOLFGANG BORCHERT

Draußen vor der Tür

Inhalt
Es ist die Geschichte eines Kriegsheimkehrers. BECKMANN kommt nach drei Jahren Gefangenschaft in Sibirien zurück in seine Heimat Hamburg. Abgerissen, abgemagert, angeschossen. Und muss feststellen, dass sein Zuhause nicht mehr existiert.

Seine Frau hat einen anderen. Sein Kind, das er nie kennengelernt hat, ist tot. Seine Eltern haben sich mit Gas vergiftet. BECKMANN weiß nicht, wohin. Er will sich ertränken, doch die Elbe will ihn auch nicht. Er wird an den Strand gespült, ein Mädchen nimmt ihn mit zu sich nach Hause. Aber als ihr Mann kommt, muss BECKMANN wieder gehen.

Er macht sich auf zu seinem ehemaligen Oberst. Der hatte ihm im Krieg die Verantwortung für 20 Männer übergeben, von denen elf gefallen sind. Jede Nacht träumt BECKMANN von den Angehörigen, die ihn fragen: *Wo ist mein Vater, mein Sohn, mein Bruder, mein Verlobter?* Der Oberst soll die Verantwortung zurücknehmen, aber der lacht nur. Er hat seine Schuld verdrängt und möchte möglichst nicht erinnert werden.

Das Drama endet mit einem Monolog BECKMANNS und dem verzweifelten Aufschrei *»Gibt denn keiner Antwort???«.*

Smalltalk-Info
DRAUSSEN VOR DER TÜR ist **Borcherts** einziges Drama, aufgeschrieben in nur acht Tagen. Es wurde zuerst als Hörspiel im Norddeutschen Rundfunk ausgestrahlt und machte den Autor berühmt.

Autor
Wolfgang Borchert hat mit seinem Helden viel gemeinsam. Auch er ist vom Krieg zerstört, seelisch und körperlich. Im Januar 1946 schreibt er in einer einzigen Nacht die Erzählung *DIE HUNDEBLUME*. Kritiker waren überrascht: Hier hatte jemand unglaubliches Talent, und zwar von jetzt auf gleich.

Zwei Jahre hat **Borchert** für sein Lebenswerk, fast die ganze Zeit liegt er krank im Bett, schreibt aber mehr als 50 Kurzgeschichten.

Für Einsteiger
Der Text ist nicht unbedingt leicht zugänglich: Personen ohne Namen treten auf, Realität mischt sich mit Träumen, der unmittelbare Zusammenhang fehlt. Man kann ewig dran ruminterpretieren, deshalb wird das Drama von Deutschlehrern geliebt und von Schülern oft gehasst.

Fakt ist: Es ist harte Kost und soll es auch sein. Einfacher (allerdings nicht weniger deprimierend) sind **Borcherts** Kurzgeschichten (*DAS BROT*, *DIE KÜCHENUHR*).

Zitat

> *Können Sie überhaupt leben, Herr Oberst, können Sie eine Minute leben, ohne zu schreien?*

So lautet eine der Fragen, die BECKMANN an seinen ehemaligen Vorgesetzten richtet.

Marshallplan | Berliner Blockade und Luftbrücke | Ben-Gurion proklamiert den Staat Israel | Ermordung Gandhis

1948

DAS HERZ ALLER DINGE Graham Greene | *DIE NACKTEN UND DIE TOTEN* Norman Mailer

GEORGE ORWELL

1984

Nineteen Eighty-Four

Inhalt

London, in einer (damals) fernen Zukunft. Durch diverse Kriege gibt es drei Supermächte: Ozeanien, Eurasien und Ostasien. England gehört zu Ozeanien und ist ein totalitärer Staat, der alle Einwohner ununterbrochen überwacht. *Televisoren* in jeder Wohnung filmen die Bewohner und nehmen jedes Gespräch auf. Gleichzeitig übermitteln sie pausenlos Propagandamaterial.

Hauptperson WINSTON SMITH arbeitet im *Wahrheitsministerium*, wo er Zeitungsartikel nachträglich fälscht, damit nur das Beste über die Partei in die Archive gelangt. Führer des Staates ist der berühmte GROSSE BRUDER, den aber nie jemand gesehen hat.

SMITH jedenfalls hat langsam die Nase voll von diesem System, ist aber die ganze Zeit panisch darauf bedacht, sein Missfallen nicht einmal zu denken, denn sonst könnte er wegen eines *Gedankenverbrechens* glatt zum Tode verurteilt werden. Immerhin gibt es in seiner Wohnung durch Zufall einen toten Winkel, wo er sein Tagebuch schreibt – was eigentlich auch streng verboten ist.

Bei der Arbeit fällt ihm immer wieder eine junge Frau auf, JULIA. Ist sie ein Mitglied der Gedankenpolizei? Immerhin trägt sie die Schärpe der *Jugendliga gegen Sexualität* ... Tatsächlich ist JULIA auch gegen das System. Eines Tages steckt sie WINSTON einen Zettel zu, auf dem *Ich liebe dich* steht. Die beiden treffen sich heimlich im Zimmer von MR. CHARRINGTON, der sich dann als Mitglied der Gedankenpolizei entpuppt.

Sie werden verhaftet, gefoltert und gehirnmanipuliert. Sie verraten sich gegenseitig, alles ist ein großer Schlamassel. Am Ende liebt WINSTON nur den GROSSEN BRUDER.

Smalltalk-Info

Weiß eigentlich jeder, oder? Dass das Buch *1984* heißt, weil Orwell es 1948 fertig geschrieben und die letzten Ziffern umgedreht hat (*1984* erschien damals weit weg). Orwell konnte sich allerdings lange nicht entscheiden, ob er das Buch nicht doch lieber »Last Man in Europe« nennen sollte.

Für Einsteiger

Optimisten lesen die ersten 50 Seiten mit Begeisterung (»Was für tolle Sci-Fi-Ideen der damals schon hatte!«), Pessimisten mit Beklemmung (»Ist ja fast alles wahr geworden ...«). Dann könnte allerdings eine gewisse Ermüdung einsetzen. Man hat inzwischen einfach zu viele Endzeit- / Dystopie- / Science-Fiction-Bücher gelesen, ist (freiwillig) Mitglied bei Facebook und kennt die Wahrheit über die Stasi.

Falls man also irgendwo zwischen dem *Zwei-Minuten-Hass* (= massenpsychologische Propaganda-Veranstaltung) und den Ausführungen in *Neusprech* (= extrem seltsame Sprache, von der Partei angeordnet) aussteigt, wäre die Verfilmung von 1984 (!) eine Option. Dauert nur 105 Minuten.

Zitat

> *Big Brother is watching you.*
> *(Der Große Bruder beobachtet dich.)*

Längst ein geflügeltes Wort – im Spaß und im Ernst. Etwas abgenutzt, seitdem es eine entsprechende TV-Show gibt.

| K. Adenauer erster Bundeskanzler | Gründung DDR | Erfindung Currywurst |

1949

| *1984* George Orwell | *Das Aleph* Jorge Luis Borges |

★ 1903 in Indien
✝ 1950 in England

»Falls Freiheit überhaupt etwas bedeutet, dann bedeutet sie das Recht darauf, den Leuten zu sagen, was sie nicht hören wollen«

George Orwell hieß eigentlich Eric Arthur Blair. 1933 veröffentlichte er zum ersten Mal unter seinem Pseudonym. Er soll gesagt haben: *I'm going to call myself* ***George Orwell*** *because it's a good round English name.* Vielleicht auch, weil gerade George V. regierte und Eric gern Ausflüge zu dem Fluss Orwell in Suffolk unternahm.

George Orwell leidet zeit seines Lebens an der Welt, wie sie ist. Unsozial, aggressiv, geld- und machtgierig.

Nach dem Studium wird er Polizist in Birma und hat die ganze Ungerechtigkeit täglich vor Augen. Die Briten sind nicht zimperlich mit den Einwohnern ihrer Kolonien, auch **Orwell** muss Exekutionen anordnen und Unterdrückung verantworten. Fünf Jahre hält er das aus, dann siegt sein Gewissen. Er bittet um Entlassung, schreibt seinen berühmten Essay *EINEN MANN HÄNGEN* und plant, Schriftsteller zu werden.

Aber erst mal muss er sich über Wasser halten – mit Gelegenheitsjobs als Hopfenpflücker, Kellner, Tellerwäscher, Hilfslehrer. Später schreibt er darüber eine Reportage: *ERLEDIGT IN PARIS UND LONDON*. Allmählich kann er von seinen Artikeln und Essays leben – seine Themen immer wieder: Gerechtigkeit, Solidarität, Menschenwürde. Politischer Journalismus – **Orwell** will daraus eine Kunst machen.

Die Zustände in den Bergwerken Nordenglands, die er bei einer Reportage erlebt, erschüttern ihn – er schreibt darüber das Buch *AUF DEM WEG NACH WIGAN PIER*. Aber **Orwell** belässt es nicht beim Schreiben, sein Anspruch an sich selbst ist hoch. Und er lebt das Leben, das er fordert: einfach, asketisch, selbstbestimmt. Zumindest ein paar Jahre wohnt er in einem kleinen Dorf, baut Gemüse und Obst an und tischlert seine Möbel selbst: *Das wahre Glück liegt in harter Arbeit und kargem Leben*, sagte er – und: *Der Mensch bleibt nur menschlich, wenn er das Einfache in seinem Leben bewahrt.*

So reicht es ihm nicht, über den Spanischen Bürgerkrieg zu schreiben, er kämpft mit und wird schwer verwundet. Dann kommt der Zweite Weltkrieg. **Orwell** arbeitet bei der BBC in einer Abteilung, die Kriegspropaganda produziert, später als Kriegsreporter. Er leidet unter der Zensur und an seiner Tuberkulose. 1945 erscheint *DIE FARM DER TIERE*, eine Parabel auf den Stalinismus und **Orwells** Durchbruch als Schriftsteller.

Vier Jahre später erscheint *1984* – und kurz danach stirbt **Orwell** an Tuberkulose, nur 46 Jahre alt.

ARTHUR MILLER

Tod eines Handlungsreisenden

Death of a Salesman

Inhalt

Der Handelsvertreter Willy Loman ist 63 Jahre alt und arbeitet seit 30 Jahren für dieselbe Firma. Je älter er wird, desto mehr muss er einsehen, dass es nichts wird mit dem *American Dream*. Er träumt von der guten Vergangenheit und von seinem verstorbenen Bruder, der es zu was gebracht hatte. Willy hingegen wird immer erfolgloser und muss sich von seinem Freund Charly unterstützen lassen.

Willys Söhne Biff und Happy sind auch nicht wirklich das, was er sich wünscht. Biff war ein erfolgreicher Footballspieler, aber mehr ist nicht zu holen. Seitdem er seinen Vater mit einer anderen Frau erwischt hat, lässt Biff sich komplett hängen und streitet nur noch mit Willy. Biffs Bruder Happy hat einen schlechten Job und zeigt keinerlei Ehrgeiz. Er hasst seine Vorgesetzten und verführt aus Frust deren Frauen.

Willys Frau Linda schließlich ist einfach nett, kümmert sich um ihren Mann und hat keinen Schimmer von der wirklichen Situation.

Als Willy schließlich entlassen wird, versucht Biff ihn dazu zu zwingen, die Realität zu erkennen und zu akzeptieren. Willy ist aber weiterhin von sich überzeugt und spielt zum letzten Mal den amerikanischen Helden: Er bringt sich um, indem er einen Autounfall vortäuscht, damit Biff die Lebensversicherung kassieren und endlich den Durchbruch im Job erreichen kann.

Für Einsteiger

Dramen lesen ist zwar ambitioniert, aber eigentlich nicht Sinn der Sache. Falls das Stück also nicht zufällig im nahen Theater aufgeführt wird, bietet sich die großartige Verfilmung von **Volker Schlöndorff** an – mit **Dustin Hoffman** in der Hauptrolle und **John Malkovich** als Biff.

Autor

Ja, **Arthur Miller**, das ist der, der mit **Marilyn Monroe** verheiratet war. Zwar nur vier Jahre, aber natürlich wird er dadurch eine Berühmtheit (was ihm immer sehr unangenehm war).

Als Autor ist er sowieso schon vorher ein Star: Mit 33 Jahren schreibt er *Tod eines Handlungsreisenden* und kassiert dafür direkt den Pulitzerpreis. Einige Jahre später folgt das Theaterstück *Hexenjagd* (1953), eine Metapher auf die McCarthy-Ära – wofür er sich prompt eine Menge Ärger mit den Kommunistenverfolgern einhandelt.

Rainier III. wird Fürst von Monaco | Erste Frankfurter Buchmesse

1949
Tod eines Handlungsreisenden
Arthur Miller

GRAHAM GREENE

Der dritte Mann

The Third Man

Inhalt

1945. Wien ist von den alliierten Siegermächten besetzt und in Sektoren geteilt. ROLLO MARTINS will hier seinen alten Freund HARRY LIME treffen. Doch kurz nach seiner Ankunft erfährt er, dass Harry vor ein Auto gerannt ist und getötet wurde.

Bei der Beerdigung lernt er den Polizeioffizier CALLOWAY kennen (= Ich-Erzähler der Rahmenhandlung), der ihn zum Drink einlädt und dabei erzählt, dass er HARRY wegen übler Schieberei verfolgt hat und fast geschnappt hätte.

Später im Hotel bekommt MARTINS einen Anruf: Ein Österreicher namens KURTZ will sich mit ihm treffen. Während des Gesprächs bekommt MARTINS das Gefühl, dass mit HARRYS Tod irgendetwas nicht stimmt, und beschließt, Nachforschungen anzustellen (dabei verliebt er sich in HARRYS Freundin ANNA).

Die Sache wird immer dubioser: Alle Personen, die beim Unfall dabei waren, kannten HARRY. Und dann war da ein dritter Mann (!), den der Nachbar Herr KOCH gesehen haben will. Am nächsten Abend ist KOCH tot.

CALLOWAY lädt ROLLO MARTINS zum Gespräch vor. Dabei erfährt MARTINS auch endlich, was sein Freund HARRY LIME getan hat: Penicillin-Schwarzmarkt-Schieberei. Und das Schlimme: Um noch mehr Geld zu scheffeln, hat HARRY das Penicillin verdünnt, was katastrophale Folgen für die Patienten hatte.

Schließlich sind CALLOWAY und MARTINS überzeugt, dass HARRY noch lebt. Er ist der dritte Mann! Sie locken ihn in eine Falle, aber er kann entkommen. Es folgt die berühmte Verfolgungsjagd durch die Wiener Kanalisation – am Ende erschießt ROLLO seinen Freund.

Smalltalk-Info I

Im Vorwort schreibt **Graham Greene**, wie es zu dem Buch kam: Der Regisseur **Carol Reed** wollte ein Drehbuch haben, und dazu musste **Greene** erst eine Erzählung schreiben, denn: *Man muss das Gefühl haben, über mehr Stoff zu verfügen, als man dann tatsächlich verwendet.* Er fand den Film (der ein Jahr vor dem Buch herauskam) dann auch besser – er sei die endgültige Fassung der Erzählung.

Smalltalk-Info II

Einige Dinge sind im Film anders als im Buch: Der Protagonist heißt nicht ROLLO, sondern HOLLY mit Vornamen (der Schauspieler **Joseph Cotten** war mit ROLLO unzufrieden), ein amerikanischer Bad Guy wurde zum Rumänen (weil **Orson Welles** ja schon Amerikaner und böse war), eine Entführungsszene wurde gestrichen (der Film sollte nicht zu politisch werden), und das Ende ist ganz unhappy (im Buch gibt es immerhin die leise Hoffnung, dass MARTINS und ANNA zueinanderfinden).

Außerdem wurde durch den Film HARRYS *Kennmelodie* hörbar – in einer genialen Komposition des Zitherspielers **Anton Karas** (eine persönliche Entdeckung von **Carol Reed**). *THE THIRD MAN THEME* kam sogar in die Charts!

Für Einsteiger

Ja! Ja! Ja! (Obwohl der Film wirklich besser ist.)

J. D. SALINGER

Der Fänger im Roggen*

The Catcher in the Rye

Inhalt

HOLDEN CAULFIELD ist 16 Jahre alt – und es sieht nicht gut aus für ihn. In der Schule ist er schlecht, mit Mädchen läuft es höchstens mäßig, sein Zimmergenosse nutzt ihn aus. Als klar ist, dass er zum vierten Mal von der Schule fliegt, haut HOLDEN ab. Er fährt mit dem Zug in seine Heimatstadt New York – allerdings nicht zu seinen Eltern, sondern in ein Hotel.

Er trinkt Cocktails in der Bar, besucht einen Nachtclub und wird vom Liftboy zu einer Prostituierten überredet, mit der er aber nur reden will. Das gibt Stress mit dem Zuhälter – Ende des ersten Tages.

Am nächsten Morgen verlässt HOLDEN das Hotel, geht mit einer ehemaligen Schulfreundin ins Theater und zum Schlittschuhlaufen. Er heult sich ein bisschen bei ihr aus, aber sie will leider nicht mit ihm durchbrennen. Auch der Kinobesuch mit einem Exmitschüler läuft nicht gut – frustriert setzt sich HOLDEN auf eine Bank am Ententeich im Central Park. (Er wollte auch schon immer mal wissen, wo die Enten im Winter bleiben = Symbol für seine große Empathie.)

Schließlich kommt HOLDEN bei seinem ehemaligen Lehrer unter, verlässt dessen Gästecouch aber mitten in der Nacht, weil er sich sexuell belästigt wähnt. Weiteres Umherirren, Übernachtung im Bahnhofswartesaal – Ende des zweiten Tages.

Am nächsten Morgen ist HOLDEN entschlossen, nach Westen zu fliehen. Er trifft seine neunjährige Schwester PHOEBE, um ihr seine Pläne mitzuteilen. Sie weint und will mit. Schließlich gibt HOLDEN nach und geht mit PHOEBE in den Zoo. Sie darf Karussell fahren, er ist endlich glücklich.

Autor

Bei **J. D. Salinger** bietet sich an, das Gesamtwerk zu lesen. Das ist nämlich sehr übersichtlich: ein Roman und eine geringe Zahl (großartiger) Erzählungen – fertig. Mit *DER FÄNGER IM ROGGEN* erlebt Salinger einen beunruhigenden Erfolg – er lebt lieber zurückgezogen. 1965 veröffentlicht er seine letzte Geschichte und ward bis zu seinem Tod praktisch nicht mehr gesehen.

Smalltalk-Info

Für Insider-Informationen über den geheimnisvollen Autor lese man den gelungenen autobiografischen Roman *TANZSTUNDEN* von **Joyce Maynard**, die als Studentin eine zehnmonatige Beziehung mit **Salinger** hatte. Trotzdem kein Klatsch-und-Tratsch-Buch!

Für Einsteiger

DER FÄNGER IM ROGGEN ist Kultbuch und Longseller, aber auch ein Lieblingsbuch der Deutschlehrer (viel Interpretationsmöglichkeiten!).

Wer von HOLDEN CAULFIELD genervt ist, kann es mit *FRANNY UND ZOOEY* versuchen.

---

* Wer ein bisschen angeben möchte, könnte den merkwürdigen Titel erklären: Im 18. Jahrhundert hat der schottische Lyriker **Robert Burns** das Gedicht *COMIN' THROUGH THE RYE* geschrieben, das zu einem bekannten Kinderlied wurde. Der Refrain lautet *Gin a body meet a body, comin' through the rye* (Falls jemand jemanden trifft, der durch den Roggen geht). HOLDEN CAULFIELD versteht aber *Gin a body catch a body, comin' through the rye* (Falls jemand jemanden fängt, der durch den Roggen geht). Er sieht sich selbst am Rande einer steilen Klippe in einem Roggenfeld und will immer die spielenden Kinder vor dem Abgrund retten (= wiederkehrendes Motiv im Roman!).

Kurz, wichtig

Literatur im Schnelldurchlauf

FRIEDRICH DÜRRENMATT

DER RICHTER UND SEIN HENKER

HANS BÄRLACH, Kriminalkommissar in Bern, ermittelt in einem Mordfall: Sein bester Mitarbeiter, ULRICH SCHMIED, wurde erschossen. Weil BÄRLACH krank ist, muss vor allem der Beamte TSCHANZ ran, der allerdings in Wirklichkeit der Mörder ist – was BÄRLACH auch bald weiß und daraufhin TSCHANZ als Henker benutzt: Er soll seinen alten Widersacher GASTMANN erledigen.

GASTMANN nämlich hat vor 40 Jahren einen Mord begangen, den BÄRLACH ihm nie nachweisen konnte. Mit einigen Tricks erreicht der Kommissar nun, dass GASTMANN der Hauptverdächtige im aktuellen Fall wird und bei den Ermittlungen von TSCHANZ erschossen wird.

Dann bezichtigt der Kommissar den ehrgeizigen TSCHANZ des Mordes an SCHMIED, präsentiert auch Beweise, lässt ihn aber gehen. Am nächsten Tag ist TSCHANZ tot – sein Auto wurde von einem Zug erfasst.

Kurz, spannend, Weltliteratur – was will man mehr. Der Schweizer Autor hat noch zwei weitere Kriminalromane geschrieben und ziemlich viele ausgezeichnete Dramen: *DER BESUCH DER ALTEN DAME* zum Beispiel und *DIE PHYSIKER*.

ERNEST HEMINGWAY

DER ALTE MANN UND DAS MEER

The Old Man and the Sea

Der kubanische Fischer SANTIAGO hat seit 84 Tagen nichts gefangen. Am 85. Tag beißt ein riesiger Marlin an. (Kurze Fischkunde: Marline sind Speerfische; einige Arten können mehr als vier Meter lang werden.) Der Fisch ist so groß, dass SANTIAGO ihn nicht ins Boot holen kann. Stattdessen pflügt der Marlin mit ihm durch das Meer, zwei Tage und zwei Nächte.

SANTIAGO wird immer erschöpfter – und bekommt großen Respekt vor dem Fisch. Am dritten Tag gewinnt der alte Mann den Kampf: Er erledigt den Marlin mit seiner Harpune und schleppt ihn Richtung Küste. Doch dann kommen die Haie. SANTIAGO verteidigt seine Beute, so gut er kann – vergebens. Am Ende bleibt vom Marlin nur das Skelett übrig. Völlig entkräftet erreicht der alte Mann das Ufer.

Leser und Kritiker waren begeistert, zwei Jahre später bekam **Hemingway** den Nobelpreis, den er ohne diese Novelle wahrscheinlich nicht bekommen hätte (weil viele Romane davor nicht so gut ankamen).

Später gab es dann allerdings eine Menge Kritik, von wegen Verherrlichung von Jagd und Machotum (*Ein Mann kann zerstört werden, aber nicht besiegt*). Heutzutage ist man sich einig, dass **Hemingway** ein derart großartiges Meisterwerk gelungen ist, dass man über den Männer-Verherrlichungs-Aspekt hinwegsehen kann.

IAN FLEMING

Casino Royale

Inhalt

Der Held: BOND. JAMES BOND. *Doppel-Null*-Agent (= er hat die Lizenz zum Töten) des britischen Geheimdienstes MI6. 1,83 Meter, 76 Kilo, Mitte 30 und natürlich attraktiv.

Der Auftrag: BOND soll den sowjetischen Agenten LE CHIFFRE erledigen, indem er ihn im Casino ruiniert. Mit Hilfe der (hübschen) französischen Spionin VESPER LYND und des CIA-Agenten FELIX LEITER triumphiert BOND über LE CHIFFRE – der allerdings daraufhin die gute VESPER entführt. BOND ist *not amused* und startet eine rasante Verfolgungsjagd, verliert die Kontrolle über seinen Wagen (grauer Bentley mit Pistolenversteck), wird ebenfalls von LE CHIFFRE entführt und anschließend gefoltert.

Zum Glück taucht rechtzeitig ein anderer Sowjet-Agent auf, der LE CHIFFRE erledigt (weil … zu kompliziert) und BOND ein kyrillisches Zeichen für Spion in den Handrücken ritzt. (Ups, das konnte natürlich nicht so bleiben. Hauttransplantation!) BOND und VESPER werden gerettet und dürfen sich erholen, BOND will VESPER heiraten (ja! Obwohl er dann den Spionagejob für immer aufgeben müsste!), aber sie benimmt sich seltsam und bringt sich schließlich um. Denn: Sie war Doppelagentin und auf BOND angesetzt! BOND kann also doch im Dienste Ihrer Majestät bleiben.

Smalltalk-Info

Ian Fleming war ein begeisterter Vogelbeobachter. Den Namen JAMES BOND hatte er von einem Ornithologen, der ein Fachbuch mit dem spannenden Titel *BIRDS OF THE WEST INDIES* veröffentlicht hat.

Autor

Na klar: **Ian Fleming** ist selbst Spion. Im Zweiten Weltkrieg arbeitet er für den englischen Nachrichtendienst und leitet einige mittelspektakuläre Operationen. Vorbild für seine *JAMES-BOND*-Romane ist allerdings nicht er selbst, sondern ein britischer Marineoffizier. Den ersten *BOND*-Roman schreibt **Fleming**, als er wieder als Journalist arbeitet. Das Buch ist nicht besonders erfolgreich, trotzdem verfasst **Fleming** noch weitere Bände – und langsam wird sein Doppelnullagent ein Star.

Same, same but different

Fleming hat zwölf *BOND*-Romane geschrieben. Nach seinem Tod haben sich verschiedene Autoren an Fortsetzungen versucht. 1981 übernahm **John Gardner** und schrieb 14 Folgebände, wobei er die Handlung in die Achtziger verlegte – alles in Absprache mit den Erben. 1996 wurde **Gardner** von dem Amerikaner **Raymond Benson** abgelöst. Auch er bekam strenge Auflagen: Die Handlung sollte in der Gegenwart spielen, M eine Frau sein, und es durfte nicht um den Kalten Krieg gehen, sondern um aktuelle Politik.

Vielleicht eine gute Entscheidung, denn so waren es zwar keine echten **Flemings**, aber wenigstens spannend. Der *BOND*-Roman dagegen, der zum 100. Geburtstag des Autors erschien, knüpft zeitlich und inhaltlich an den letzten Originalband (*DER MANN MIT DEM GOLDENEN COLT*) an. Alles ist richtig stimmig sechziger Jahre, aber irgendwie auch ganz schön langweilig.

2012 wurde der US-Thriller-Autor **Jeffery Deaver** neuer *BOND*-Schreiber.

Koreakrieg endet | W. Churchill erhält Nobelpreis f. Literatur | Aufstand in der DDR (17. Juni) | Königin Elisabeth II. wird gekrönt | Entschlüsselung DNS-Struktur | E. Hillary erreicht Mount-Everest-Gipfel

1953

CASINO ROYALE Ian Fleming | *HEXENJAGD* Arthur Miller

Heiße Preise

Die wichtigsten Literaturauszeichnungen

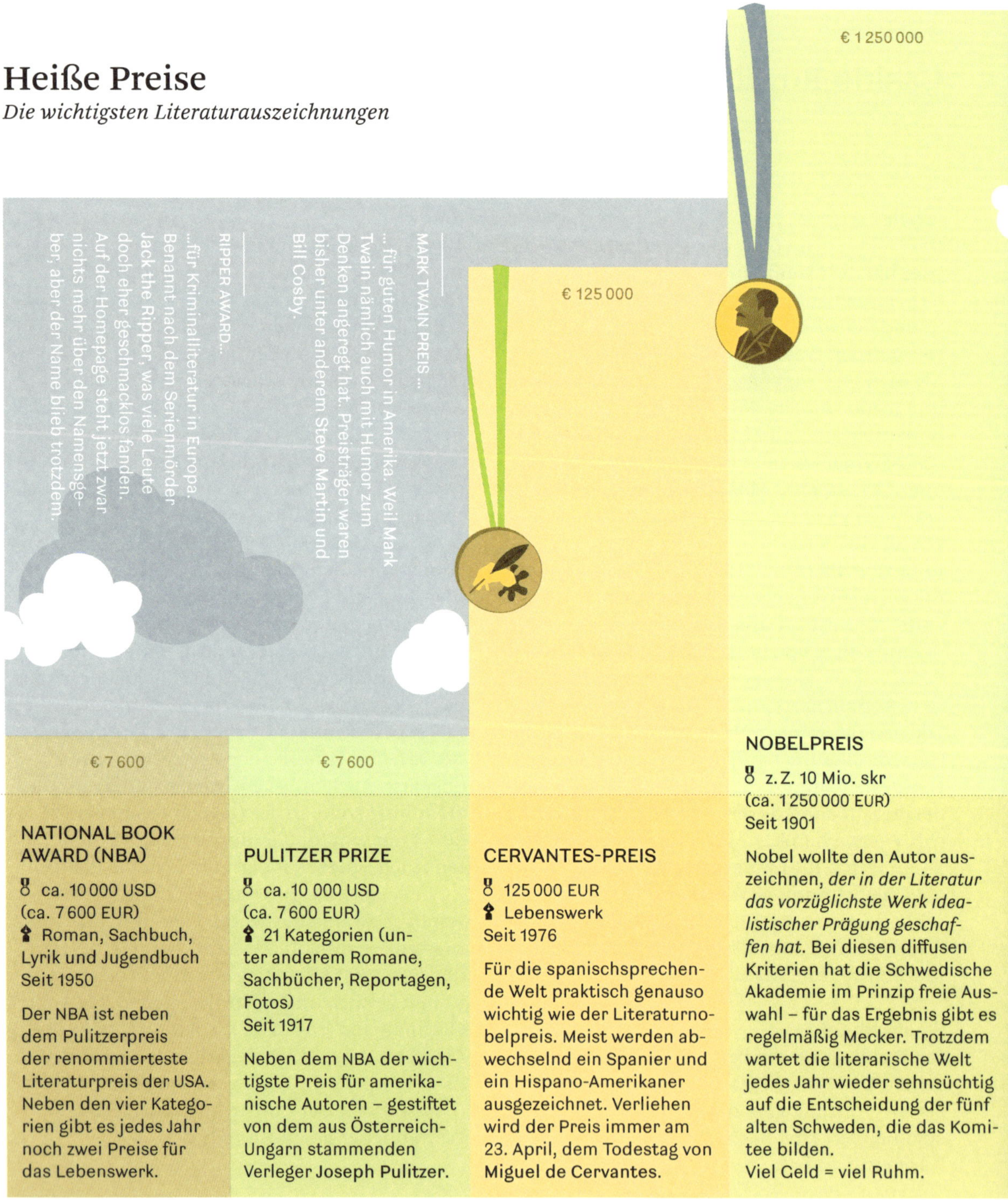

NATIONAL BOOK AWARD (NBA)

ca. 10 000 USD
(ca. 7 600 EUR)
Roman, Sachbuch, Lyrik und Jugendbuch
Seit 1950

Der NBA ist neben dem Pulitzerpreis der renommierteste Literaturpreis der USA. Neben den vier Kategorien gibt es jedes Jahr noch zwei Preise für das Lebenswerk.

PULITZER PRIZE

ca. 10 000 USD
(ca. 7 600 EUR)
21 Kategorien (unter anderem Romane, Sachbücher, Reportagen, Fotos)
Seit 1917

Neben dem NBA der wichtigste Preis für amerikanische Autoren – gestiftet von dem aus Österreich-Ungarn stammenden Verleger Joseph Pulitzer.

CERVANTES-PREIS

125 000 EUR
Lebenswerk
Seit 1976

Für die spanischsprechende Welt praktisch genauso wichtig wie der Literaturnobelpreis. Meist werden abwechselnd ein Spanier und ein Hispano-Amerikaner ausgezeichnet. Verliehen wird der Preis immer am 23. April, dem Todestag von Miguel de Cervantes.

NOBELPREIS

z. Z. 10 Mio. skr
(ca. 1 250 000 EUR)
Seit 1901

Nobel wollte den Autor auszeichnen, *der in der Literatur das vorzüglichste Werk idealistischer Prägung geschaffen hat.* Bei diesen diffusen Kriterien hat die Schwedische Akademie im Prinzip freie Auswahl – für das Ergebnis gibt es regelmäßig Mecker. Trotzdem wartet die literarische Welt jedes Jahr wieder sehnsüchtig auf die Entscheidung der fünf alten Schweden, die das Komitee bilden.
Viel Geld = viel Ruhm.

LEGENDE
Dotierung | Kategorien | Renommierte Preise | Skurrile Preise

BOOKSELLER / DIAGRAM PRIZE …

… für den ungewöhnlichsten Buchtitel. Hat sich ein Buchhändler der Diagram Group ausgedacht, als ihm auf der Buchmesse langweilig war. Der Preis wurde schnell sehr beliebt – kein Wunder bei den Siegertiteln: *How to Avoid Huge Ships* zum Beispiel (*Wie man Riesenschiffen aus dem Weg geht*) oder *The Big Book of Lesbian Horse Stories* (*Das große Buch der lesbischen Pferdegeschichten*) oder *Managing a Dental Practice the Genghis Khan Way* (*Wie man eine Zahnarztpraxis nach der Art von Dschingis Khan leitet*). Seit 2008 gibt es auch einen Preis für den kuriosesten deutschsprachigen Buchtitel.

EDGAR ALLAN POE AWARD …

… für kriminalliterarische Werke in den USA, liebevoll auch »Edgar« genannt.

BRAM STOKER AWARD …

… für außergewöhnliche Beiträge zur Horrorliteratur.

€ 62 000

MAN BOOKER PRIZE

50 000 GBP (ca. 62 000 EUR)
Roman
Seit 1969

Wird für den besten englischsprachigen Roman eines Schriftstellers aus dem Vereinigten Königreich, Irland oder dem Commonwealth vergeben. Der Preis wurde ursprünglich von dem britischen Lebensmittelkonzern Booker verliehen. Booker besaß Rechte an Autoren wie Agatha Christie oder Ian Fleming und hat Teile der Gewinne für den Preis gestiftet. Seit 2002 vergibt die Stiftung Booker Prize Foundation den Preis, Hauptsponsor ist das Investmentunternehmen Man Group – deshalb heißt der Preis jetzt offiziell »Man Booker Prize«.

€ 50 000

GEORG-BÜCHNER-PREIS

50 000 EUR
Seit 1923

Der bedeutendste Literaturpreis für deutschsprachige Autoren, die durch *ihre Arbeiten und Werke in besonderem Maß hervorgetreten sind und an der Gestaltung des gegenwärtigen deutschen Kulturlebens wesentlichen Anteil haben.*

€ 25 000

DER DEUTSCHE BUCHPREIS

25 000 EUR für den Sieger / je 2 500 EUR für die anderen fünf Finalisten
Roman
Seit 2005

Verliehen vom Börsenverein des Deutschen Buchhandels und auf jeden Fall der Preis, der in Deutschland mit dem meisten Brimborium zelebriert wird. Longlist, Shortlist, feierliche Verleihung im Frankfurter Römer kurz vor der Buchmesse.

€ 10

0 €

PRIX GONCOURT

10 EUR
erzählerisches Werk
Seit 1903

Der wichtigste französische Literaturpreis, obwohl der Gewinner nur einen symbolischen Scheck über zehn Euro bekommt. Früher waren es mal 5 000 Goldfranc, aber die Inflation … Egal! Das Gewinnerbuch landet auf jeden Fall auf der Bestsellerliste. Das gibt dann doch noch Geld für den Autor.

Kurz, wichtig

Literatur im Schnelldurchlauf

SAMUEL BECKETT

WARTEN AUF GODOT

En attendant Godot

Zwei Männer warten unter einem Baum auf jemanden namens GODOT, der aber nicht kommt. Die Männer wissen auch gar nicht, wann und warum sie mit ihm verabredet waren. Während des Wartens unterhalten sie sich in mehr oder weniger sinnfreien Dialogen.

Irgendwann kommen zwei weitere Männer dazu: POZZO, der LUCKY an der Leine führt und rumkommandiert. Schließlich muss LUCKY zu einer Tanz- und Denkvorführung antreten, was in einem komplett absurden Monolog endet. So weit der erste Akt.

Im zweiten Akt (= nächster Tag) warten die beiden Männer wieder, auch LUCKY und POZZO kommen wieder vorbei, wobei POZZO (blind geworden) von LUCKY (stumm geworden) geführt werden muss. Beide erinnern sich nicht an die Ereignisse des Vortages. GODOT kommt wieder nicht.

Die Zuschauer warten übrigens ebenfalls vergeblich – auf eine Handlung, einen Sinn, eine Logik. Trotzdem wurde das Stück ein großer Erfolg. Das Schöne ist: Man (Regisseure, Kritiker, Zuschauer) kann praktisch alles hineininterpretieren. Eine eigene Deutung hat **Beckett** nämlich nicht geliefert.

FRANÇOISE SAGAN

BONJOUR TRISTESSE

CÉCILE ist 17 und lebt allein mit ihrem Vater RAYMOND, einem gutaussehenden Charmeur. Den Sommer verbringen die beiden mit RAYMONDS aktueller Flamme ELSA an der Côte d'Azur. Plötzlich taucht die Modedesignerin ANNE auf, ein ganz anderes Kaliber als die jungen Geliebten, mit denen sich RAYMOND sonst abgibt. ELSA ist abgemeldet, und schon bald verkünden ANNE und RAYMOND, dass sie heiraten wollen.

Das passt CÉCILE gar nicht – sie fürchtet zu Recht, dass es dann bald vorbei ist mit dem lockeren Leben, das sie bisher geführt hat. Also startet sie eine kleine, feine Intrige, die damit endet, dass ANNE beobachtet, wie RAYMOND ELSA küsst. Sie fährt weinend mit dem Auto weg und verunglückt tödlich. Ein Schock, aber schon bald leben RAYMOND und CÉCILE wieder so unbeschwert wie vorher, nur wenn CÉCILE an ANNE denkt, wird sie ein bisschen traurig.

Françoise Sagan war erst 18, als sie ihren Debütroman schrieb. *BONJOUR TRISTESSE* war ein Überraschungserfolg und ein kleiner Skandal (zu viel Freizügigkeit für die spießigen fünfziger Jahre). In weiser Voraussicht hatten die Eltern auf einem Pseudonym bestanden. **Françoise Quoirez** nannte sich also Sagan, nach einer Romanfigur von **Proust**.

WILLIAM GOLDING

HERR DER FLIEGEN

Lord of the Flies

Eine Gruppe sechs- bis zwölfjähriger Jungen soll vor einem Krieg in Sicherheit gebracht werden. Doch das Fugzeug stürzt ab, alle Erwachsenen sterben, die Kinder retten sich auf eine paradiesische Insel.

Sie finden Trinkwasser, Früchte und Wildschweine und versuchen, ihr Zusammenleben zu organisieren. RALPH wird zum Anführer gewählt. Zuerst läuft es einigermaßen: Die Jungen erkunden die Insel, entfachen mit Hilfe einer Brille ein Signalfeuer und bauen sich Hütten. Aber dann bilden sich zwei konkurrierende Gruppen, eine um RALPH (= vernünftig, kümmert sich um das Notwendige), die andere um JACK (= Draufgänger, vernachlässigt Pflichten). Bald herrscht regelrecht Krieg zwischen den Gruppen, JACK und seine »Jäger« ziehen immer mehr Kinder auf ihre Seite und töten sogar zwei Jungen aus RALPHS Gruppe. Bevor sie auch noch RALPH erwischen, werden die Jungen von einem britischen Kriegsschiff gerettet.

Das Ganze ist natürlich eine Kritik an autoritären Systemen und an der Zivilisation überhaupt, aber auch eine Psycho-Studie.

Same, same but different: Ähnlich pessimistische Robinsonaden findet man in Alex Garlands *DER STRAND* (hippieartige Kommune mit eigenen Regeln – klappt nicht) oder auch in der US-Fernsehserie *LOST* (Überlebende von Flugzeugabsturz treffen sich auf Insel – gibt regelmäßig Tote).

ASTRID LINDGREN

KARLSSON VOM DACH

Lillebror och Karlsson på taket

»Ich bin ein schöner und grundgescheiter und gerade richtig dicker Mann in meinen besten Jahren«, sagt KARLSSON, der eines Tages in Lillebrors Zimmer fliegt. Dort macht er direkt LILLEBRORS Dampfmaschine kaputt, sagt *»Das stört keinen großen Geist«* und fliegt zurück in sein kleines Haus auf dem Dach.

Nach und nach freunden sich LILLEBROR und KARLSSON an, obwohl KARLSSON ganz schön oft ganz schön egoistisch, herrisch, gefräßig, rechthaberisch und gar nicht nett ist. LILLEBROR mag ihn trotzdem (wenn er schon keinen Hund haben darf!) und erlebt eine Menge Abenteuer mit dem komischen dicken Männchen.

Drei Bände gibt es über KARLSSON, alle ziemlich anarchisch und genau deshalb sehr lustig.

Erste Filterkaffeemaschine | Ende der McCarthy-Anhörungen | Deutschland wird Fußballweltmeister *(Das Wunder von Bern)*

1954

[B]ONJOUR TRISTESSE Françoise Sagan | *HERR DER FLIEGEN* William Golding | *UNTER DEM NETZ* Iris Murdoch | *DIE STAHLHÖHLEN* Isaac Asimov

1955

KARLSSON VOM DACH Astrid Lindgren

VLADIMIR NABOKOV

Lolita

Inhalt

Der Protagonist mit dem bizarren Namen HUMBERT HUMBERT* ist ein französischer Literaturwissenschaftler, der in den USA lebt. Schon immer fühlte er sich zu jungen Mädchen hingezogen, die er *Nymphchen* nennt. Als er nach Neuengland zieht, verfällt er ad hoc der Tochter seiner Vermieterin: DOLORES (von ihm LOLITA genannt) ist zwölf, blond und frühreif.

LOLITAS Mutter CHARLOTTE wiederum will HUMBERT und setzt ihn unter Druck: Er soll sie heiraten oder ausziehen. Um in LOLITAS Nähe bleiben zu können, willigt er ein – obwohl er CHARLOTTE verachtet. Die Gefühle für Mutter und Tochter schreibt er in sein Tagebuch, CHARLOTTE liest es und rennt erschüttert aus dem Haus, direkt vor ein Auto – tot.

HUMBERT HUMBERT holt LOLITA aus dem Feriencamp ab, beginnt mit ihr ein Verhältnis und reist fortan mit ihr durchs Land, von Motel zu Motel. Seine Leidenschaft wird bald zu einer sexuellen Hörigkeit; er tut alles, was LOLITA will, und die nutzt ihn schamlos aus.

Eines Tages ist LOLITA weg – offenbar durchgebrannt mit einem unbekannten Verfolger der beiden. Erst Jahre später erfährt HUMBERT HUMBERT, dass es der Dramatiker CLARE QUILTY war, der ihr eine Rolle im Film versprochen hat (und sie dann zu Auftritten in Pornofilmen gezwungen hat). HUMBERT erschießt QUILTY und stellt sich der Justiz, LOLITA – inzwischen verheiratet und verarmt – stirbt bei der Geburt ihres Kindes.

Smalltalk-Info

Nabokov hat eine Menge Anspielungen und Parodien auf andere Werke untergebracht, außerdem Doppel- und Mehrdeutigkeiten, die man nur versteht, wenn man sich in Literaturwissenschaft und verschiedenen Sprachen auskennt.

Zum Beispiel heißt LOLITA am Ende *Schiller* mit Nachnamen. Wenn man das englisch ausspricht, klingt es wie *Lolita's killer* – könnte also bedeuten, dass sie (indirekt) von ihrem Mann umgebracht wurde.

Für Einsteiger

Die Handlung klingt nach einem spannenden Roman mit »Stellen«. Allerdings hat es sich mit knospenden Brüsten & Co. nach gut 100 Seiten ziemlich erledigt. Ansonsten spielt sich recht viel zwischen den Zeilen ab, und der Stil ist insgesamt nicht ganz unanstrengend.

Für **Nabokov**-Einsteiger empfiehlt sich sein erster Roman *MASCHENKA* – eine hinreißende Liebesgeschichte von knapp 200 Seiten.

Zitat

Sie war Lo, einfach Lo am Morgen. Sie war Lola in Hosen. Sie war Dolly in der Schule. Sie war Dolores auf amtlichen Formularen. In meinen Armen aber war sie immer Lolita.

---

* Der Name ist ein Pseudonym, das sich der Erzähler selbst gegeben hat, weil es besonders hässlich klingt.

HENRY MILLER

Stille Tage in Clichy

Quiet Days in Clichy

Inhalt
Ach, was hatte die Bohème doch für ein Leben im Paris der dreißiger Jahre! Trinken, feiern, vögeln und ein bisschen schreiben. Die Amerikaner JOEY (= Ich-Erzähler und Alter Ego des Autors) und CARL wohnen zusammen, haben mal mehr, mal weniger Geld und verbringen viel Zeit mit verschiedenen Frauen, gern auch mit Prostituierten.

Ja, es gibt »Stellen«, aber nicht besonders viele, und sie sind eher kurz + knapp. Was damals (vor allem die prüden Amerikaner) schockierte, entlockt dem heutigen Leser eher ein mildes Lächeln – vor allem blumige Beschreibungen wie diese: *Sie legte Hand an mich, und wie ein dressierter Seehund richtete mein Specht sich jubilierend unter ihrer zarten Liebkosung auf.*

Abgesehen davon beschreibt **Miller** das lockere Leben der *Lost Generation* (mal wieder, siehe auch Seite 90) in Paris. Das ist stimmungsvoll und oft auch lustig, wenn die Chaoten CARL und JOEY ein Mädchen aufgabeln, das eine Pistole dabeihat und mit Lippenstift Gedichte an die Wand schreibt. Oder wenn CARL ungedeckte Schecks an nackte Mädchen verteilt, die in seiner Badewanne sitzen und rumkeifen, weil sie sich um den Verdienst betrogen fühlen.

Smalltalk-Info
Bei dem Titel könnte man meinen, der Roman schildere eine ländliche Idylle. Das Gegenteil ist der Fall. Clichy ist eine kleine Gemeinde im Südosten von Paris (wo JOEY und CARL wohnen) – und die Place de Clichy* ist mitten in Montmartre (wo die beiden ihre Mädchen auftun).

Autor
Henry Miller ist in der Tat ein ziemlicher Filou. Fünf Ehefrauen und zig Geliebte; am spektakulärsten ist seine Ehe mit **June**. Mit ihr lebt er Anfang der dreißiger Jahre in Paris, wo sie ANAÏS NIN kennenlernen und eine ménage à trois haben! Über diese Dreiecksbeziehung berichten sowohl **Miller** als auch **Anaïs Nin** in ihren Autobiografien ausführlich.

Für Einsteiger
... perfekt: leicht, lustig und voller Lebensfreude. **Millers** andere Bücher sind eher düster, grob und provozierend. Und ziemlich voll mit »Stellen« – *WENDEKREIS DES KREBSES* oder *SEXUS* wären dann die **Miller**-Werke für Fortgeschrittene. Und natürlich – für Querleser: *HENRY, JUNE UND ICH* von **Anaïs Nin**.

* JOEYS / **Henry Millers** Stammlokal, das Café Wepler, existiert übrigens immer noch: 14, Place de Clichy.

Erster Werbespot im deutschen Fernsehen (Persil) | *High Society* (mit G. Kelly) | Fürst Rainier III. + G. Kelly heiraten

1956

DER BESUCH DER ALTEN DAME Friedrich Dürrenmatt | *STILLE TAGE IN CLICHY* Henry Miller | *DER FALL* Albert Camus

MAX FRISCH

Homo Faber

Inhalt

HOMO FABER könnte man übersetzen mit »schaffender Mensch«, im übertragenen Sinn auch als »Techniker«. So einer ist WALTER FABER: 50 Jahre alt, Ingenieur, vernünftig, glaubt nicht an Zufälle oder Schicksal. Ausgerechnet ihm passieren im Laufe des Romans eine Menge Zufälle:

Er fliegt von New York nach Caracas und sitzt neben dem Deutschen HERBERT HENCKE. Es stellt sich heraus, dass HERBERTS Bruder der JOACHIM HENCKE ist, mit dem FABER früher sehr gut befreundet war (Zufall!), und dass JOACHIM später FABERS Jugendliebe HANNA geheiratet hat (Zufall!). HANNA hatte sich von FABER getrennt, weil der extrem unbegeistert von ihrer Schwangerschaft war.

Nach einer Notlandung (Zufall!) mit anschließender Rettung entschließt sich FABER, zusammen mit HERBERT dessen Bruder JOACHIM zu besuchen. Der hat sich aber auf seiner Plantage in Guatemala erhängt. FABER kehrt nach New York zurück und fährt von da aus mit dem Schiff nach Europa. An Bord lernt er die junge SABETH kennen, die ihn an HANNA erinnert. Und tatsächlich ist sie HANNAS Tochter (Zufall!). Sie verlieben sich, und FABER begleitet SABETH nach Griechenland zu ihrer Mutter. Am Strand wird SABETH von einer Schlange gebissen, FABER eilt zu Hilfe, sie erschrickt sich, als er plötzlich nackt vor ihr steht, fällt eine Böschung runter und schlägt mit dem Kopf auf. Im Krankenhaus stirbt sie – allerdings nicht am Schlangenbiss, sondern an einer Gehirnblutung (FABER hat vergessen, den Ärzten von dem Sturz zu erzählen).

FABER erfährt von HANNA, dass er SABETHS Vater ist (Schicksal!!!) – was er sich eigentlich selbst hätte sehr einfach ausrechnen können.

Das Ganze ist in der Ich-Form geschrieben – FABER versucht im Prinzip, das geschehene Unglück zu rekonstruieren und sich selbst zu rechtfertigen. Dafür, dass er HANNA damals im Stich gelassen hat, dass er die Tatsache, dass SABETH seine Tochter ist, so lange verdrängt hat, dass er Schuld an ihrem Tod trägt.

Smalltalk-Info

Ödipus lässt grüßen. Überhaupt ist das ganze Buch voller Parallelen zur griechischen Mythologie. Allerdings muss man schon ein Proseminar *Antike Götter & ihre Freunde* belegt haben, um alle Symbole und Metaphern zu entschlüsseln. Dabei sollte man auf keinen Fall übersehen, dass FABERS Schreibmaschine *Hermes Baby* heißt. Hermes = Götterbote, der unter anderem die Aufgabe hat, die Toten in den Hades zu führen. Ein absolut eindeutiger Hinweis darauf, dass FABER am Ende des Romans seine Magenoperation nicht überlebt.

Für Einsteiger

HOMO FABER gehört sicher nicht zu den kompliziertesten Romanen, aber so richtig locker weglesen kann man das Buch auch nicht. Zu viele Erzählebenen, Symbole (siehe oben), Zeitsprünge und Interpretationsspielräume.

Perfekt für Einsteiger eignet sich die Erzählung *MONTAUK*: Frisch ist selbst der Protagonist, er erzählt von einem Wochenende mit einer jungen Frau auf Long Island. Große Literatur mit Boulevard-Effekt: Nach der Veröffentlichung ließen sich Frisch und seine zweite Frau scheiden. Sie fand es nicht so gut, dass nun alle von seinem Seitensprung wussten.

★ 1911 in der Schweiz
✝ 1991 in der Schweiz

»Literatur hebt den Augenblick auf, dazu gibt es sie«

Max Frisch hat auch gesagt: *Frauen altern besser*. Eine Feststellung, die ihn allerdings nicht daran hinderte, immer jüngere Lebensgefährtinnen zu haben. Die Frau, mit der er bis zu seinem Tod zusammenlebte, war bezeichnenderweise die Tochter einer ehemaligen Geliebten.

Kaum ein Foto zeigt **Max Frisch** ohne schwarze Hornbrille und Pfeife. Er sieht streng aus, ein bisschen spießig. Man kann sich gut vorstellen, wie er am Schreibtisch sitzt und Manuskripte tippt. Oder in seinem Architekturbüro Einfamilienhäuser entwirft. Aber nicht unbedingt, wie er attraktive Frauen verführt. Hat er aber. Und er hat sein Leben lang gesucht. Nach seiner Bestimmung, dem richtigen Ausdruck – nach sich selbst.

Max Frisch studiert Germanistik, bricht ab und arbeitet als Journalist. Schon mit 23 schreibt er seinen ersten Roman, kurz darauf eine Erzählung, die von einem Mann handelt, der nicht weiß, ob er Künstler werden soll oder was ganz Normales. **Frisch** ist sehr unzufrieden mit diesem Buch und entscheidet sich konsequenterweise gegen die Schriftstellerei. Er studiert Architektur und eröffnet ein eigenes Architekturbüro. Aber bald schreibt er doch wieder, zunächst nebenbei, und zwar vor allem Theaterstücke (*DIE CHINESISCHE MAUER* zum Beispiel). So wird er fast gegen seinen Willen einer der wichtigsten deutschsprachigen Nachkriegsdramatiker.

1954 erscheint sein Roman *STILLER* – der Durchbruch. **Frisch** schließt sein Architekturbüro und verlässt seine Familie (nachdem er seine Frau schon mehrfach betrogen hatte). Er schreibt *HOMO FABER* und sein wichtigstes Theaterstück *BIEDERMANN UND DIE BRANDSTIFTER*. Und er verliebt sich in die Schriftstellerin **Ingeborg Bachmann**. Die erwartet allerdings, dass **Frisch** auch ihre Affären toleriert, was ihm schwerfällt. Die Beziehung hält nicht lange. Dann lernt der Autor die fast 30 Jahre jüngere **Marianne Oeller** kennen, die er kurze Zeit später auch heiratet.

Frauen, Affären, Reisen, Schreiben – das ist **Frischs** Leben. Seine Themen sind immer wieder Schuld / Identität / Rechtfertigung und / oder Beziehungen / Ehe / Liebe. Man könnte auch sagen, sein Hauptthema ist er selbst. Und genau das haben Kritiker ihm immer wieder vorgeworfen. Dazu passt, dass seine umfangreichen Tagebücher ein wesentlicher Bestandteil seines Werks sind.

Und trotzdem: Ohne **Max Frisch** würde der deutschen Nachkriegsliteratur etwas fehlen.

West Side Story (L. Bernstein) | Untergang der *Pamir* | Ausbruch Vietnamkrieg | Erster Satellit *(Sputnik 1)* | Gründung EWG

1957

HOW THE GRINCH STOLE CHRISTMAS Dr. Seuss | *HOMO FABER* Max Frisch

JACK KEROUAC

Unterwegs

On the Road

Inhalt

Der junge Schriftsteller SAL hat sich von seiner Frau getrennt und schreibt an einem ersten Roman. Da kommt der lässige, schwer erziehbare DEAN des Wegs und sorgt für Ablenkung, aber gründlich. Er nimmt SAL mit auf eine rasante Reise quer durch die USA. SAL vergisst seinen Trennungsschmerz und seine Arbeit – und lebt fortan wild und gefährlich: Drogen, Sex, Frauen und Bebop-Jazz.

Dann schreibt SAL seinen Roman. Ein Jahr später taucht DEAN wieder bei ihm auf, und der Spaß geht von vorne los. Allerdings wird SAL schwerkrank, DEAN lässt ihn im Stich. Als SAL sich wieder erholt hat, ist er auch von der Rastlosigkeit geheilt. In New York findet er eine Frau, schreibt einen neuen Roman – und folgt DEAN nicht, als der das nächste Mal auf der Matte steht.

UNTERWEGS ist sozusagen die Mutter aller Roadmovies: DEAN und SAL fahren per Anhalter und auf Ladeflächen von Pick-ups mit, sie klauen Autos und springen auf Güterzüge. Immer in Bewegung, bloß nichts verpassen, alles mitnehmen. Und am Ende ist immerhin einer von beiden angekommen.

Smalltalk-Info

1951, graue Vorzeit, keine Computer. Autoren müssen auf der Schreibmaschine schreiben und lästigerweise mitten im schönsten Gedanken das Papier wechseln. Damit ihm das nicht passiert, hat **Jack Kerouac** die geniale Idee, Butterbrotpapier zu einer 36 Meter langen Rolle zusammenzukleben. Darauf tippt er seinen Roman, in nur drei Wochen, mit Hilfe von Kaffee und Speed, (fast) ohne Punkt und Komma.

Der Verleger ist nicht so begeistert. **Kerouac** muss das Manuskript auf normale Blätter übertragen und mehrfach überarbeiten (unter anderem die Namen von echten Personen durch fiktive ersetzen) – sodass es doch noch einige Jahre dauert, bis der Roman veröffentlicht wird.

Die Butterbrotpapierrolle (*The Original Scroll*) wurde 2001 für 2,5 Millionen Dollar versteigert; die Urfassung (mit Klarnamen!) erschien 2010 als Buch.

Autor

Jack Kerouac erfindet die *Beat Generation* (oder auch *Beatniks*) – die Nachfolger der *Lost Generation* (= **Hemingway, Fitzgerald** & Co.), die ersten Popliteraten und Vorläufer der Hippies. *Beatniks* sind unkonventionell, spontan, kreativ, rastlos und etwas chaotisch. Sie wollen gegen die Fünfziger-Jahre-Spießigkeit rebellieren, den Moment genießen – und das nicht ohne Drogen.

Mit seinem Roman *UNTERWEGS* hat bringt **Kerouac** ein Lebensgefühl zu Papier – es ist sein Durchbruch und gleichzeitig der Höhepunkt seiner Karriere. Zwar schreibt er danach noch viel, aber praktisch nichts hat die Zeit überdauert.

Für Einsteiger

> *Wir müssen uns bewegen und niemals aufhören, uns zu bewegen.*

Sagt DEAN MORIARTY – und der Satz ist Programm.

BORIS PASTERNAK

Doktor Schiwago

Inhalt

Russland, Anfang des 20. Jahrhunderts. JURI SCHIWAGO (genannt JURA oder JUROTSCHKA) wäre gern Dichter geworden, aber das steht als Beruf nicht unbedingt zur Diskussion. Also wird er Arzt, heiratet ANTONINA (genannt TONJA) und bekommt Kinder. Der Erste Weltkrieg bricht aus. SCHIWAGO arbeitet in einem Lazarett und lernt die schöne, junge Krankenschwester LARISSA (genannt LARA) kennen. Sie verlieben sich. Gefühlsverwirrung, denn beide sind verheiratet (Pflichtgefühl!).

Sie trennen sich, treffen sich aber immer wieder, während um sie herum die Geschichte tobt (Oktoberrevolution, Bürgerkrieg). SCHIWAGO wird von Partisanen entführt, seine Familie flieht ins Ausland, er entscheidet sich für ein Leben mit LARA. Glück ist ihnen aber nicht vergönnt. LARAS Mann wird von den Kommunisten verfolgt – damit ist auch sie in Gefahr. SCHIWAGO überredet sie zur Flucht in die Mongolei – um sich den Rest seines Lebens nach ihr zu verzehren.

Er stirbt auf der Straße an einem Herzanfall. Im Epilog erfährt der Leser immerhin (zum Trost), dass LARA und JURI eine Tochter hatten. Und: Ganz am Ende kann man SCHIWAGOS Gedichte nachlesen. Für Freunde der Lyrik.

Smalltalk-Info

In der Sowjetunion war der Roman bis 1988 verboten. Ein Jahr nach der italienischen Übersetzung erschien er erst auf Russisch – allerdings im Ausland, und **Pasternak** bekam prompt den Nobelpreis. Den er allerdings nicht annahm – die sowjetischen Behörden setzten ihn unter Druck, bis er den Preis ablehnte. Aus dem Schriftstellerverband wurde er trotzdem ausgeschlossen. 1980, lange nach **Pasternaks** Tod, nahm sein Sohn den Nobelpreis dann doch noch entgegen.

Autor

Boris Pasternak will erst Musiker werden, studiert dann Philosophie und wird schließlich Dichter. Und daran ist angeblich (wenn auch indirekt) eine deutsche Stadt schuld: **Pasternak** studiert ein Semester in Marburg, trifft dort ein Mädchen, verliebt sich unsterblich, doch sie weist seinen Heiratsantrag ab. Die folgende Nacht habe ihn zum Dichter gemacht ...

Er wird bald bekannt und erfolgreich, doch wegen seiner politischen Einstellung bekommt **Pasternak** Probleme mit der Regierung. Er zieht sich zurück, übersetzt **Goethe** und **Shakespeare**. Erst nach dem Krieg schreibt er seinen einzigen Roman.

Für Einsteiger

Hm. Der Roman ist nicht schwer zu lesen (keine inneren Monologe, verschränkten Ebenen, fehlende Zeichensetzung oder Ähnliches), aber er ist laaang, und die Handlung ist verwickelt. Außerdem gibt es viele Personen mit komplizierten Nachnamen und wechselnden Vornamen.

Wer einen Kitschschinken nach Art des Filmes mit **Omar Sharif** und **Julie Christie** erwartet, wird enttäuscht sein.

A. Jacobsen entwirft Sessel *Schwan* und *Ei* | Gründung der *NASA* | C. de Gaulle wird französischer Präsident

1958

FRÜHSTÜCK BEI TIFFANY Truman Capote | *SAMSTAGNACHT UND SONNTAGMORGEN* Alan Sillitoe

GIUSEPPE TOMASI DI LAMPEDUSA

Der Gattopardo

Il Gattopardo

Inhalt

Es geht um das sizilianische Fürstenhaus SALINA. DON FABRIZIO, der 50-jährige Fürst von Salina (sein Wappen zeigt einen Leoparden), muss mit gesellschaftlichen und politischen Umbrüchen zurechtkommen.

Kurzer historischer Diskurs: Sizilien wurde immer mal wieder von anderen Mächten regiert. 1861 kam es durch die Invasion **Giuseppe Garibaldis** zum neuen Königreich Italien. Die Einigung Italiens schreitet voran, die aristokratische Gesellschaft Siziliens geht unter – und damit auch die FAMILIE SALINA.

TANCREDI, der Neffe des Fürsten, kämpft auf der Seite GARIBALDIS für das vereinte Italien. Er verliebt sich in ANGELICA, Tochter DON CALOGEROS. Der ist zwar genauso reich wie der Fürst, aber ohne Manieren, ohne jahrhundertelange Familiengeschichte. Ein Neureicher eben.

Was soll's, denkt sich der Fürst, *tempora mutantur* – und unterstützt die Verbindung zwischen seinem Neffen und der schönen ANGELICA. Obwohl er lieber eine seiner drei Töchter mit ihm verheiratet hätte. Die sind aber allesamt viel zu sehr in den alten Traditionen gefangen – und wachen erst auf, als es zu spät ist.

Die SALINAS gehen unter, obwohl der Fürst versucht hat, sich den Veränderungen anzupassen.

Smalltalk-Info

Bis 2004 hieß der Roman in Deutschland *DER LEOPARD*. Dann gab es eine Neuübersetzung, und dabei fiel auf, dass *Gattopardo* gar nicht Leopard heißt, sondern eine Gruppe von Kleinkatzen bezeichnet (Ozelot zum Beispiel oder Serval).

Und – Achtung! – hier liegt die Ironie: Das Wappentier der Familie Lampedusa war ein Leopard, wurde von den Bediensteten aber *gattopardo* genannt, also bedeutungsloser gemacht, als es eigentlich ist. Aha! So ging es ja mit der ganzen Familie ...

Da man das Buch kaum »Der Ozelot« nennen konnte, wählte der Verlag das italienische Originalwort mit einem deutschen Artikel. Nun ja.

Autor

Giuseppe Tomasi di Lampedusa schreibt im Prinzip über seine eigene Familie (DON FABRIZIO ≈ **Tomasis** Urgroßvater). Auch im Wappen der **Tomasis** steht ein Leopard, die Familie gehört zur sizilianischen Aristokratie, verliert aber – wie die SALINAS – an Geld und Einfluss.

Tomasi schreibt nur diesen einen Roman, den aber niemand drucken will. Erst ein Jahr nach seinem Tod kommt das Buch heraus – und wird ein Welterfolg, vor allem nach der Verfilmung durch **Luchino Visconti** (1963) mit **Burt Lancaster** (DON FABRIZIO), **Claudia Cardinale** (ANGELICA) und **Alain Delon** (TANCREDI).

Zitat

Wenn wir wollen, dass alles bleibt, wie es ist, dann ist es nötig, dass alles sich verändert.

Sagt TANCREDI, als er sich GARIBALDI anschließt. Tatsächlich bleibt allerdings nichts so, wie es ist.

Atomium in Brüssel errichtet

1958

EXODUS	*DER GATTOPARDO*	*DJAMILA*
Leon Uris	Giuseppe Tomasi di Lampedusa	Tschingis Aitmatow

GÜNTER GRASS

Die Blechtrommel

Inhalt

Rahmenhandlung: OSKAR MATZERATH, Ende 20, Insasse einer Heil- und Pflegeanstalt, schreibt seine Memoiren. Nebenbei berichtet er über sein Leben in der Anstalt. So weit, so klar. Die Erinnerungen, OSKARS bisheriges Leben also, sind allerdings erstens umfangreich und zweitens äußerst bizarr.

Sie beginnen mit der Zeugung seiner Mutter AGNES (durch einen fliehenden Brandstifter, der sich unter dem Rock von OSKARS Großmutter versteckt, dabei passiert es). AGNES heiratet später ALFRED MATZERATH, hat aber auch eine Daueraffäre mit ihrem Cousin JAN. OSKAR wird geboren, bekommt zum dritten Geburtstag eine Blechtrommel und beschließt, nicht mehr zu wachsen. Die Trommel ist sein Ein und Alles, sobald jemand versucht, sie ihm wegzunehmen, schreit er so schrill, dass alle möglichen Glasartikel zerspringen. Praktisch, findet er und nutzt diese Gabe für diverse Spielchen. Seine Mutter stirbt dann bald an einer Fischvergiftung.

Es folgen diverse Verwicklungen, an denen Nationalsozialisten, Trommeln und JAN beteiligt sind, wobei Letzterer ermordet wird. OSKAR lernt eine junge Frau (MARIA) kennen, es kommt zu erotischen Aktionen mit Brausepulver, schließlich auch zum Sex – aber dann erwischt OSKAR MARIA mit seinem Vater auf dem Sofa. MARIA bekommt ein Kind (KURT), OSKAR meint, es sei sein Sohn – verlässt aber die Stadt mit zwei Liliputaner-Artisten (BEBRA und ROSWITHA), mit denen er auftritt und Glas zersingt. Außerdem hat er ein Verhältnis mit ROSWITHA, die aber dann bei einem Granateneinschlag stirbt.

OSKAR kehrt zurück nach Berlin zu seinem Vater und dem dreijährigen Halbbruder/Sohn KURT. Kurze Zeit später kommen russische Soldaten und erschießen ALFRED MATZERATH. Beim Begräbnis beschließt OSKAR, wieder zu wachsen und die Trommel ins Grab zu werfen. Bald ist OSKAR 121 Zentimeter groß und kann kein Glas mehr zersingen. Er wird Praktikant bei einem Steinmetzen, verliebt sich in seine Nachbarin (daraus wird nichts), gründet eine Band und verdient viel Geld (dazwischen passieren eine Reihe abstruser Dinge).

Bei einem Spaziergang findet OSKAR einen Finger, den er in ein Weckglas legt und regelmäßig anbetet. Es ist der Finger einer Ermordeten, OSKAR wird angeklagt und landet in der Irrenanstalt. Am Ende wird aber seine Unschuld bewiesen.

Same, same but different

Erinnert an **John Irving**? Stimmt. Allerdings müsste es eher umgekehrt heißen: *ZIRKUSKIND*, *OWEN MEANY*, *GARP* & Co. erinnern an *DIE BLECHTROMMEL*, denn **Günter Grass** war schon immer **Irvings** großes Vorbild.

Für Einsteiger

Man muss Verwicklungen mögen, ebenso wie enorm groteske Plots. Dann ist *DIE BLECHTROMMEL* wahrscheinlich das beste Buch zum Einstieg ins Grass-Werk. Wen die breitgefächerte Handlung eher überfordert, könnte es mit der Novelle KATZ UND MAUS versuchen. Viel kürzer!

B. Holly stirbt bei Flugzeugabsturz | Ende d. kubanischen Revolution (F. Castro Ministerpräsident) | Eröffnung Guggenheim-Museum, New York | *Ben Hur* (mit C. Heston) | *Morris Mini Minor*

1959

DIE BLECHTROMMEL Günter Grass | *NAKED LUNCH* William S. Burroughs

★ 1927 in Deutschland

»Ich glaube, das Schlimmste, was man dem Leser antun kann, ist, ihn zu unterschätzen«

Viele seiner Bücher hat Grass selbst illustriert, er arbeitet neben der Schriftstellerei auch als Bildhauer und Zeichner. Sein bekanntestes Werk ist der *Butt*, eine Bronzeskulptur, die im dänischen Sønderborg steht.

Pfeife, seehundartiger Schnurrbart und immer ein bisschen missgelaunt, so kennt man den großen deutschen Autor. Er hat viele Kinder (sechs von drei Frauen plus zwei Beutekinder) und wohnt in der Nähe von Lübeck.

Aufgewachsen ist **Günter Grass** in Danzig. Als junger Mann wird er kurz vor Kriegsende noch als Flakhelfer und dann sogar zur Waffen-SS einberufen (Letzteres war lange Zeit nicht bekannt und sorgte dann für viel Empörung, siehe unten).

Er studiert Bildhauerei und Grafik, bevor er anfängt zu schreiben. *Die Blechtrommel* ist sein erster Roman, geschrieben mit gerade mal 32 Jahren. Als er daraus zum ersten Mal vorliest, wird er praktisch aus dem Stand berühmt. Auch im Ausland sorgt der Roman für Furore – allerdings gibt es auch Kontra. Einige beklagen die pornografischen Stellen, Deutschlands Chefliteraturkritiker **Marcel Reich-Ranicki** bemängelt die Gesamtkonstruktion. Später hat er sein Urteil allerdings revidiert.

Wie auch immer: **Grass** ist jetzt ein berühmter deutscher Autor. Er unterstützt die SPD in Wahlkämpfen, vor allem **Willy Brandt**, und bezeichnet sich selbst als »demokratischen Sozialisten«. Seine Romane beschäftigen sich mit der deutschen Geschichte (Nationalsozialismus und Nachkriegszeit).

1999 wird er endgültig zum aktuellen Lieblingsautor der Deutschen, denn er bekommt den Literaturnobelpreis. 2006 erscheinen seine Erinnerungen *Beim Häuten der Zwiebel*, wo er über seine Mitgliedschaft in der Waffen-SS schreibt. Schon im Vorfeld macht er diese Tatsache öffentlich – und ein Aufschrei geht durch die Republik. **Grass** solle sofort den Nobelpreis zurückgeben oder wenigstens das Preisgeld spenden. **Lech Walesa** will, dass er die Ehrenbürgerschaft der Stadt Danzig niederlegt. Auch eine PR-Aktion für sein Buch wird ihm unterstellt. Andere – wie sein amerikanischer Kumpel **John Irving** – verteidigen **Grass**.

Die Aufregung legt sich dann auch bald wieder, **Grass** war damals erst 17, der Krieg fast zu Ende. Es bleibt ein Bedauern, genau wie über sein umstrittenes Gedicht *Was gesagt werden muss* zum Konflikt zwischen Israel und dem Iran.

Erster Auftritt der *Beatles* (in Hamburg) | *Psycho* (von A. Hitchcock) | Antibabypille kommt auf den Markt | J. F. Kennedy wird Präsident der USA

1960

Hasenherz John Updike | *Wer die Nachtigall stört* Harper Lee | *Jim Knopf u. Lukas d. Lokomotivführer* Michael Ende | *Grünes Ei mit Speck* Dr. Seuss

STANISLAW* LEM

Solaris

Inhalt

Solaris ist ein ferner Planet, auf dem Menschen eine Raumstation eingerichtet haben. Der Psychologe Kris Kelvin wird nach Solaris geschickt, um die Forscher zu unterstützen. Merkwürdigerweise findet er eine fast verlassene Station vor, nur zwei Männer, Snaut und Sartorius, arbeiten noch dort, und beide sind irgendwie verwirrt.

Plötzlich sieht Kelvin seine verstorbene Frau Harey. Ist er verrückt oder Zeuge einer wissenschaftlichen Sensation? Heutige Science-Fiction-Fans würden sofort einen Avatar vermuten, aber die waren damals noch nicht erdacht. Tatsächlich wurde Harey II vom Solaris-Ozean gebildet. Dieser Ozean ist nämlich eine Art Wesen, das aus den Gefühlen und Erinnerungen der Menschen täuschend echte Abbilder erschaffen kann. Die außerirdische Intelligenz Solaris führt also Experimente mit den anwesenden Wissenschaftlern durch, während diese dachten, sie erforschen den Planeten.

Auch Snaut und Sartorius haben solche »Gäste« – und sind nicht zufrieden damit. Sie wollen sie loswerden, aber Kelvin hat sich in Harey II verliebt. Schließlich finden die Forscher heraus, dass die Besucher aus Neutrinoansammlungen bestehen. Was bedeutet, dass man sie vernichten kann, indem man den Ozean (also das Wesen) mit harter Röntgenstrahlung beschießt.

Was Kelvin nicht will, wohl aber seine unechte Frau. Deshalb bekommt er ein Schlafmittel, während Sartorius und Snaut den Beschuss durchführen – mit Erfolg.

Smalltalk-Info

Der Amerikaner **Steven Soderbergh** hat für seine Verfilmung eine Menge Kritik kassiert, unter anderem auch von **Stanislaw Lem** selbst. Denn **Soderbergh** hat sich auf die Liebesgeschichte zwischen Kris Kelvin und Harey konzentriert – für **Lem** ein eher unbedeutender Nebenaspekt. Ihm ging es um die philosophische Frage, ob Menschen mit einer anderen Intelligenz kommunizieren können. (Antwort: Eher nicht.)

Autor

Der polnische Schriftsteller **Stanislaw Lem** gilt als Erfinder der Science-Fiction-Literatur (also nach **Jules Verne**), aber er ist auch Philosoph. Seine Bücher sind in der Tat nicht wie *Star Trek* & Co. (viel zu wenig Action), sondern erörtern eher die Möglichkeiten und Grenzen der Technik und wie der Mensch sich durch den Fortschritt verändert.

Genau wie **Jules Verne** nimmt Lem viele technische Entwicklungen vorweg: Gentechnik, Nanotechnologie, Internet. Vom tatsächlichen technischen Fortschritt ist **Lem** dann allerdings gar nicht so begeistert; das Internet zum Beispiel benutzt er zur Recherche nie.

Zitat

> *Wir brauchen keine anderen Welten, wir brauchen Spiegel.*

Sagt Snaut – ein zentraler Satz des Romans und ein zentraler Satz für **Stanislaw Lem**. Ihm ging es immer um die Menschen und ihr Verhalten.

* Der Name spricht sich übrigens Stanis*waff* aus.

Kurz, wichtig

Literatur im Schnelldurchlauf

DORIS LESSING

DAS GOLDENE NOTIZBUCH

The Golden Notebook

Die Schriftstellerin ANNA WULF leidet an einer Schreibblockade. Sie führt vier verschiedene Tagebücher: ein schwarzes über ihre Erinnerungen an Afrika (wo sie geboren wurde), ein rotes über ihre politischen Aktivitäten, ein gelbes über ihre Romanideen und ein blaues über alles, was sonst so passiert. Tatsächlich schafft sie es, durch die Tagebücher ihre Depressionen zu überwinden, schließt alle vier Tagebücher mit einem dicken schwarzen Schlussstrich ab. Sie ist mit sich im Reinen und kann ein neues Tagebuch, das *goldene Notizbuch*, beginnen.

Das Ganze wird von einer Rahmenhandlung umgeben, die einen in sich geschlossenen Roman darstellt – mit dem Titel *UNGEBUNDENE FRAUEN*. Hier geht es um ANNA und MOLLY (eine mittelmäßige Schauspielerin), beide alleinerziehend, politisch engagiert und intellektuell auf der Höhe. Es kommen Liebe und Sex und Männer vor (auch weiblicher Orgasmus – ein Schock für viele in den sechziger Jahren), aber **Doris Lessing** hat sich immer dagegen gewehrt, dass ihr Buch als eine feministische Streitschrift angesehen wird.

PS: Das berühmteste Buch der Nobelpreisträgerin ist nicht unbedingt das einfachste. Für Einsteiger eignen sich eher die *AFRIKANISCHE TRAGÖDIE* oder *DAS FÜNFTE KIND*.

JOHN LE CARRÉ

DER SPION, DER AUS DER KÄLTE KAM

The Spy Who Came in from the Cold

Wie schon am Titel zu erkennen, ist dieses Buch ein Spionageroman. Aber einer auf hohem literarischen Niveau (= weniger Verfolgungsjagden, Ballerei, Frauen / mehr Gesellschaftskritik, Politik, Psychokram plus extrem Unhappy End).

Berlin in den fünfziger Jahren. ALEC LEAMAS leitet das Büro des britischen Geheimdienstes MI6, aber es läuft zunehmend schlecht: Seine Agenten in der DDR werden nach und nach eliminiert. LEAMAS geht zurück nach London, bekommt einen Schreibtischjob (und eine Geliebte), verwahrlost zunehmend und kommt sogar ins Gefängnis.

Alles nur ein Trick, damit die Gegenseite denkt, er sei leicht zu haben. Es folgt ein kompliziertes Hin und Her mit (Doppel-)Agenten und (Gegen-)Spionage, wo einer den anderen austrickst und die Guten die Bösen sind und umgekehrt.

Am Ende sind alle in Ostberlin. Bei der Flucht über die Mauer wird LEAMAS' Exgeliebte erschossen, er eilt zu ihr und wird auch erschossen.

JAMES BOND war gestern, bei **John le Carré** sind die Geheimdienste gemein und die Agenten im besten Fall tragische Helden.

Gründung der *Rolling Stones* | *Campbell's Soup* (A. Warhol) | Erster Ferrari | *»I have a dream«* (M. L. King)

1962 | 1963

UHRWERK ORANGE Anthony Burgess | *DAS GOLDENE NOTIZBUCH* Doris Lessing | *DER SPION, DER AUS DER KÄLTE KAM* John le Carré | *V.* Thomas Pynchon

THOMAS PYNCHON
V.

BENNY PROFANE, ein planloser Chaot, trifft den Ordnungsfanatiker HERBERT STENCIL, der versucht, das Tagebuch seines Vaters zu entschlüsseln. Darin taucht immer der Buchstabe *V.* auf – STENCIL vermutet dahinter seine Mutter und steigert sich bei der Suche nach ihrer Identität in diverse abwegige Vorstellungen hinein.

So weit die grobe Handlung. Der Rest ist postmoderner Roman, also verschiedene Ebenen, verschiedene Zeiten und verschiedene Plots, die der Leser selbst zusammenfügen muss. Klingt anstrengend, ist anstrengend, wurde trotzdem ein Erfolg.

Gleich nach dem Erscheinen hat sich **Thomas Pynchon** komplett aus der Öffentlichkeit zurückgezogen. Er hat zwar immer mal wieder einen (erfolgreichen) Roman geschrieben, aber seit 40 Jahren weiß niemand, wie er aussieht. Er macht selbst einen Witz daraus und tritt gelegentlich bei den *SIMPSONS* auf – mit einer Tüte über dem Kopf.

HEINRICH BÖLL
ANSICHTEN EINES CLOWNS

HANS SCHNIER ist Clown. Ende 20, recht erfolgreich und glücklich mit seiner Freundin MARIE. Doch als sie heiraten wollen, gibt es Diskussionen. MARIE ist Katholikin, HANS will sich auf keinen Fall dem Diktat der Kirche unterwerfen. MARIE verlässt ihn. Er fängt an zu trinken, seine Karriere geht den Bach runter, niemand hilft. Am Ende sitzt er auf einer Treppe am Bonner Bahnhof und wartet auf MARIES Rückkehr.

Nach diesem Roman gab es eine Menge Ärger. Kritik an der katholischen Kirche war nicht gern gesehen. Dabei ging es **Böll** vor allem um eine Liebesgeschichte, die an verschiedenen Wertevorstellungen und der Macht einer Institution zerbricht.

ROALD DAHL
CHARLIE UND DIE SCHOKOLADENFABRIK

Charlie and the Chocolate Factory

CHARLIES Familie ist arm. Sein großer Traum: einmal die (geheimnisvolle) Schokoladenfabrik von WILLY WONKA besichtigen. Aber der skurrile Besitzer hält seine Tore fest verschlossen – bis er die Welt eines Tages mit einer PR-Aktion überrascht: In fünf Tafeln seiner Schokolade sind goldene Tickets versteckt. Wer sie findet, darf in die Fabrik.

Tatsächlich bekommt CHARLIE eines der begehrten Tickets und wird von WILLY WONKA durch die Fabrik geführt – zusammen mit vier anderen Kindern. Die sind aber alle auf ihre Art nervig und verunglücken nach und nach auf der Besichtigungstour. Nur CHARLIE bleibt übrig. Weil er das netteste Kind ist, macht WILLY WONKA ihn zu seinem Erben, und die ganze Familie zieht in die Schokoladenfabrik.

Roald Dahl hat nicht nur Kinderbücher, sondern auch genial-makabre Geschichten für Erwachsene geschrieben.

»Ich bin ein Berliner« (J. F. Kennedy) | J. F. Kennedy erschossen | C. Clay erstmals Boxweltmeister und nennt sich Muhammad Ali

1964

ANSICHTEN EINES CLOWNS Heinrich Böll | *DER GETEILTE HIMMEL* Christa Wolf | *DIE DREI ???* Robert Arthur | *CHARLIE U. DIE SCHOKOLADENFABRIK* Roald Dahl

Typ Crime

Bücher für starke Nerven

Mehr als ein Viertel aller verkauften belletristischen Bücher sind Krimis und Thriller. Melancholisch-düstere aus Skandinavien, actionreiche aus Amerika, bodenständige aus England. Die Helden sind Kommissare, Agenten, gerne auch Pathologen oder Journalisten. Hier eine Auswahl zu treffen fällt extrem schwer.

Trotzdem an dieser Stelle fünf spannende Bücher, die alle auf ihre Art herausragen:

D. W. BUFFA
EVANGELINE
Gerichtsthriller mit ungewöhnlichem Thema

TANA FRENCH
GRABESGRÜN
700 Seiten Krimiliteratur

STELLA RIMINGTON
STILLE GEFAHR
*Heldin ist Geheimagentin beim MI5**

MELANIE MCGRATH
IM EIS
Heldin ist eine sehr eigensinnige Inuitfrau

EDGAR ALLAN POE
DER DOPPELMORD IN DER RUE MORGUE
die erste Detektivgeschichte überhaupt!

* Die eigentliche Heldin ist die Autorin: Stella Rimington war Chefin des britischen Geheimdienstes (was noch nicht einmal ihre Kinder wissen durften) und Vorbild für M in den neueren *JAMES-BOND*-Filmen. Dieser Hintergrund macht ihre LIZ-CARLYLE-Krimis interessant, auch wenn sie literarisch eher bescheiden sind.

Typ Lovestory

Bücher für Romantiker

Liebesgeschichten bewegen sich immer gefährlich nahe am Rande zum Kitsch. Meistens wird er überschritten – und schon landet das Buch in der Trivialecke. *WERTHER* war ein Bestseller und steht ganz oben auf der Liste der Weltliteratur. *P. S. ICH LIEBE DICH* katapultierte Cecelia Ahern in die Bestsellerlisten, aber Literaturkritiker würden es nur mit spitzen Fingern anfassen.

Auch diese fünf werden es niemals in einen Literaturkanon schaffen, und doch liefern sie neben der Herz-Schmerz-Geschichte etwas Besonderes, das noch nachwirkt, wenn die Tränen längst getrocknet sind. Und mindestens zwei davon könnten sogar Männern gefallen.

DAVID NICHOLLS
ZWEI AN EINEM TAG
Liebe fürs Leben, aber auch wieder nicht

AUDREY NIFFENEGGER
DIE FRAU DES ZEITREISENDEN
minimal Sci-Fi, maximal intelligente Geschichte

ANNE FORTIER
JULIA
*was mit Shakespeare**

JONATHAN TROPPER
MEIN FAST PERFEKTES LEBEN
traurig und lustig!

DANIEL GLATTAUER
GUT GEGEN NORDWIND
E-Mail-Roman, überraschend gut

---

* Die Amerikanerin JULIA ist eine Nachfahrin DER Julia und trifft in Siena einen Nachfahren DES Romeo. Abgesehen von diesen und anderen weit hergeholten Zufällen, erfährt man viele interessante Dinge über Shakespeares berühmte Tragödie. Abenteuer, Liebe und Historie – da verzeiht man doch ein bisschen Kitsch.

GABRIEL GARCÍA MÁRQUEZ

Hundert Jahre Einsamkeit

Cien años de soledad

Inhalt

Ein Familienepos von Tolstoi'schem Ausmaß, allerdings nicht chronologisch erzählt, was eine Zusammenfassung extrem erschwert – mal ganz abgesehen davon, dass sechs Generationen und an die 30 Protagonisten vorkommen (von denen die meisten entweder AURELIANO oder ARCADIO heißen).

Der erste JOSÉ ARCADIO ist mit URSULA verheiratet, mit der er dummerweise auch verwandt ist. Deshalb verweigert URSULA sich ihm – Inzest hat in ihrer Familie schon mal dazu geführt, dass ein Sohn mit einem Ringelschwanz geboren wurde. Wegen der Jungfräulichkeit seiner Frau wird JOSÉ ARCADIO von den anderen so geärgert, dass er im Affekt einen Mord begeht. Er verlässt mit URSULA das Dorf und gründet im Dschungel eine Siedlung namens *Macondo*.

Hier werden jede Menge Kinder gezeugt – zuerst der Sohn von JOSÉ ARCADIO und URSULA, der – Überraschung! – JOSÉ ARCADIO heißt und als junger Mann ein riesiges Gemächt besitzt. Er schwängert dann eine Wahrsagerin; das Kind (namens JOSÉ ARCADIO) wächst bei den Großeltern auf. Sein unehelicher Sohn heiratet eine gewisse FERNANDA, deren (ebenfalls unehelicher) Sohn AURELIANO schließlich seiner eigenen Tante verfällt. Und deren Sohn kommt tatsächlich mit einem Ringelschwanz zur Welt.

Abgesehen davon geht es auch um Bürgerkrieg und Fortschritt, Naturkatastrophen und Religion, Realität und Mythos. Also praktisch um alles.

Smalltalk-Info

1: Angeblich hat **García Márquez** dieses Buch in eineinhalb Jahren im Schreibrausch in Mexico City verfasst und hatte dann nicht mal genug Geld fürs Porto, um das Manuskript an den Verlag zu schicken.
2: Es ist das wichtigste Werk des – Achtung: literarischer Begriff! – *Magischen Realismus*. Das heißt, Geister kommen genauso selbstverständlich vor wie echte Politik.
3: Seit seinem Erscheinen hat sich der Roman mehr als 30 Millionen Mal verkauft.
4: Kenner nennen den Autor nur »**Gabo**« = Kosename von **Gabriel**!

Für Einsteiger

Familienepos klingt erst mal spannend – aber *HUNDERT JAHRE EINSAMKEIT* ist schon ein bisschen speziell. Ziemlich verworren, und es gibt eigentlich keine Identifikationsfigur, deren Schicksal man über Jahrzehnte verfolgen kann – kurz: Man braucht Zeit und Muße …

Optimaler Einstieg in das Werk von **García Márquez** ist sicher *CHRONIK EINES ANGEKÜNDIGTEN TODES*: kurz, flirrend, spannend. Und danach vielleicht *LIEBE IN DEN ZEITEN DER CHOLERA*: verständlich erzählt (also weniger magisch, mehr Realismus), mit Historie und Leidenschaft.

1964 | Gründung der Guerilla FARC (Kolumbien) | J.-P. Sartre lehnt Nobelpreis ab | *Das kleine Rote Buch* (Mao Zedong) | Malcolm X ermordet

1964: *TSCHITTI TSCHITTI BÄNG BÄNG* Ian Fleming | *HERZOG* Saul Bellow

1965: *MORGENS UM SIEBEN IST DIE WELT NOCH IN ORDNUNG* Eric Malpass

★ 1927 (oder 1928) in Kolumbien

»Du kannst für die Welt nur eine Person sein, aber für eine Person die ganze Welt bedeuten«

Seltsamerweise möchte García Márquez nicht verraten, ob er am 6. März 1927 oder 1928 geboren ist. Warum nur? Geburtsdaten werden doch sonst nur von alternden Hollywoodstars verheimlicht.

Für die lateinamerikanische und für die literarische Welt ist **Gabriel García Márquez** auf jeden Fall mehr als nur eine Person. Wie viele südamerikanische Autoren ist er politisch immer aktiv und setzt sich zum Beispiel gegen die Diktatur von **Pinochet** in Chile ein, und gegen den Kapitalismus ist er sowieso. Apropos: Er ist auch mit **Fidel Castro** befreundet – was ihm immer wieder vorgeworfen wird. Aber das ist eigentlich auch schon das einzig Skandalöse in seinem Leben. Sonst gibt es nur Gutes zu berichten.

Geboren in einem kleinen Dorf, 15 (!) Geschwister, guter Schüler, Jurastudium in Bogotá, Heirat, Erfolg als Journalist, aber nie Geld, diverse Reportagereisen durch die ganze Welt, erste Romane, Kinder, Umzug nach Mexico City und dann der Wahnsinnserfolg / Durchbruch mit *HUNDERT JAHRE EINSAMKEIT*.

Nach dem Erscheinen dieses Romans hat »**Gabo**« ein Problem: Die Begeisterung ist derart groß, dass er fürchtet, seinen größten Erfolg gehabt zu haben – mit 40 Jahren. *»Was machen Bergsteiger nach dem Erreichen des Gipfels?«*, fragt er und gibt die Antwort selbst: *»Herabsteigen, so diskret und würdevoll wie möglich.«* Was für ein bescheidener Mann!

Ein Abstieg ist es keineswegs, was nach dem großen Werk des *Magischen Realismus* kommt. Viele große Romane und Erzählungen schreibt **García Márquez** seitdem, außerdem Essays, Reportagen, Kolumnen und eine Autobiografie beziehungsweise deren ersten Teil *(LEBEN, UM DAVON ZU ERZÄHLEN)*, der bis zu seinem 28. Lebensjahr reicht. Eher was für erklärte **Gabo**-Fans, denn hier geht der Autor doch sehr ins Detail.

1982 bekommt **Gabriel García Márquez** den Literaturnobelpreis für *seine Romane und Erzählungen, in denen sich das Phantastische und das Realistische in einer vielfacettierten Welt der Dichtung vereinen, die Leben und Konflikt eines Kontinents widerspiegeln*. Das hat die Schwedische Akademie mal schön gesagt.

England wird Fußballweltmeister *(Wembley-Tor)* | Beginn Chinesische Kulturrevolution

B. Ohnesorg erschossen

1966

DER MEISTER UND MARGARITA Michail Bulgakow | *TAI-PAN* James Clavell | *PUBLIKUMSBESCHIMPFUNG* Peter Handke

1967

HUNDERT JAHRE EINSAMKEIT Gabriel García Márquez

SIEGFRIED LENZ

Deutschstunde

Inhalt
Die Rahmenhandlung spielt 1954 in einer Anstalt für schwer erziehbare Jugendliche in der Nähe von Hamburg. Der 21-jährige SIGGI JEPSEN soll einen Aufsatz zum Thema *Die Freuden der Pflicht* schreiben. Er gibt ein leeres Heft ab, weil ihm so viel dazu einfällt, dass er es unmöglich in einer Stunde geschafft hätte. Zur Strafe wird er in ein Zimmer gesperrt und soll den Aufsatz nachholen. SIGGI beginnt zu schreiben – und kann nicht wieder aufhören. Er schreibt über seine Kindheit im Nationalsozialismus und die Zeit danach. Denn »Pflicht« hat damals eine große Rolle gespielt:

1943. SIGGIS Vater ist ein extrem pflichtbewusster Polizist im Norden von Schleswig-Holstein, wo auch der expressionistische Maler MAX LUDWIG NANSEN lebt. Als die Nationalsozialisten ein Berufsverbot gegen ihn verhängen, soll SIGGIS Vater dessen Einhaltung überwachen. Was er auch tut (obwohl er mit NANSEN befreundet ist) – und sein zehnjähriger Sohn soll als Spitzel helfen. Doch SIGGI versteckt stattdessen mit NANSEN die verbotenen Bilder.

Nach Kriegsende wird aus dem gegenseitigen Pflichtbewusstsein eine kleine Doppelparanoia: Polizist JEPSEN meint, er müsse NANSEN weiter verfolgen – und SIGGI tut weiterhin alles, um den Maler zu retten. Deshalb stiehlt er schließlich NANSENS Bilder und landet in der Besserungsanstalt.

Er ist sich sicher, dass er anstelle des Vaters bestraft wurde; nach Abgabe seines umfangreichen Aufsatzes wird SIGGI allerdings vorzeitig entlassen.

Smalltalk-Info
Es ist für die Geschichte nicht wichtig, macht das Buch aber dennoch besonders interessant: MAX LUDWIG NANSEN ≈ **Emil Nolde**! Der expressionistische Künstler hieß mit bürgerlichem Namen **Emil Hansen** (!) und lebte in Nordschleswig. 1941 erteilten ihm die Nationalsozialisten Berufsverbot; seine Werke galten schon seit 1938 als »entartete Kunst«. **Nolde** hatte sich deshalb in sein Haus in Seebüll zurückgezogen und malte kleinformatige Aquarelle, die er *ungemalte Bilder* nannte (weil er sie ja gar nicht hätte malen dürfen).

Für Einsteiger
Die Herausforderung der *DEUTSCHSTUNDE* ist, dass Schüler so viele Deutschstunden damit verbringen müssen. Denn schließlich ist alles drin, was Lehrer lieben: Rahmenhandlung, Vergangenheitsbewältigung, Symbolik, Metaphorik, Moral und dann noch der reale Maler im Hintergrund – toll! Kein Wunder, dass inzwischen Millionen von Schülern eigene Aufsätze über SIGGIS Aufsatz verfassen mussten.

Insofern eignet sich die *DEUTSCHSTUNDE* am besten für Einsteiger, die in der Schule gepennt haben oder aus anderen Gründen keine Zwangsanalyse des Romans hinter sich haben.

Alternativ zuerst die Erzählungen von **Lenz** lesen: *SO ZÄRTLICH WAR SULEYKEN* (Landschaft und Leute in Masuren) oder *DAS FEUERSCHIFF* (Krimi, aber auch Fabel zu Gut und Böse / Widerstand / Toleranz) oder gleich seinen jüngsten Bestseller *SCHWEIGEMINUTE*. Oder als Einstieg in den Einstieg die gelungene Verfilmung des *FEUERSCHIFFS* mit **Jan Fedder** und **Axel Milberg**.

Erster Geldautomat | Sechstagekrieg | Start Farbfernsehen in Deutschland | E. Presley + Priscilla heiraten | Erste Herztransplantation

1967
GRAMMATOLOGIE
Jacques Derrida

★ 1926 in Deutschland

»Ich bekenne, ich brauche Geschichten, um die Welt zu verstehen«

Siegfried Lenz ist leidenschaftlicher Angler. In der *Feuerschiff*-Neuverfilmung (2008) durfte er eine Gastrolle übernehmen: Er spielte einen Angler und hatte sogar Text: »Moin Freytag!«

Mit Anfang 40 hat **Siegfried Lenz** eine Frisur wie sein Freund **Helmut Schmidt**, auch immer eine Pfeife dabei und macht Wahlkampf für die SPD. Aber **Lenz** hat das verschmitztere Grinsen. Er ist damals schon erfolgreicher Autor, ein echter Volksschriftsteller, denn ganz Deutschland liebt ihn und seine Bücher. Kritiker bemängeln gern, dass seine Werke banal, konstruiert, ja sogar spießig seien – aber seine Leser sind treu, die Verkaufszahlen gigantisch, selbst im Ausland erreicht **Lenz** Millionenauflagen.

Geboren wird **Lenz** in Ostpreußen, muss im Krieg zur Marine, desertiert, gerät in britische Kriegsgefangenschaft. Nach dem Krieg studiert er in Hamburg und fängt als Redakteur bei der Zeitung *Die Welt* an. Nebenbei schreibt er seinen ersten Roman: *Es waren Habichte in der Luft*, der 1951 erscheint – da ist **Lenz** gerade mal 25 Jahre alt. Er entscheidet sich gegen die Festanstellung und für ein Leben als freier Schriftsteller.

Lenz schreibt regelmäßig ein neues Buch, bleibt seinem Verlag Hoffmann und Campe treu, wohnt mal in Hamburg, mal in Dänemark und ist mehr als 50 Jahre glücklich verheiratet. Als seine Frau 2006 stirbt, gehen mit ihr viele Lebensgeister. Da erscheint **Ulla**, Nachbarin und beste Freundin seiner Frau, die sich fortan um den Autor kümmert und ihn wieder zum Schreiben bringt. Drei Jahre später heiraten **Ulla** und **Siegfried Lenz**.

Alle, die **Lenz** kennen, schwärmen von seiner Freundlichkeit. Keine Skandale, keine Gehässigkeiten. Zur Feier anlässlich seines 85. Geburtstags kommt auch der alte Freund **Helmut Schmidt**; beide Männer im Rollstuhl, und **Helmut** meint: »Sigi, ein paar Jahre machen wir noch!« **Siegfried Lenz** hat immer noch das verschmitztere Grinsen.

Prager Frühling | Studenten-/Bürgerrechtsbewegung beginnt | M. L. King erschossen | Attentat auf R. Dutschke | J. Kennedy + A. Onassis heiraten

1968

Deutschstunde Siegfried Lenz | *Airport* Arthur Hailey

JOHN UPDIKE

Ehepaare

Couples

Inhalt

Im Wesentlichen geht es um sechs Ehepaare, die in der fiktiven neuenglischen Kleinstadt Tarbox leben. Fast alle Frauen sind Hausfrauen, die Männer arbeiten als Zahnarzt, Bauunternehmer und man-weiß-nicht-so-genau. Überhaupt verliert man schnell den Überblick, zwölf Erwachsene, die sich auf Partys treffen, zum Grillen, Cocktailtrinken und zum Basketball. Mal wird telefoniert, nicht immer sind alle dabei – und dann geht es los mit dem Ehebruch.

Der rothaarige Piet betrügt Angela erst mit Georgene (verheiratet mit Freddy), dann mit Foxy (verheiratet mit Ken und schwanger!), dann mit Bea (verheiratet mit Roger) und Foxy. Die zarte Marcia betrügt Harold mit dem großen Frank (verheiratet mit der üppigen Janet). Die üppige Janet kriegt es raus, sinnt auf Rache und geht deshalb etwas widerwillig mit Harold ins Bett. Irgendwann wissen alle alles, mal ist man empört, mal gleichgültig.

Am Ende lassen sich Piet und Angela scheiden, ebenso Ken und Foxy, und Piet und Foxy heiraten.

Für Einsteiger

Der Roman zeigt ein ziemlich trostloses Bild der amerikanischen Mittelschicht, wo man Ehebruch aus Langeweile begeht. An sich nicht schwer zu lesen, allerdings wünscht man sich eine Kurzfassung der fast 500 Seiten.

Für Einsteiger eignen sich daher viel eher *Die Hexen von Eastwick* (Achtung: Anders als der Film mit **Jack Nicholson** und **Cher**!) oder *S.* (eine Frau schließt sich plötzlich einer Sekte an) oder natürlich *Hasenherz*, der erste Teil der berühmten *Rabbit*-Reihe.

Smalltalk-Info

John Updike hat auch Kinderbücher geschrieben, von denen aber nur eins auf Deutsch erschienen ist: *Das erste Bilderbuch* (nicht mehr lieferbar). 26 kleine Gedichte zu jedem Buchstaben des Alphabets. Viel schöner natürlich im Original: *A Helpful Alphabet of Friendly Objects* – mit Fotos seines Sohnes David und einer Widmung für die Enkelkinder.

R. Nixon wird US-Präsident | W. Brandt wird Bundeskanzler | Mondlandung (N. Armstrong) | Woodstock-Festival

1968 *Ehepaare* John Updike

1969 *Die kleine Raupe Nimmersatt* Eric Carle | *Der Pate* Mario Puzo | *Schlachthof 5 oder Der Kinderkreuzzug* Kurt Vonnegut

PETER HANDKE

Die Angst des Tormanns beim Elfmeter

Inhalt

Die Hauptperson heißt BLOCH, ist Monteur und war mal ein bekannter Tormann. Diese Informationen bekommt man gleich im ersten Satz – von da an wird es schwierig. Denn die ganze Erzählung wird aus der Perspektive des offensichtlich psychisch gestörten BLOCH erzählt – eine Handlung gibt es nicht, den Sinn (soweit vorhanden) muss sich der Leser mühsam zusammenreimen.

BLOCH jedenfalls hat eines Morgens plötzlich die absurde Idee, er sei entlassen. Man weiß nicht, wie sein Leben vorher aussah, aber von nun an ist es das eines Verrückten. BLOCH zieht ins Hotel, gräbt ein Mädchen in einer Gaststätte an und landet schließlich mit der Kinokassiererin in deren Bett – ohne dass sie zuvor ein Wort gesprochen haben. Am nächsten Morgen nervt sie ihn so, dass er sie spontan erwürgt.

Anschließend fährt er in einen südlichen Grenzort, quartiert sich dort in einem Gasthof ein und tut seitenlang unspektakuläre Dinge (Socken kaufen, spazieren gehen, Aufschnitt essen, Musik hören, schlafen). Zwischendurch entwickelt BLOCH eine kleine Preis-Paranoia (muss immer fragen, was dies und jenes kostet), und regelmäßig tauchen Gendarmen auf, um BLOCH und die Leser an das Verbrechen am Anfang zu erinnern.

Auf den letzten Seiten geht es dann auch endlich um ein Fußballspiel und speziell um einen Elfmeter und den Tormann. Der hält den Ball nämlich, weil er sich nicht bewegt. Ende des Buches.

Smalltalk-Info

Wim Wenders fand die Geschichte seines Kumpels **Peter Handke** klasse und hat gleich einen Film daraus gemacht. 1972 kam er in die Kinos – auch unter dem Titel *DIE ANGST DES TORMANNS BEIM ELFMETER*. Beide, **Handke** und **Wenders**, waren vom Erfolg des Films überzeugt. Dummerweise hatte das Publikum aber einen Sportfilm erwartet und zeigte sich entsprechend unzufrieden.

Autor

Der Österreicher **Peter Handke** hat seinen Durchbruch 1966 mit einem Theaterstück, das den schönen Titel *PUBLIKUMSBESCHIMPFUNG* trägt. Ohne Handlung, dafür sprechen die Schauspieler mit dem Publikum, beschimpfen es am Ende ein bisschen und klatschen dann selber Beifall. Kommt damals super an.

Nicht so gut kommen **Handkes** proserbische Haltung im Zusammenhang mit dem Jugoslawienkrieg und sein Auftritt als Grabredner bei der Beerdigung von **Slobodan Milošević** an.

Für Einsteiger

Die gute Nachricht: Das Buch hat nur etwa 100 Seiten. Wer also mal etwas Anstrengendes mit literarischem Wert lesen will (auch zum Angeben!), ist mit dieser **Handke**-Erzählung gut bedient.

Apollo 13 | USA greifen Kambodscha an | Kniefall von Warschau | Gründung RAF | J. Morrison stirbt

1970
DIE ANGST DES TORMANNS BEIM ELFMETER Peter Handke | *LOVE STORY* Eric Segal

1971

1972
ANGST UND SCHRECKEN IN LAS VEGAS Hunter S. Thompson

Kurz, wichtig

Literatur im Schnelldurchlauf

ALEXANDER SOLSCHENIZYN

DER ARCHIPEL GULAG

Archipelag GULAG

Ein wichtiges, ein politisches Buch. Der Autor beschreibt seine Erfahrungen im Arbeitslager – dazu kommen die Erinnerungen anderer ehemaliger Häftlinge. Das Ganze ist ein Zeugnis der unfassbaren Verbrechen des stalinistischen Regimes – ein Sachbuch, ein Pamphlet, eine Chronik, ein Report und trotzdem ein literarisches Werk.

Das wichtigste Buch Alexander Solschenizyns, das niemals in der Sowjetunion erscheinen durfte, wurde 2009 Pflichtlektüre an russischen Schulen!

Der Titel ist übrigens eine Anspielung auf ein Werk von Tschechow: *DIE INSEL SACHALIN*. Darin geht es um die Verbrechen im Zarenreich. Archipel = Inselgruppe = überall in der Sowjetunion verteilte Lager. GULAG ist die russische Abkürzung für *Hauptverwaltung der Besserungsarbeitslager* = Stalins schlimme Unterdrückungsmaschinerie.

Wer vor diesem Monumentalwerk zurückschreckt, könnte mit *EIN TAG IM LEBEN DES IWAN DENISSOWITSCH* anfangen – da gibt es die ganze Thematik verdichtet und verkürzt, aber genauso niederschmetternd.

DARIO FO

BEZAHLT WIRD NICHT

Non si paga! Non si paga!

Erst war es nur ein Protest gegen Preiserhöhungen, dann wurde im Supermarkt fröhlich geplündert. Auch ANTONIA bringt reichlich Lebensmittel mit nach Hause, die sie unterm Bett versteckt – ihr Mann GIOVANNI ist ein gesetzestreuer Kommunist. ANTONIAS Freundin MARGHERITA bekommt auch Lebensmittel ab, die sie unter ihrem Mantel versteckt. GIOVANNI wundert sich, warum MARGHERITA so dick ist. *»Schwanger«*, meint ANTONIA und verlässt bald darauf die Wohnung. Als sie mit MARGHERITA zurückkehrt, kommt ein Polizist, der nach geplünderten Waren sucht. Um ihn abzulenken, simuliert MARGHERITA eine Frühgeburt. Polizist + Frauen verschwinden im Krankenwagen. Kurze Zeit später kommt MARGHERITAS Mann LUIGI, GIOVANNI macht ihm Vorwürfe wegen der Schwangerschaft, LUIGI versteht nur Bahnhof, gemeinsam gehen sie die Frauen suchen. Im Folgenden passieren extrem viele, extrem groteske Dinge: Männer klauen Mehlsäcke, schmuggeln sie in einen Sarg, Frauen täuschen weitere Schwangerschaften vor, Polizist befürchtet, blind zu sein, und wird ohnmächtig. Am Ende siegen die Bürger über die Staatsgewalt.

Militärputsch in Chile	Deutschland wird Fußballweltmeister	Vietnamkrieg endet	Gründung *Microsoft Corporation*	Rote Khmer nehmen Phnom Penh ein
1973	1974	1975		
DER ARCHIPEL GULAG Alexander Solschenizyn	*BEZAHLT WIRD NICHT* Dario Fo	*ROMAN EINES SCHICKSALLOSEN* Imre Kertész	*HUMBOLDTS VERMÄCHTNIS* Saul Bellow	

IMRE KERTÉSZ

ROMAN EINES SCHICKSALLOSEN

Sorstalanság

Budapest 1944. Der 15-jährige Köves György wird nach Auschwitz deportiert und schildert seine Erlebnisse im Konzentrationslager. Naiv klingt das und soll es klingen. Das ist das Besondere an diesem Roman: Der Ich-Erzähler erlebt das Grauen aus der Perspektive eines Jungen; während der Leser schon alles weiß, begreift György die systematische Vernichtung erst nach und nach. Er wertet nicht und empört sich nicht.

Von Auschwitz kommt György nach Zeitz, wird krank, landet auf der Krankenstation – bis das Lager befreit wird. Er schlägt sich nach Budapest durch. Sein Vater ist tot, in der Wohnung leben Fremde, also macht er sich auf die Suche nach seiner Mutter.

Es ist die Geschichte von **Imre Kertész** selbst, die er hier verarbeitet. Der Roman ist zwar in Ungarn erschienen, war aber nicht so gern gesehen. Erst zehn Jahre später wurde er ein Erfolg.

MARIO VARGAS LLOSA

TANTE JULIA UND DER KUNSTSCHREIBER

La tía Julia y el escribidor

Der Roman spielt in der peruanischen Hauptstadt Lima, Mitte der fünfziger Jahre. Der 18-jährige Mario studiert Jura, will aber Schriftsteller werden und nach Paris gehen. Er verliebt sich in seine Tante Julia. Die ist 14 Jahre älter als er – macht nix, denn sie ist hübsch, lustig und frisch geschieden. Sie hat nichts dagegen, sich die Zeit mit dem jungen Neffen zu vertreiben – natürlich ohne Sex (fünfziger Jahre), ein Skandal wird es trotzdem.

Abgesehen von der Liebesgeschichte geht es um Radio-Soaps. Mario jobbt nämlich nebenbei bei einem Radiosender, wo Pedro Camacho für die täglichen Hörspielserien immer neue Folgen schreiben muss. Ein stressiger Job, irgendwann bringt Pedro alles ziemlich durcheinander.

Sehr lustig, das perfekte Einsteigerbuch ins Werk des Nobelpreisträgers, das noch einige Perlen bereithält.

STEPHEN KING

SHINING

The Shining

Jack will mit seinem Sohn Danny und seiner Frau Wendy den Winter als Hausmeister in einem abgelegenen Hotel verbringen. Er hat ein Alkoholproblem und Danny bereits misshandelt – der Aufenthalt ist seine letzte Chance, die Familie zusammenzuhalten.

Dummerweise ist das Hotel voller Geister, die in Jack nur das Schlechteste wecken. Zudem hat Danny übersinnliche Kräfte und wird von einem Geist gewürgt – prompt gibt Wendy Jack die Schuld und will mit Danny das Gruselhotel verlassen. Aber sie sind natürlich eingeschneit und können nicht weg. Per Telepathie ruft Danny den Hotelkoch zu Hilfe, aber der wird von Jack (= besessen von Geistern) niedergeschlagen. Im letzten Moment können Danny und Wendy fliehen.

Einer der ersten Romane von **Stephen King**, inzwischen eher Old-School-Horror.

Gründung *Apple Inc.*

1976

GESPRÄCH MIT EINEM VAMPIR Anne Rice

Star Wars (G. Lucas)

Deutscher Herbst

1977

TANTE JULIA UND DER KUNSTSCHREIBER Mario Vargas Llosa

SHINING Stephen King

DIE DORNENVÖGEL Colleen McCullough

MARTIN WALSER

Ein fliehendes Pferd*

Inhalt

HELMUT und SABINE HALM fahren jedes Jahr in dieselbe Ferienwohnung am Bodensee, sprechen wenig und haben noch weniger Sex. Er ist Mitte 40, Lehrer, liest **Kierkegaard** und möchte am liebsten so wenig wie möglich am Leben teilnehmen. Schon ein Cafébesuch ist HELMUT eigentlich zu viel. Zu warm, zu viele Leute, zu unbequem.

Da tritt KLAUS BUCH auf den Plan, ein ehemaliger Klassenkamerad. Attraktiv, sportlich, leutselig. Er redet so lange auf HELMUT ein, bis der einem gemeinsamen Essen zustimmt. Dabei ist auch HELENE, genannt HEL, KLAUS' deutlich jüngere Frau. SABINE freut sich auf das Treffen mit den BUCHS, HELMUT ist schwer genervt – zumal KLAUS und HEL auch noch totale Gesundheitsfanatiker sind, die nur Salat essen und keinen Tropfen Alkohol anrühren.

KLAUS präsentiert sich auch bei weiteren Treffen als unabhängiger Freigeist, der Bücher schreibt, 1-a-Sex hat und bald auf die Bahamas auswandern will. Außerdem erzählt er andauernd peinliche Anekdoten aus HELMUTS Jugend.

Bei einem Segeltörn auf dem stürmischen Bodensee spielt sich KLAUS als wagemutiger Abenteurer auf und steuert das Boot sehr riskant durch die Wellen. Panisch schiebt ihn HELMUT vom Ruder weg, KLAUS fällt ins Wasser und ward nicht mehr gesehen. HELMUT fühlt sich natürlich schuldig, HEL ist total aufgelöst und lässt sich von den HALMS (unter anderem mit Alkohol) trösten. Sie offenbart, wie es wirklich um KLAUS steht: Nichts klappt nämlich in dessen Leben, er fühlt sich als Versager und hat HEL deswegen den Erfolg auch verboten. Sie hat Musik studiert, musste aber sogar ihr Klavier verkaufen. Plötzlich taucht der totgeglaubte KLAUS auf. Er fordert HEL zum Mitkommen auf, was diese auch wortlos tut. Ziemlich verstört reisen die HALMS ab – nach Montpellier.

Smalltalk-Info

Die Novelle hat **Walser** mal so zwischendurch geschrieben, als er mit seinem Roman *SEELENARBEIT* nicht vorankam. Sie wurde sein größter Erfolg. Die Kritiker waren begeistert – von Jahrhundertprosa war die Rede, **Walser** wurde sogar mit **Goethe** verglichen. Die Erstauflage von 25 000 war praktisch sofort weg, inzwischen sind mehr als eine Million Exemplare verkauft.

Für Einsteiger

Absolut. Amüsant, spannend, kurz. Die Art der Midlife-Crisis und das Setting wirken zwar ein bisschen aus der Zeit gefallen, aber vor allem der erste Teil, als HELMUT von dem nervigen KLAUS zugequatscht wird, macht auch heute noch Spaß beim Lesen.

Wer auf den **Walser**-Geschmack gekommen ist, kann mit seinem ersten Erfolg *EHEN IN PHILIPPSBURG* weitermachen oder gleich mit seinem Skandalroman *TOD EINES KRITIKERS* (Kritiker ≈ **Marcel Reich-Ranicki**, unter dessen Rezensionen **Walser** oft gelitten hat).

* Der Titel bezieht sich auf eine wild-symbolische Episode mitten in der Novelle: BUCHS und HALMS machen eine Wanderung. Plötzlich kommt ein ausgerissenes Pferd vorbeigaloppiert, KLAUS rennt hinterher. Als es stehen bleibt, schwingt er sich drauf und kommt dann tatsächlich mit dem Tier zurück. Alle sind beeindruckt, und KLAUS sagt: *»Einem fliehenden Pferd kannst du dich nicht in den Weg stellen. Es muss das Gefühl haben, sein Weg bleibt frei. Und: ein fliehendes Pferd lässt nicht mit sich reden.«* Bitte sehr – zum freien Interpretieren!

JOHN IRVING

Garp und wie er die Welt sah

The World According to Garp

Inhalt

Wie alle Irving-Romane ist auch dieser voller grotesker Geschichten. Anderen Autoren hätte eine davon gereicht – Irving erzählt sie alle und fügt sie zu einem großen Ganzen zusammen: Es beginnt mit der berühmten Szene in einem Lazarett. Zweiter Weltkrieg, JENNY ist Krankenschwester und will ein Kind, aber keinen Mann. Also setzt sie sich auf einen schwerverletzten Soldaten ... Er stirbt, sie wird schwanger und nennt das Kind nach seinem Vater: T. S. GARP.

Nach dem Krieg findet JENNY Arbeit in einem Internat, wo GARP eine schöne Kindheit erlebt. Er verliebt sich in HELEN, die unbedingt einen Schriftsteller heiraten will. Damit ist GARPS Berufsziel klar!

Aber erst mal zieht er mit seiner Mutter nach Wien, wo JENNY ihre Autobiografie schreibt und damit zur Ikone der Frauenbewegung wird. GARP schreibt eine Kurzgeschichte, und HELEN heiratet ihn tatsächlich. GARP schreibt einen Roman, sie bekommen zwei Söhne und lernen ein Ehepaar kennen, mit dem sie eine Viererbeziehung eingehen.

Später beginnt HELEN eine Affäre mit dem Studenten MICHAEL. GARP erfährt davon, und dann kommt es (Tragik!) zu einem Unfall: GARP stößt mit MICHAELS Wagen zusammen, dabei stirbt sein Sohn.

Schließlich kommen HELEN und GARP darüber hinweg, bekommen eine Tochter, und GARP schreibt wieder einen erfolgreichen Roman.

Seine Mutter JENNY wird von einem Mann erschossen (Tragik!), weil er meint, mit ihrem Feminismus habe sie seine Ehe zerstört. Und GARP wird am Ende von einer Frau erschossen, die denkt, dass er gegen Feminismus ist.

Smalltalk-Info

Die Bücher, die GARP schreibt, haben alle mit dem realen Werk Irvings zu tun. Die Kurzgeschichte, mit der GARP seine zukünftige Frau beeindruckt, heißt *DIE PENSION GRILLPARZER* und spielt in Österreich (≈ Irving: *DAS HOTEL NEW HAMPSHIRE)*. In GARPS erstem Roman *ZAUDERN* geht es unter anderem um die Befreiung von Zootieren in Wien (≈ Irving: *LASST DIE BÄREN LOS!*). In seinem zweiten Roman *DER HAHNREI FÄNGT SICH* verarbeitet er die lustige Viererbeziehung (≈ Irving: *EINE MITTELGEWICHTSEHE*). Und GARPS dritter Roman schließlich heißt *BENSENHAVER UND WIE ER DIE WELT SAH*, auch wenn sich der Plot durchaus unterscheidet, geht es auch um einen Vater, der Schuld am Tod seines Kindes trägt.

Autor

In Deutschland werden die Romane von John Irving erst in den achtziger Jahren bekannt. 1979 wird zuerst *GARP* (Irvings vierter Roman) ins Deutsche übersetzt, dann folgt *DAS HOTEL NEW HAMPSHIRE*, dann die älteren – dann ist man auf Reihe und Irving-Romane das Must-Read des Jahrzehnts.

Irving = skurril, aber nicht abgehoben + großes Erzähltalent + irgendwas Abstruses mit Sex = super. Sogar die Kritiker sind begeistert – ganz schön selten!

Zwar können die neueren Romane (nach *WITWE FÜR EIN JAHR*, 1998) nicht mehr sooo begeistern, aber Irving gilt nach wie vor als einer der ganz Großen (und er weiß es auch).

2 Familien fliehen im Ballon aus der DDR	M. Thatcher Premierministerin	*The Wall* (Pink Floyd)	Umsturz im Iran	NATO-Doppelbeschluss

1979

DIE UNENDLICHE GESCHICHTE Michael Ende	*ONKEL OSWALD UND DER SUDANKÄFER* Roald Dahl	*PER ANHALTER DURCH DIE GALAXIS* Douglas Adams

UMBERTO ECO

Der Name der Rose

Il nome della rosa

Inhalt

Rahmenhandlung: Der alte Mönch ADSON erzählt aus seiner Jugend – der Bericht wurde mehrfach übersetzt und fand schließlich den Weg vom 14. ins 20. Jahrhundert. Und nun zur Haupthandlung: Der Franziskanermönch WILLIAM VON BASKERVILLE reist mit seinem Novizen ADSON in eine Benediktinerabtei in Italien, wo theologische Fragen diskutiert werden sollen (unter anderem mit dem Papst).

Vorher soll WILLIAM aber noch rasch den Mord an einem Mönch aufklären. Allerdings wird daraus bald eine Mordserie – fünf Mönche sterben auf mysteriöse Weise. WILLIAM spürt schließlich im letzten Winkel den blinden Bibliothekar JORGE VON BURGOS auf, der über eine Schrift von **Aristoteles** wacht. Darin geht es um das Lachen – und JORGE meint, Lachen töte die Furcht und damit den Glauben. Deshalb will er auf keinen Fall, dass die Mönche diese Schrift lesen – zur Sicherheit hat er die Buchseiten mit Gift getränkt. Wer sie anfasst, stirbt.

Als sich JORGE entlarvt fühlt, setzt er die ganze Bibliothek in Brand und kommt darin um. WILLIAM und sein Novize können sich retten.

So weit die Haupthandlung. Nebenbei geht es allerdings noch um allerlei Grundsatzfragen zu Kirche, Glauben und Philosophie sowie mittelalterliche Geschichte.

Für Einsteiger

Wer einen historischen Krimi erwartet, wird enttäuscht sein. Die spannende Mörderjagd wird immer wieder durch diverse Exkurse unterbrochen; man muss schon intellektuell auf der Höhe und sehr interessiert an größeren Themengebieten (siehe oben) sein.

Autor

Umberto Eco ist keineswegs nur Autor, sondern auch (oder sogar vor allem) Semiotiker, das heißt, er unterrichtet die Lehre von den sprachlichen Zeichen. Kein Wunder, dass seine Bücher voll davon sind. Eco ist auf der Top-Intellektuelle-der-Welt-Liste ganz weit oben, das Schreiben ist für ihn eher ein Hobby – allerdings ein sehr einträgliches. Praktisch alle seine Romane sind Welterfolge mit Auflagen in Millionenhöhe.

Smalltalk-Info

1: Die Namen der Hauptpersonen sind eine Hommage an SHERLOCK HOLMES: WILLIAM VON BASKERVILLE erinnert an den HOLMES-Fall *DER HUND VON BASKERVILLE*, und seinem Novizen ADSON fehlt nur ein Buchstabe zu WATSON (d oder t – geschenkt!).

2: 2012 erschien in Italien eine überarbeitete Ausgabe. Eco hatte unter anderem inzwischen herausgefunden, dass es im Mittelalter keine Kürbisse, Paprika und Violinen gab.

Zitat

> *Stat rosa pristina nomine, nomina nuda tenemus.*
> *(Die Rose von einst steht nur noch als Name, uns bleiben nur nackte Namen.)*

Sagt ADSON am Ende des Buches und zitiert damit den Benediktinermönch **Bernhard von Cluny**. Klingt super, hat aber nichts mit dem Titel des Buches zu tun. Eco hat den Titel gewählt, weil er ihm gefiel und außerdem viele Assoziationen zulässt.

J. Lennon erschossen | Ausbruch Erster Golfkrieg | R. Reagan US-Präsident | *Rubiks Zauberwürfel*

1980

DER NAME DER ROSE Umberto Eco | *DIE BOURNE-IDENTITÄT* Robert Ludlum

| Charles + Diana heiraten | Jungfernflug Space Shuttle | Kriegsrecht in Polen | Friedensbewegung |

1981

| *UNSER MANN IN AFRIKA* William Boyd | *CHRONIK EINES ANGEKÜNDIGTEN TODES* Gabriel García Márquez | *MITTERNACHTSKINDER* Salman Rushdie | *DIE WELLE* Morton Rhue |

Kurz, wichtig

Literatur im Schnelldurchlauf

ISABEL ALLENDE

DAS GEISTERHAUS

La casa de los espíritus

Frauenlieblingsbuch der Achtziger! Im Prinzip García Márquez' *HUNDERT JAHRE EINSAMKEIT* in einfach.

Es geht – natürlich – um Liebe, Leid und Leben einer chilenischen Familie. ESTEBAN TRUEBA heiratet die schöne ROSA. Sie stirbt, was ihre (mit hellseherischen Fähigkeiten ausgestattete) Schwester CLARA vorhergesehen hatte. ESTEBAN trauert, vergewaltigt Frauen und kommt nach neun Jahren zurück, um CLARA zu heiraten. CLARA bekommt drei Kinder; ihre Tochter BLANCA wird schwanger von PEDRO (= Sohn des Verwalters = nicht standesgemäß), was ESTEBAN so erzürnt, dass er seine Frau verprügelt, woraufhin sie ihn verlässt.

ESTEBAN geht in die Politik und kandidiert für die Konservativen, BLANCAS Tochter ALBA studiert und verliebt sich in einen Sozialisten. Die Linken gewinnen die Wahlen, PEDRO wird Minister, ESTEBANS Gut wird enteignet, er beteiligt sich an Umsturzplänen. Doch als es zum Militärputsch kommt, läuft nichts wie geplant. ESTEBAN ist schwer enttäuscht, versöhnt sich mit BLANCA, verhilft PEDRO zur Flucht und rettet ALBA aus einem Konzentrationslager.

Klingt nach handfester Story, ist aber durchaus esoterisch angereichert – Menschen haben grüne Haare, fliegen durchs Zimmer, können hellsehen. Das fanden Literaturkritiker nicht so gut, ein Welterfolg wurde es trotzdem.

MARGUERITE DURAS

DER LIEBHABER

L'Amant

Anfang der dreißiger Jahre hieß Vietnam noch Indochina und war französische Kolonie. Hier spielt der autobiografische Roman: Die Erzählerin, ein 15-jähriges Mädchen (Französin, die in Indochina aufgewachsen ist), lernt einen deutlich älteren, reichen Chinesen kennen und beginnt mit ihm ein Verhältnis.

Ihre Mutter ist entsetzt (Beziehungen zu Chinesen gehören sich nicht), toleriert die Beziehung aber, weil sie finanziell profitiert – genau wie der Bruder der namenlosen Protagonistin, dessen Spielschulden der Chinese bezahlt. Schließlich kommt er auch für die Schiffstickets auf, damit die französische Familie zurück in ihre Heimat fahren kann. Abgesehen davon ist auch er den gesellschaftlichen Verhältnissen verpflichtet und heiratet auf Wunsch des Vaters eine gutsituierte Chinesin.

Die Erzählerin ist 18 Jahre, als sie nach Frankreich zurückkehrt. Sie weiß jetzt, dass sie den älteren Chinesen wirklich geliebt hat, und versucht ihn zu vergessen, indem sie sich ganz dem Schreiben widmet. Jahrzehnte später ruft er sie an und erklärt, dass er sie immer noch liebt.

Hach. Schöne Liebesgeschichte! Allerdings literarisch verwoben – mit Zeitsprüngen und mehreren Erzählperspektiven, ziemlich abgehackt mitunter, nicht unbedingt zum Darinversinken. Und ganz anders als der Film.

MILAN KUNDERA

DIE UNERTRÄGLICHE LEICHTIGKEIT DES SEINS

L'Insoutenable Légèreté de l'être

Studentenlieblingsbuch der Achtziger! Spielt im Prager Frühling: TOMAS (erfolgreicher Chirurg, auf der Suche nach sexuellen Abenteuern) lernt TERESA (Kellnerin, auf der Suche nach der großen Liebe) kennen. Sie beginnen ein Verhältnis, TOMAS hat Nebenaffären, TERESA leidet still, weil sie weiß, dass sie ihn sonst verliert.

Als der Prager Frühling brutal niedergeschlagen wird, fliehen beide in die Schweiz, wo TOMAS Arbeit und eine alte Flamme findet. TERESA dreht durch, geht zurück nach Prag, TOMAS reist ihr nach. Doch als er sich weigert, mit dem Regime zu kooperieren, verliert er seinen Job als Arzt und muss als Fensterputzer sein Geld verdienen. Schließlich ziehen TERESA und TOMAS aufs Land und arbeiten in einer Produktionsgenossenschaft. Sie sterben bei einem Autounfall.

Der Roman ist wegen der Zensur erst 2006 in Tschechien erschienen.

PATRICK SÜSKIND

DAS PARFUM

Paris im 18. Jahrhundert. JEAN-BAPTISTE GRENOUILLE ist ein komischer Typ. Er selbst riecht nach nichts, besitzt aber den absoluten Geruchssinn. Ein Mädchen, das besonders gut duftet, erwürgt er in seiner Schnüffelbegeisterung.

GRENOUILLE geht bei einem Parfumeur in die Lehre und kommt nach Grasse, wo er versucht, einen Menschenduft zu entwickeln. Dazu tötet er junge Frauen, um ihren Duft zu konservieren. Er wird verhaftet und zum Tode verurteilt. Zur Hinrichtung kommen Tausende, um ihn sterben zu sehen. Doch plötzlich erscheint er ihnen gar nicht mehr als Mörder, sondern als super Typ – weil er so unglaublich duftet. GRENOUILLE trägt sein Parfum, hergestellt aus den Düften von Jungfrauen.

Statt einer Hinrichtung gibt es eine (be-)rauschende Sex-Orgie, nur GRENOUILLE ist unzufrieden: Er setzt sich zu Verbrechern und Huren, die ihn vor lauter Besitzgier ermorden.

PAULO COELHO

DER ALCHIMIST

O Alquimista

Der junge andalusische Schäfer SANTIAGO will die Welt kennenlernen. Weil er von einem Schatz bei den Pyramiden träumt, reist er erst mal nach Ägypten. Er kommt in eine Oase, wo er sich in FATIMA verliebt und einen Alchimisten trifft. Der überredet ihn, weiter nach dem Schatz zu suchen, obwohl SANTIAGO lieber bei FATIMA bleiben würde.

Unterwegs lernt SANTIAGO allerlei Dinge aus der Schule des Lebens ebenso wie die wichtige Lektion, immer auf sein Herz zu hören. Zwischendurch verwandelt er sich auch mal in Wind.

Am Ende findet er den Schatz zu Hause in Andalusien und heiratet FATIMA. Und weiß jetzt, dass man immer versuchen sollte, seine Träume zu leben. Dann klappt es auch mit der Liebe.

Der erste große Erfolg des Brasilianers Paulo Coelho in Deutschland. Es folgten andere Werke mit ähnlich esoterischem Inhalt – die Leser sind begeistert, die Literaturkritiker weniger.

Bergarbeiterstreik in England

1984

DER LIEBHABER Marguerite Duras

DIE UNERTRÄGLICHE LEICHTIGKEIT DES SEINS Milan Kundera

*Live-Aid-*Benefizkonzert

1985

DAS PARFUM Patrick Süskind

B. Becker gewinnt Wimbledon mit 17

1988

DER ALCHIMIST Paulo Coelho

Konstellationen

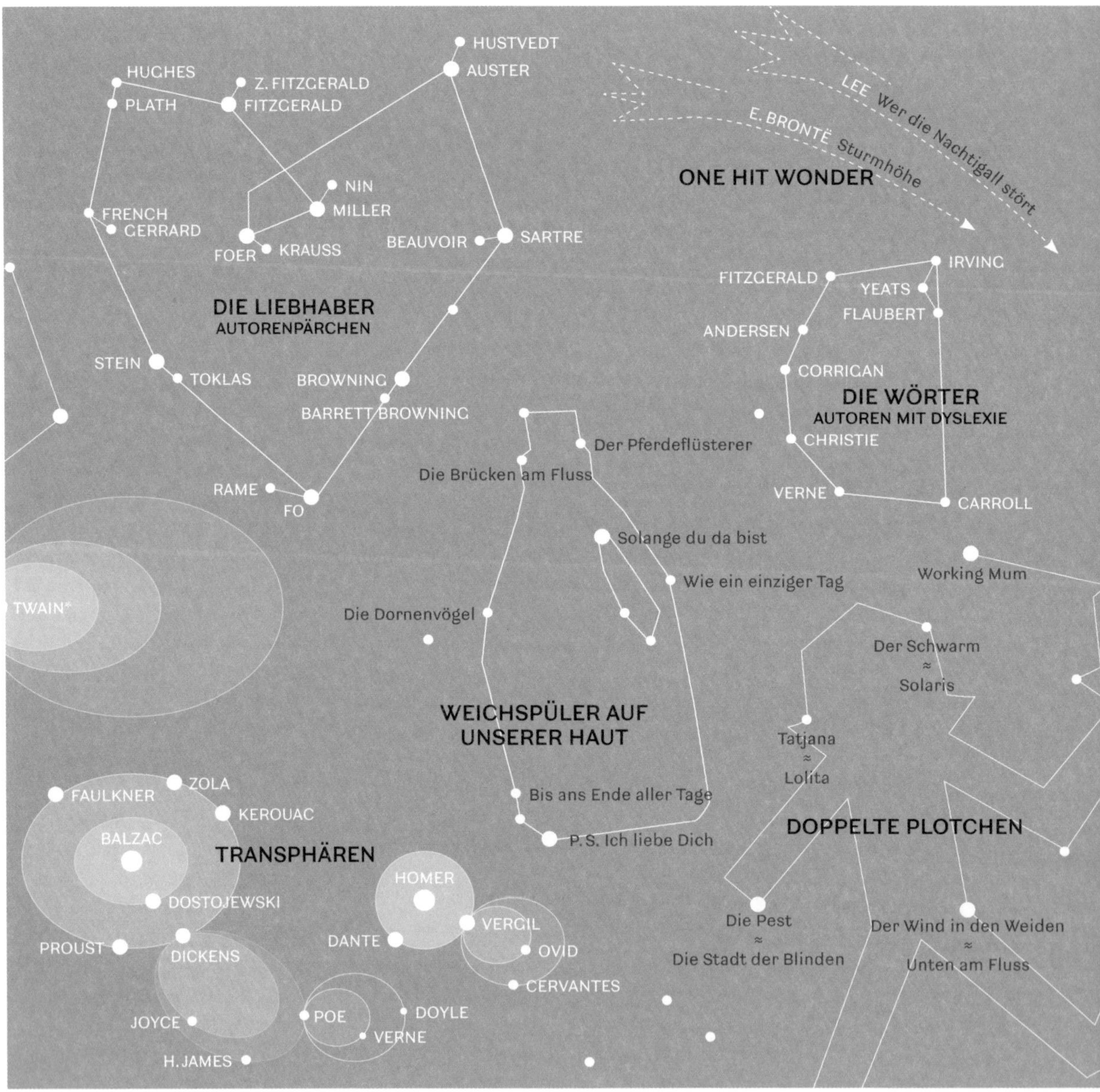

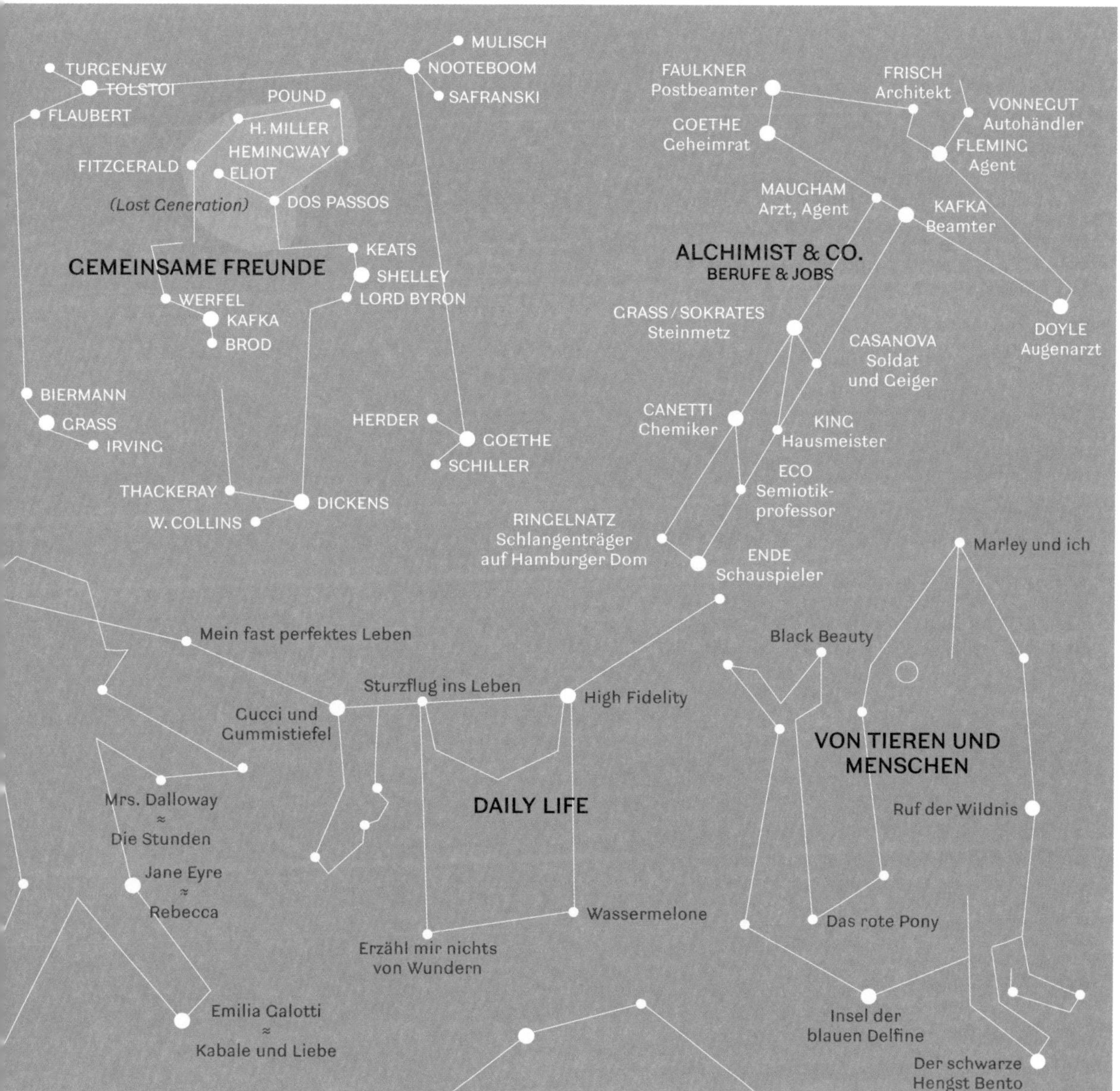

* **Mark Twains** Werk hat viele amerikanische Autoren beeinflusst. **Ernest Hemingway** sagte über ihn: »Die gesamte amerikanische Literatur stammt von einem Buch von **Mark Twain** namens *Huckleberry Finn* ab. Vorher gab es nichts. Seitdem gab es nichts, was dem gleichkommt.«

BENOÎTE GROULT

Salz auf unserer Haut

*Les vaisseaux du cœur**

Inhalt

Mädchen aus gutem Haus trifft bretonischen Fischer und hat mit ihm Sex at its best, und zwar jahrzehntelang immer wieder.

Etwas detaillierter: GEORGE kennt GAUVAIN schon ewig. Regelmäßig urlaubt ihre Familie in der Bretagne, aber eines Sommers – GEORGE ist 18, GAUVAIN 24 – ist die Unschuld dahin, die beiden baden nachts im Meer, und es kommt zum Äußersten.

Danach sehen sie sich erst mal nicht, aber kaum treffen sie sich wieder, werden sie erneut von Leidenschaft übermannt.

So geht es im Prinzip weiter: Sie sehen sich und landen im Bett. Irgendwann macht GAUVAIN GEORGE zwar einen Heiratsantrag, aber – ach – die Standesunterschiede! GEORGE möchte doch nicht so gerne mit einem Fischer zusammenleben.

Dann ist erst mal Funkstille. GAUVAIN heiratet ein Mädchen aus dem Dorf und bekommt vier Kinder. GEORGE heiratet einen erfolgreichen Typen, bekommt einen Sohn, lässt sich scheiden.

Und plötzlich treffen sie sich zufällig in Afrika. Die alte Leidenschaft wallt wieder auf. Auf den Seychellen können sie schließlich einen längeren Liebesurlaub verbringen, weitere folgen. Schließlich heiratet GEORGE einen netten, intelligenten Gynäkologen, verzehrt sich aber sexuell weiter nach dem bretonischen Fischer.

Erst als GAUVAIN stirbt, erkennt sie, dass sie ihn doch ganz schön geliebt hat.

Smalltalk-Info

Die ganze Geschichte ist autobiografisch: Bei **Benoîte Groult** war es zwar kein bretonischer Fischer, sondern ein amerikanischer Pilot, in den sie sich 1945 verliebte. 50 Jahre lang traf sie sich regelmäßig mit ihm (im Abstand von Jahren), obwohl sie inzwischen mehrfach verheiratet war.

Das Buch wurde lange Zeit als Hausfrauenporno verschrien – hat sich aber dennoch oder gerade deshalb super verkauft. Inzwischen gilt **Benoîte Groult** als feministische Autorin ...

Zitat

> *Gauvain ist hin- und hergerissen zwischen dem Wunsch, sie zu lieben, und der vulkanischen Begierde, sofort und auf der Stelle in ihr zu explodieren.*

Same, same but different

Feminismus hin oder her, eine ähnlich üppige Leidenschaft über Jahrzehnte hinweg findet man in *DIE DORNENVÖGEL* von **Colleen McCullough.** PATER RALPH darf die hübsche MEGGIE nicht lieben, aber zum Sex kommt es trotzdem regelmäßig. Nicht biografisch, dafür noch tragischer.

---

* Der französische Titel heißt übersetzt Herzkranzgefäße: doppeldeutig! Herz-Schmerz-Liebe einerseits und medizinisch andererseits: Am Ende stirbt Gauvain nach einer Bypass-OP.

PAUL AUSTER

Mond über Manhattan

Moon Palace

Inhalt

Ich-Erzähler Marco Stanley Fogg erinnert sich an sein Erwachsenwerden in den sechziger Jahren. Mit elf Jahren wird er Waise und wächst bei seinem Onkel beziehungsweise im Internat auf. Als Marco 20 ist, stirbt sein Onkel, und er dreht ziemlich ab. Ohne Geld und ohne Talent, welches zu verdienen, landet er schließlich auf der Straße.

Völlig am Ende, wird er von seinem Exmitbewohner und der chinesischen Studentin Kitty wieder aufgepäppelt. Allmählich läuft es besser: Liebesbeziehung mit Kitty, neue Freunde, kleiner Job, dann Anstellung als Vorleser bei dem reichen Tyrannengreis Effing. Der erzählt ihm seine Lebensgeschichte, damit Marco daraus einen Nachruf formulieren und Effings Sohn (Solomon) schicken kann. Effing verteilt noch ziemlich viel Geld an die Armen, dann stirbt er.

Nach vier Monaten meldet sich Solomon bei Marco, bald stellt sich heraus, dass er Marcos Mutter kannte, und nach einigen dramatischen Wendungen (Kitty schwanger, besteht auf Abtreibung, sie trennen sich, Marco zieht zu Solomon und reist mit ihm nach Chicago zum Grab seiner Mutter) stellt sich außerdem heraus, dass Solomon Marcos Vater ist!!! Nach weiteren dramatischen Wendungen (Solomon stirbt, weil er in ein offenes Grab gestürzt war, Kitty will sich nicht versöhnen, Marcos Auto mit den geerbten 10 000 Dollar wird geklaut) geht Marco zu Fuß nach Kalifornien und beginnt ein neues Leben.

Smalltalk-Info

Der Name Marco Stanley Fogg soll an drei Reisende erinnern: **Marco Polo** (Entdecker), **Henry Morton Stanley** (Afrikaforscher) und Phileas Fogg (Weltumrunder aus **Jules Vernes** Roman).

Autor

Paul Auster ist einer der bekanntesten amerikanischen Gegenwartsautoren. Und er ist vielleicht der glamouröseste: dunkel, wohlfrisiert, eindringlicher Blick. Mit der Schriftstellerin **Siri Hustvedt** führt er (nach eigener Auskunft) eine tolle offene Ehe, die sehr hübsche Tochter **Sophie** ist Sängerin.

Auster schreibt jeden Tag in minikleiner Handschrift – und tippt dann alles auf der Schreibmaschine ab. Vor Computern hat **Auster** zu viel Angst – es könnte plötzlich alles weg sein! Über seine geliebte Reiseschreibmaschine Olympia (1974 für 40 Dollar gekauft) hat er sogar ein Buch geschrieben.

KEN FOLLETT

Die Säulen der Erde

The Pillars of the Earth

Inhalt

Die ganz große Mittelalter-Epos-Tragik rührt schon auf den ersten Seiten zu Tränen: AGNES, die Frau des Steinmetzen TOM BUILDER, muss ihr Kind im kalten Wald zur Welt bringen und stirbt bei der Geburt. TOM kann den Säugling nicht ernähren, deshalb lässt er ihn am Grab der Mutter zurück. Zum Glück wird er von einem Priester gefunden, der ihn ins nahegelegene Kloster bringt.

PRIOR PHILIP will das Findelkind aufziehen und nimmt es mit nach Knightsbridge, wo er Klosterchef wird. TOM und seine Kinder lernen ELLEN kennen, die mit ihrem elfjährigen Sohn JACK im Wald lebt. ELLEN und TOM verlieben sich, und alle ziehen zusammen weiter. Schließlich wird TOM von PRIOR PHILIP beauftragt, eine neue Kathedrale in Knightsbridge zu bauen. Es folgen einige Schicksalsschläge (ELLEN muss TOM verlassen, PHILIP verfeindet sich mit seinem Bischof, der will die Kathedrale lieber woanders bauen, es gibt keine Steine, alles verzögert sich), die Jahre vergehen, ELLEN kommt zu TOM zurück, JACK – inzwischen ein unglaublich talentierter Steinmetz – verliebt sich in ALIENA (war mal reich, dann arm / gebeutelt / vergewaltigt, inzwischen geht es wieder). PHILIP ernennt JACK zum Bauaufseher, aber er muss dafür ins Kloster eintreten.

TOM BUILDER stirbt, ALIENA heiratet widerwillig ALFRED (= Sohn von TOM), ist aber von JACK schwanger. Der ist nach Spanien geflohen (unterwegs lernt er die Gotik kennen, wichtig!), es gibt neue Probleme beim Kathedralen-Bau, ALIENA reist JACK mit dem Sohn hinterher.

Schließlich kehren die drei nach Knightsbridge zurück. JACK wird Dombaumeister. Einige Jahre und diverse Schicksalsschläge später dürfen JACK und ALIENA auch heiraten, und schließlich wird sogar die Kathedrale vollendet! Und das Findelkind erfährt, wer sein Vater war. Und JACK erfährt, warum sein Vater gestorben ist.

Das Buch endet im Jahr 1174. JACK ist 50 Jahre alt und plant, die Mauern der Kathedrale neu zu gestalten – im gotischen Stil, ganz à la mode.

Für Einsteiger

... in vielerlei Hinsicht geeignet. Zum Beispiel als Einstieg in ganz dicke Bücher: Der Roman hat mehr als 1 000 Seiten.

Oder als Einstieg ins Mittelalter: Neben der Haupthandlung geht es auch um die finsteren Zeiten im Allgemeinen und die Geschichte Englands nach dem Tod **Heinrichs I.** im Besonderen.

Oder als Einstieg in die Baukunst: Man erfährt ganz viel über Romanik, Gotik und mittelalterliche Bautechnik – und es ist überhaupt nicht langweilig.

Und als Einstieg in den Historienroman sowieso. Man wird kaum ein Mittelalterepos finden, das mehr Liebe / Tragik / Leidenschaft / Intrige in sich vereint – und das in gerade noch literarischer Form.

Smalltalk-Info

2007 erschien eine Fortsetzung der Geschichte des fiktiven Ortes Knightsbridge: *DIE TORE DER WELT*. Spielt 200 Jahre später, es geht um den Bau einer Brücke (plus Liebe / Tragik / Leidenschaft / Intrige plus Pest). Konnte nicht ganz so überzeugen wie die *»Pillars«*, aber ein Welterfolg war es trotzdem.

Deutschland Fußballweltmeister | Deutschland wiedervereinigt | Zweiter Golfkrieg | Erster ICE

1989 – *DIE SÄULEN DER ERDE* – Ken Follett

1990 – *BESESSEN* – A. S. Byatt

1990-91

1991 – *SOFIES WELT* – Jostein Gaarder | *MÖRDER OHNE GESICHT* – Henning Mankell

★ 1949 in Wales

»Ich möchte nicht der Typ mit den Mittelalter-Büchern sein«

Es lohnt sich, »ken follett damn right« bei youtube einzugeben: Der Grandseigneur der englischen Unterhaltungsliteratur rockt die Bude! Und auf seiner Homepage kann man ihn sogar mit ärmelfreier Weste und Stars-and-Stripes-Hose bewundern!

Ken **Follett** scheint als vollendeter Gentleman zur Welt gekommen zu sein. Weißes Haar in ordentlichen Wellen, dunkler Anzug / Hemd / Krawatte und dieses britische Understatement-Lächeln.

Dabei lief es erst gar nicht so gut mit seinen Büchern. Frustriert von seinem Job als Journalist, hatte **Follett** schon früh angefangen zu schreiben, abends in seiner Freizeit. Seine Geschichten wurden tatsächlich auch veröffentlicht, fanden allerdings kaum Leser. Bis **Follett** 1978 einen Super-Coup landet: *Die Nadel*, ein Spionage-Thriller, der im Zweiten Weltkrieg spielt. Schon beim Schreiben merkt er, dass ihm hier etwas Besonderes gelungen ist. Etwas, das deutlich besser ist als alles, was er zuvor geschrieben hat. *»This is absolutely terrific«*, sagt er zu seiner Frau – und er behält recht. *Die Nadel* wird ein Bestseller in der ganzen Welt, und **Ken Follett** wird berühmt.

Weil es mit der *Nadel* so gut geklappt hat, schreibt er erst mal weiter Spionagegeschichten – auch alle erfolgreich, genau wie später seine Wissenschafts-Thriller. Seine Leser(innen!) lieben ihn allerdings vor allem für *Die Säulen der Erde* und deren Fortsetzung *Die Tore der Welt*.

Aber er will sich nicht aufs Mittelalter festlegen lassen und startet mit Anfang 60 noch mal ein sehr ambitioniertes Projekt: *Die Jahrhundertsaga*. In drei Büchern will **Follett** die Geschichte der westlichen Zivilisation des 20. Jahrhunderts erzählen – von 1914 bis zum Fall der Mauer.

Und wenn er mal die Nase voll hat von der ganzen aufwendigen Recherche, dem disziplinierten Schreiben und den Lesereisen, dann besteigt er eine ganz andere Bühne – mit seiner Blues-Band **Damn Right**.

1992		1993	1994
B. Clinton wird US-Präsident		Fünfstellige Postleitzahlen	Völkermord in Ruanda
Die Entdeckung d. Himmels Harry Mulisch	*Gefährliche Geliebte* Haruki Murakami	*Schiffsmeldungen* Annie Proulx	*Die Stadt der Blinden* José Saramago

NICK HORNBY

High Fidelity

Inhalt

Rob ist 35, Besitzer eines schlecht laufenden Plattenladens in London und gerade von seiner Freundin Laura verlassen worden. Er hat sie betrogen, obwohl sie schwanger war, was er nicht wusste, weil sie es ihm nicht erzählt hatte, weil sie wusste, dass er sie betrügt.

Rob ist erst mal ziemlich wütend, vor allem als er erfährt, dass Laura offenbar mit Ian zusammen ist, der bis vor kurzem in der Wohnung über ihnen gewohnt hat. Und dem sie beim Sex zugehört haben. *Ausdauernd*, hatte Laura gesagt – eine Bemerkung, die für Rob jetzt der K.-o.-Schlag ist. Zum Trotz schläft er mit Marie, was aber nicht den gewünschten Erfolg hat. Er muss dauernd an Laura denken, und langsam dämmert es Rob, dass er Fehler gemacht hat.

Da hat er die Idee, seine Top-Five-Exfreundinnen* aufzusuchen und herauszufinden, warum es mit denen nicht geklappt hat. Währenddessen läuft es mit Laura und Ian nicht so gut, und dann stirbt eines Tages Lauras Vater. Rob ist zur Beerdigung eingeladen, Laura und er kommen sich wieder näher und schließlich auch wieder zusammen.

Beide haben dazugelernt, allerdings weiß man bis zum Schluss nicht, ob Rob wirklich erwachsen geworden ist. Auf den letzten Seiten verliebt er sich in eine Journalistin und bedauert mal wieder, dass es mit Laura nie wieder so wie am Anfang der Beziehung sein wird (Herzklopfen). Aber der letzte Satz deutet an, dass Rob vielleicht doch bereit für eine neue Lebensphase ist.

Autor

Nick Hornby ist ein netter, lustig aussehender Brite. Ehemaliger Lehrer, großer FC-Arsenal-Fan (davon handelt auch sein Debüt *Fever Pitch*) und ebenso großer Musikfan. Seit *High Fidelity* ist er der Nummer-eins-Popliterat – obwohl niemand so genau weiß, was der Begriff »Popliteratur« überhaupt bedeutet. Irgendwie lockerflockig über den Alltag von Um-die-30-Jährigen schreiben. Tatsächlich hat das niemand so humorvoll und unpeinlich hingekriegt wie **Nick Hornby**.

Allerdings hat er sein Themengebiet längst erweitert, unter anderem auf Depressionen (*A Long Way Down*), Teenager-Schwangerschaft (*Slam*), Eheprobleme (*How to Be Good*).

Same, same but different

»Lustig, Alltag – kann ich auch!« Das dachten sich wohl viele Autoren und Autorinnen nach dem Erfolg von *High Fidelity*. Und »Lustig, Alltag – mehr!«, forderten die Leser. Tatsächlich gibt es einige wenige Schriftsteller, die es schaffen, auf ähnliche Weise Spaß und (etwas) Anspruch zu vereinen. **Tony Parsons** *(Erzähl mir nichts von Wundern; Männlich, alleinerziehend, sucht …)* zum Beispiel, **Jonathan Tropper** *(Mein fast pefektes Leben)* oder **Allison Pearson** *(Working Mum)*.

* Die erste von zig Top-Five-Listen im Buch. Die meisten anderen behandeln Songs oder Filme (Lieblingsfilme mit Untertiteln / aller Zeiten / des Vaters / der Mutter). Auch ansonsten analysiert Rob sein Leben gern anhand von 1-2-3- oder a-b-c-Aufzählungen. Diese Listensache war damals ganz neu und wurde millionenfach kopiert.

J. Rabin ermordet | *Verhüllter Reichstag* (Christo / Jeanne-Claude) | Massaker von Srebrenica

1995

Vergessene Welt Michael Crichton | *High Fidelity* Nick Hornby

Reform der deutschen Rechtschreibung | Klonschaf *Dolly* geboren

1996

Die Asche meiner Mutter Frank McCourt | *Unendlicher Spass* David Foster Wallace

JOANNE K. ROWLING

Harry Potter 1–7

Inhalt

Vorgeschichte: Als HARRY ein Baby war, wurden seine Eltern von dem bösen LORD VOLDEMORT umgebracht. HARRY sollte auch dran glauben, aber günstigerweise fiel der Todesfluch auf VOLDEMORT zurück. Seitdem ist der ohne Körper, und HARRY hat eine schicke gezackte Narbe auf der Stirn.

Band 1: HARRY ist elf und kommt auf das Zauberinternat HOGWARTS, das von dem mächtigen und netten ALBUS DUMBLEDORE geleitet wird. (Bis dahin hat HARRY bei doofen Verwandten gelebt und wusste weder über seine Herkunft noch über seine magischen Kräfte Bescheid.) Er lernt seine besten Freunde RON und HERMINE kennen, kann bald ein paar Zaubertricks sowie den Besensport *Quidditch*. Und er verhindert, dass VOLDEMORT den Stein der Weisen bekommt und damit unsterblich wird.

Band 2 (= zweites Schuljahr): Ein Ungeheuer aus der Kammer des Schreckens verübt hässliche Anschläge auf Schüler. HARRY, RON und HERMINE töten das Monster und versetzen VOLDEMORT einen weiteren Schlag.

Band 3: Der gefährliche Mörder SIRIUS ist aus dem Gefängnis ausgebrochen. Alle befürchten, dass er HARRY töten will, tatsächlich hat er es aber auf RONS Ratte abgesehen. Denn SIRIUS ist HARRYS Pate und die Ratte in Wirklichkeit der Typ, der HARRYS Eltern verraten hat.

Band 4: HARRY muss an einem viel zu schwierigen Zauberschulen-Turnier teilnehmen und gefährliche Aufgaben lösen. Dahinter steckt VOLDEMORT, der wieder in seinen Körper zurückgekehrt ist.

Band 5: Das Zaubereiministerium will nicht, dass VOLDEMORTS Rückkehr bekannt wird. Der Kampf gegen den Lord gestaltet sich daher schwierig. Schließlich wird eine Prophezeiung bekannt, die besagt, dass nur HARRY VOLDEMORT töten kann – oder er ihn.

Band 6: DUMBLEDORE hilft HARRY, alles über LORD VOLDEMORT herauszufinden, und schließlich finden sie das entscheidende Detail. Beim Versuch, das Wissen umzusetzen, stirbt DUMBLEDORE.

Band 7: HARRY bringt VOLDEMORT endlich um.

Smalltalk-Info

Mehr als 400 Millionen Bücher wurden bisher in der ganzen Welt verkauft.* Nie zuvor hat eine Kinderbuchreihe eine solche Aufmerksamkeit hervorgerufen. Fans übernachten am Abend vor dem Erscheinungstag des neuesten Bandes vor den Buchläden, die zum Teil extra um Mitternacht öffnen. Tausende Exemplare des fünften Bandes werden vor dem Erscheinungstermin vom Lastwagen gestohlen, und der sechste Band erscheint in China als Plagiat, bevor Rowling ihn überhaupt geschrieben hat.

Autorin

Fünf Jahre feilt **Joanne K. Rowling** am ersten Band – und weiß da schon, dass es sieben werden sollen. Zunächst hat niemand Interesse an dem Manuskript der alleinerziehenden Sozialhilfeempfängerin. Schließlich findet **Rowling** doch einen Verlag. Und ist ein paar Jahre später Milliardärin. Niemand sonst hat jemals so viel Geld mit Bücherschreiben verdient.

* *HARRY POTTER* war das erste richtige All-Age-Buch – seitdem ist *All Age* das Zauberwort für alle Kinderbuchverlage, denn es erweitert die Zielgruppe ungemein.

Prinzessin Diana stirbt	T. Blair wird britischer Premierminister	Sonde *Pathfinder* landet auf dem Mars

1997

SEX AND THE CITY Candace Bushnell	*HARRY POTTER UND DER STEIN DER WEISEN* J. K. Rowling	*AMERIKANISCHES IDYLL* Philip Roth

PHILIP ROTH

Der menschliche Makel

The Human Stain

Inhalt

Sommer 1998. Amerika ist nachhaltig geschockt von der Lewinsky-Affäre. In dieser Atmosphäre der Verunsicherung bezeichnet der Literaturprofessor COLEMAN SILK zwei Studenten, die in seinem Kurs nie auftauchen, als *dunkle Gestalten, die das Seminarlicht scheuen*. Er weiß nicht, dass es sich um zwei Schwarze handelt, wird aber sofort des Rassismus beschuldigt.

Dementis und Unschuldsbeteuerungen gelten nichts in diesen Zeiten. Eine Hetzjagd beginnt, COLEMANS Frau stirbt an einem Schlaganfall, er geht vorzeitig in den Ruhestand. Aber es ist ihm doch wichtig, dass dieser ganze Irrtum aufgeklärt wird. Und so bittet COLEMAN seinen Nachbarn, den Schriftsteller NATHAN ZUCKERMAN, ein Buch über ihn zu schreiben, das alles geraderückt. ZUCKERMAN lehnt ab, freundet sich aber mit SILK an.

Nach und nach erfährt der Leser, dass COLEMAN SILK in Wirklichkeit ein Schwarzer mit sehr heller Haut ist. Jahrzehntelang konnte er diesen »Makel« verheimlichen, nicht einmal seine Frau und seine vier Kinder wussten es. Um Karriere zu machen, hat er seine afroamerikanische Familie verleugnet.

SILK tröstet sich derweil über das Unrecht hinweg, indem er eine Affäre mit der 34-jährigen Putzfrau FAUNIA (die ebenfalls ein schweres Leben hatte) beginnt. Was bei seinen Collegefeinden erneute Empörung hervorruft: Sexuelle Ausbeutung! Auch COLEMANS Kinder sind schockiert.

Am Ende (≠ Ende des Buches) sterben SILK und seine Geliebte bei einem Autounfall.

Smalltalk-Info

Viel Metaphorik dieses Romans steckt in der Sprache, nicht alles ließ sich eins zu eins übersetzen – zum Beispiel:

1: Das Wort *stain* im englischen Titel bedeutet *Makel*, *Schandfleck* oder auch schlicht *Fleck*. Hier verbirgt sich also auch eine Anspielung auf die Lewinsky-Affäre, in der das Corpus Delicti ein mit Sperma beflecktes Kleid war.

2: Die Lebenslüge des Protagonisten steckt schon in seinem Namen: COLEMAN SILK = Kohlenmann Seide.

3: *Do they exist or are they spooks?* lautet die Frage COLEMANS nach den Studentinnen im Original. »Spook« heißt Gespenst, aber früher bezeichnete man Schwarze auch abfällig als »spooks«.

Autor

Philip Roth ist der große amerikanische Autor der Gegenwart, und *DER MENSCHLICHE MAKEL* ist sein Meisterwerk.

Die Figur des NATHAN ZUCKERMAN taucht übrigens in vielen seiner Bücher auf und gilt als Alter Ego des Autors. ZUCKERMAN ist mal Protagonist, mal Nebenfigur – und er wird immer älter. Zuletzt (*EXIT GHOST*) ist er gebrechlich, impotent und inkontinent und versucht verzweifelt zu verhindern, dass ein junger Typ eine Biografie über einen großen Schriftsteller schreibt, den ZUCKERMAN sehr verehrt. Man sollte niemals vom Werk auf das Leben eines Autors schließen, so die deutliche Botschaft des Buches …

Viagra | G. Schröder wird Bundeskanzler | Lewinsky-Affäre | *Google* geht online | Kyoto-Protokoll unterzeichnet | NATO-Luftangriffe auf Serbien

1998

WITWE FÜR EIN JAHR John Irving | *ELEMENTARTEILCHEN* Michel Houellebecq | *DIE STUNDEN* Michael Cunningham

1999

GLAMORAMA Bret Easton Ellis

JONATHAN FRANZEN

Die Korrekturen

The Corrections

Inhalt

Familie Lambert ist eine ziemlich typische amerikanische Familie der neunziger Jahre: Vater (Alfred), Mutter (Enid), drei Kinder (Gary, Chip und Denise). Die Eltern seit fast 50 Jahren verheiratet, normal glücklich / gelangweilt / gewöhnt. Jetzt allerdings leidet Alfred an Parkinson und Demenz, Enid will ein letztes gemeinsames Weihnachtsfest organisieren. So weit die Rahmenhandlung.

In Rückblenden wird die Familiengeschichte aufgearbeitet, vor allem der Lebensweg der Kinder: Gary, der erfolgreiche, aber unzufriedene Banker mit der fiesen Ehefrau, die seine Kinder manipuliert. Chip, der Literaturprofessor, der seine Karriere durch die Affäre mit einer Studentin zerstört und sich dann in dubiose Geschäfte in Litauen verwickeln lässt. Denise, die Spitzenköchin mit den unglückseligen Liebschaften – die Affären mit ihrem Chef und dessen Frau kosten sie schließlich den Job.

So richtig zufrieden ist keines der Lambert-Kinder, und alle versuchen immer wieder, ihr Leben und ihre Lebensentwürfe zu korrigieren. Selbst Enid hat neue Pläne nach dem Tod ihres Mannes: *Sie war fünfundsiebzig Jahre alt, und sie würde einiges in ihrem Leben ändern* – mit diesem Satz endet der Roman.

Smalltalk-Info

Oprah Winfrey hatte **Jonathan Franzen** in ihre Sendung *Oprah's Book Club* eingeladen, aber er wollte gar nicht, dass sein Buch von ihr beworben wird. Angst vor Trivialisierung – **Oprah**, so **Franzen**, habe nur »schmalzige, eindimensionale Romane« auf ihrer Empfehlungsliste. Schwups wurde er von der Talklady wieder ausgeladen. Hinterher tat es **Franzen** leid, hat er gar nicht so gemeint. Neun Jahre später, als sein neuestes Buch *Freiheit* erscheint, gibt es eine große Versöhnung: **Oprah** empfiehlt das Buch, **Franzen** kommt in die Show.

Für Einsteiger

Das Buch ist zwar sehr dick, aber auch sehr gut lesbar. Einsteiger könnten eventuell die Seiten überblättern, in denen **Franzen** längere Einblicke in Themen wie Wirtschaftskriminalität oder Biotechnik gibt. Muss man ja nicht weitererzählen. Überblättern gilt selbstverständlich als Todsünde, aber wenn es hilft, den Zugang zur Literatur zu erleichtern, sollten (fast) alle Mittel erlaubt sein.

G.W. Bush wird Präsident | W. Putin wird Präsident | *9/11* Terroranschläge in den USA | G.W. Bush prägt Begriff *Achse des Bösen*

2000 – *Der menschliche Makel*, Philip Roth

2001 – *Abbitte*, Ian McEwan | *Die Korrekturen*, Jonathan Franzen

2002 – *Schnee*, Orhan Pamuk

Wie alt?!

Alter und Tod von Autoren

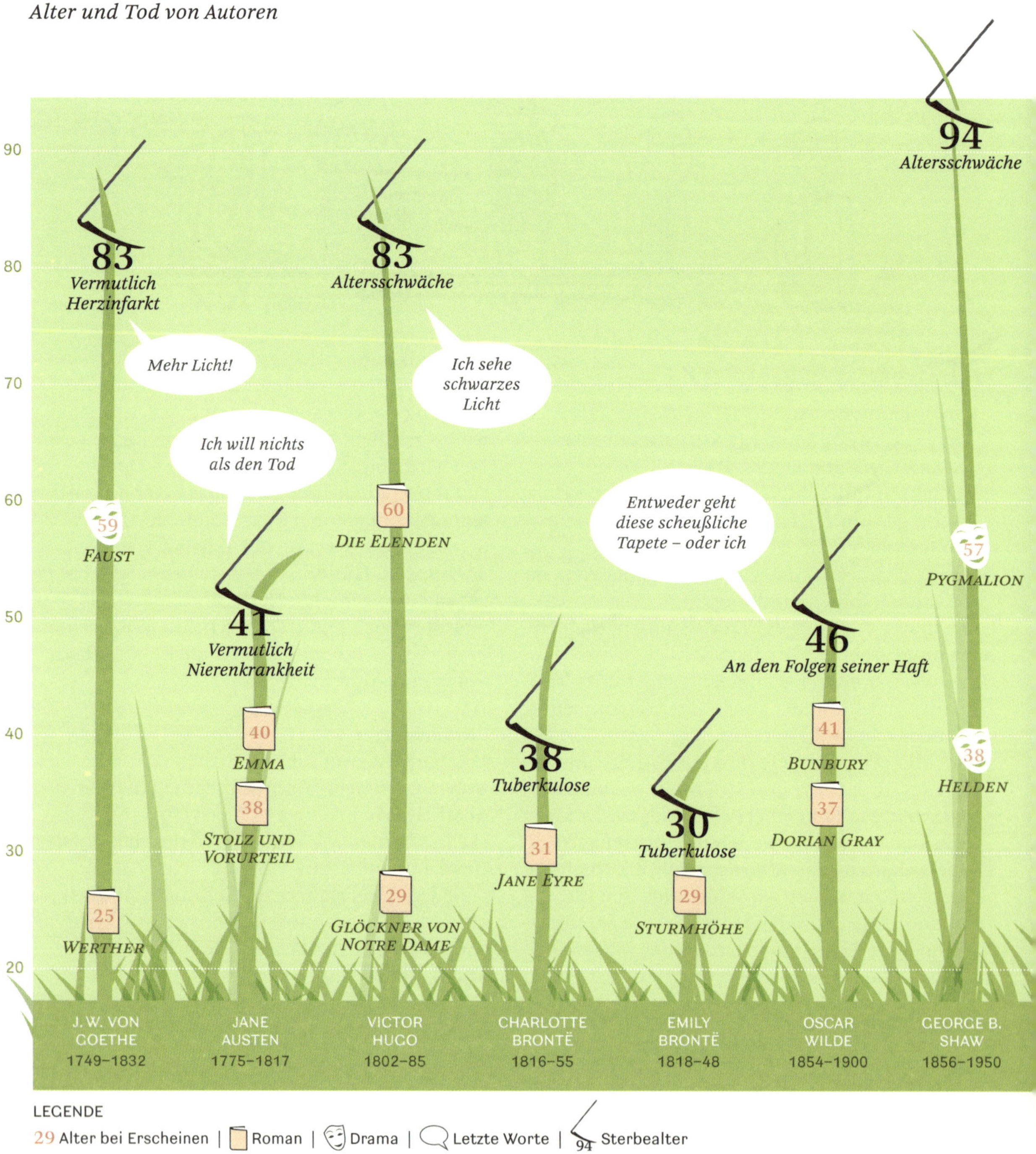

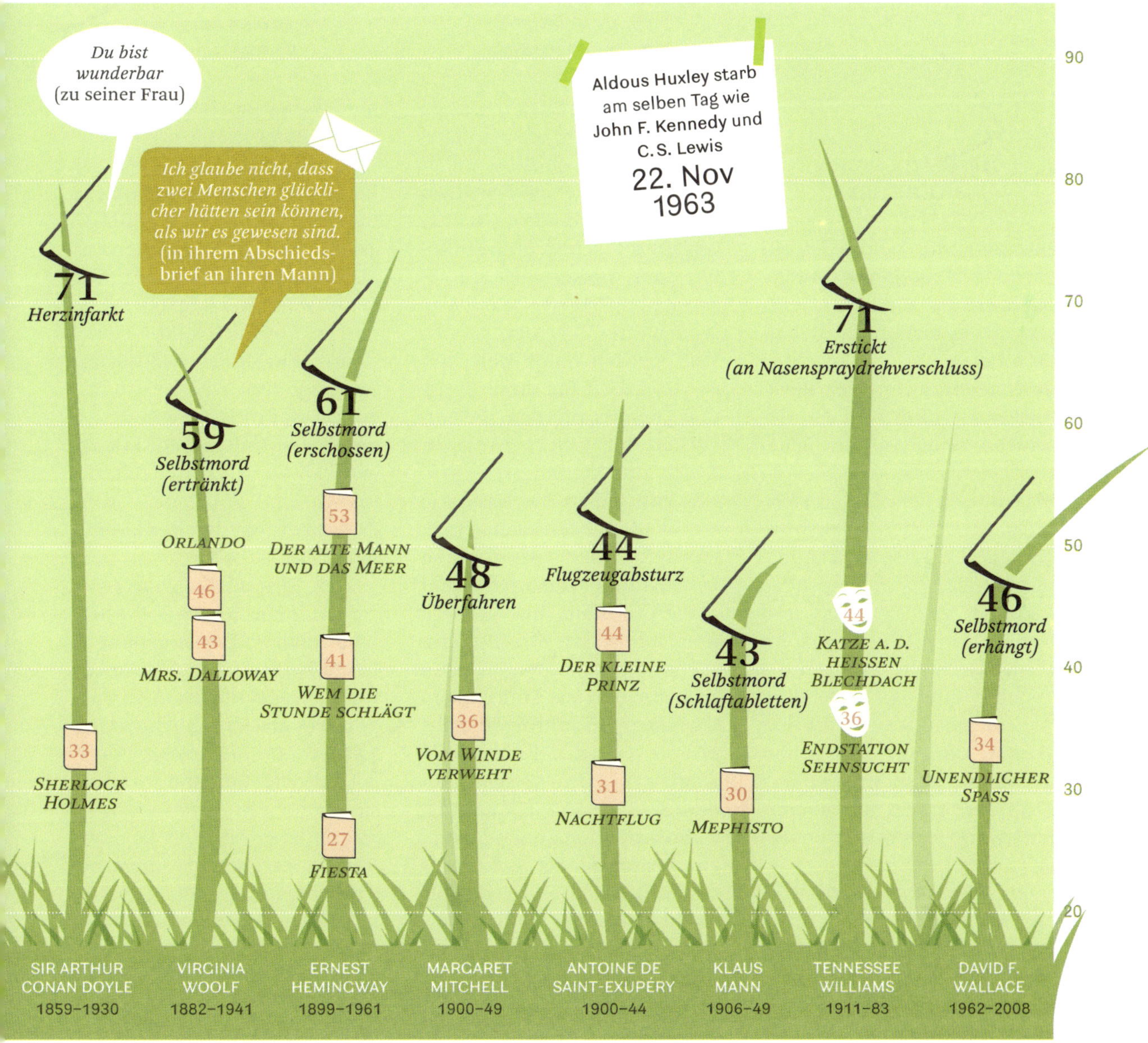

Weitere Todesursachen: Alkohol **Jack London** | Autounfall **Albert Camus, Anton Tschechow** | Duell **Alexander Puschkin** | Ermordet (von Faschisten) **Federico García Lorca** | Erschossen (Selbstmord) **Heinrich von Kleist, Hunter S. Thompson** | Erstickt (beim Lachen) **Anthony Trollope** | Ertrunken (Selbstmord) **Paul Celan** | Gasherd (Selbstmord) **Sylvia Plath** | Kokain **Georg Trakl, Gottfried Benn**

Kurz, wichtig

Literatur im Schnelldurchlauf

JEFFREY EUGENIDES

MIDDLESEX

Der Held/die Heldin ist ein Pseudohermaphrodit. Aufgewachsen als CALLIOPE, entscheidet er sich in der Pubertät für die männliche Identität und nennt sich CAL. Rückblickend erzählt CAL die Geschichte seiner Familie. Seine Großeltern sind Geschwister. Als sie nach dem Ersten Weltkrieg nach Amerika auswandern, ist die Gelegenheit günstig: Sie legen sich eine neue Identität zu, heiraten und bekommen Kinder. Der Sohn verliebt sich wiederum in die Tochter ihrer Cousine und heiratet sie. CALLIOPE ist ihre Tochter – die sich zwar schon als Kind irgendwie anders fühlt, aber erst in der Pubertät herausfindet, was mit ihr los ist (siehe oben).

Ein Familienepos, ein griechisch-amerikanischer *Clash of Culture* – mit ganz viel Witz, Ironie und Skurrilität, aber auch der nötigen Ernsthaftigkeit. Pulitzerpreis!

FRANK SCHÄTZING

DER SCHWARM

Das Meer schlägt zurück: Wale greifen an, aus zerplatzten Hummern quillt tödlicher Glibber, Muscheln bringen Schiffe zum Kentern, Quallen vergiften Fischer, und Millionen von Tiefseewürmern lösen einen Tsunami aus. Wissenschaftler aus der ganzen Welt werden mobilisiert, um die Ursachen für diese Ereignisse herauszufinden. Sie entdecken eine unbekannte Intelligenz und taufen sie »YRR«. Die YRR haben die Nase voll davon, dass Menschen systematisch ihren ozeanischen Lebensraum zerstören, und planen deshalb ihre Vernichtung im großen Stil. Die Forscher nehmen Kontakt zu den YRR auf, um sie von diesem Vorhaben abzubringen; das Militär versucht, die YRR umzubringen. Ein Wettlauf mit der Zeit, 1000 Seiten lang, wahnsinnig spannend und ein sensationeller Erfolg für den deutschen Autor, der bis dahin vor allem Regionalkrimis geschrieben hat. Und ein paar Monate nach Erscheinen des Buches ereignete sich der Tsunami vor Sumatra …

MARJANE SATRAPI

PERSEPOLIS

Marjane Satrapi beschreibt im ersten Band ihre Kindheit im Iran während der iranischen Revolution. 1979 ruft Chomeini die islamische Republik aus – für die Hauptperson MARJI heißt das: keine Jeans, keine westliche Musik, stattdessen Kopftuch und Demütigung. Ein Onkel wird wegen Spionage zum Tode verurteilt, ein Cousin muss in den Krieg gegen den Irak ziehen. Mit 14 wird MARJI von ihren Eltern ins Ausland geschickt – von dieser Zeit handelt der zweite Band.

Das Besondere: *PERSEPOLIS* ist kein Roman. Früher hätte man es *Comic* genannt, heute heißt es *Graphic Novel*. Klingt besser und ist auch was Besseres als ein schlichtes Comicheft. *Graphic Novels* sind gezeichnete Romane, es gibt sie schon seit den sechziger Jahren, aber erst seit kurzem werden sie auch als Literatur wahrgenommen. *PERSEPOLIS* hat einen Stein ins Rollen gebracht, weil es für Aufsehen sorgte, viele Preise bekam und sich mehr als eine Million Mal verkaufte.

2002

Ausbruch Irakkrieg | Gründung *Skype* | SARS | Tsunami im Indischen Ozean | Gründung *Facebook*

2002 *MIDDLESEX* Jeffrey Eugenides | *SAKRILEG* Dan Brown | 2003 *DRACHENLÄUFER* Khaled Hosseini | *DER SCHWARM* Frank Schätzing | 2004 *PERSEPOLIS* Marjane Satrapi | *BIS(S) ZUM MORGENGRAUEN* Stephenie Meyer

STEPHENIE MEYER

BIS(S) ZUM MORGENGRAUEN

Twilight

Die 17-jährige BELLA verliebt sich in EDWARD, der dummerweise ein Vampir ist. Zwar gehört er einem Clan an, der dem Menschenblut abgeschworen hat und nur noch Tiere aussaugt – aber eine glückliche Liebesgeschichte kann das natürlich trotzdem nicht werden. Außerdem tauchen bald andere Vampire am Ort auf, die es durchaus auf Menschen abgesehen haben, vor allem auf BELLA. Die findet sich überraschend schnell mit den Gegebenheiten ab und hätte gegen einen Vampirbiss auch gar nichts einzuwenden. Denn als Untote wäre ihre Beziehung zu EDWARD um einiges einfacher. EDWARD hingegen will, dass sie zumindest erst mal das College abschließt, und kämpft mit seiner Familie erfolgreich gegen die bösen Vampire.

ROMEO UND JULIA mit Vampirpersonal – eigentlich für 14-jährige Teenies, aber der Leser(innen)kreis erweiterte sich bald.

JONATHAN SAFRAN FOER

EXTREM LAUT UND UNGLAUBLICH NAH

Extremely Loud and Incredibly Close

Der Vater des neunjährigen OSKAR stirbt bei den Terroranschlägen vom 11. September 2001. Im Nachlass findet OSKAR einen Schlüssel und sucht nun in ganz New York nach der Tür dazu, begleitet von einem alten Mann namens BLACK. Später stellt sich heraus, dass es sich um OSKARS Großvater handelt, der nicht nur seinen Sohn verloren hat, sondern viele Jahrzehnte zuvor auch seine große Liebe bei der Bombardierung Dresdens.

Einer von vielen Romanen, die den 11. September thematisieren – und vielleicht der gelungenste. Weil die Terroranschläge nicht im Vordergrund stehen, sondern nur Kulisse sind. Aber auch Foer musste viel Kritik einstecken: der kleine Held zu unglaubwürdig, das Ganze zu kitschig.

JENNIFER EGAN

DER GRÖSSERE TEIL DER WELT

A Visit from the Goon Squad

Es geht um alles Mögliche, aber vor allem um Musik. Produzent BENNIE SALAZAR erinnert sich an seine bewegte Vergangenheit, doch Gegenwart und Zukunft kommen genauso vor (und natürlich viel Sex und Drogen). Besondere Pluspunkte: wechselnde Zeitebenen, Perspektiven und verschiedene Erzählformen – ein Kapitel ist wie eine Power-Point-Präsentation geschrieben, was die Kritiker ein bisschen durchdrehen ließ. Modern! Experimentell! Irgendwie wie Facebook! Rock'n'Roll! Äh, Punk. Super Verkaufszahlen + viel Ruhm und Ehre für die Autorin (Pulitzerpreis unter anderem).

J. Ratzinger wird Papst | A. Merkel wird Bundeskanzlerin | weltweite Finanzkrise | B. Obama wird Präsident | Erdbeben in Haiti | Arabischer Frühling | Erdbeben in Japan

2005 – *EXTREM LAUT U. UNGLAUBLICH NAH*, Jonathan Safran Foer

2008

2010 – *DER GRÖSSERE TEIL DER WELT*, Jennifer Egan

2011 – *DIE LIEBESHANDLUNG*, Jeffrey Eugenides

Und überhaupt …

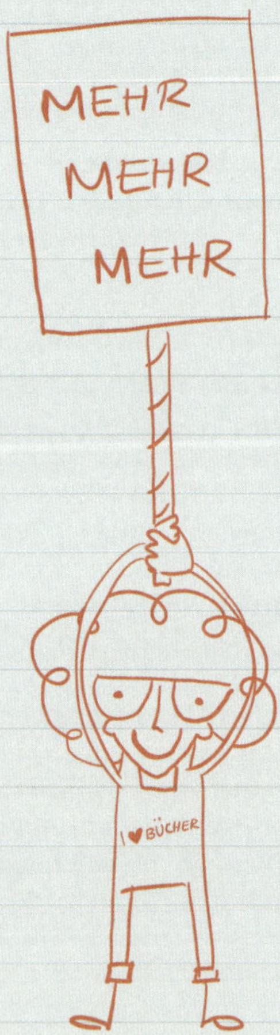

… gibt es noch viel mehr wichtige, berühmte, verrückte, erfolgreiche Werke und Autoren, die unbedingt Erwähnung verdient hätten. Aber ein Buch ist ein Buch ist ein Buch – und irgendwann zu Ende. Deshalb unter anderem nicht dabei: Hans Christian ***Andersen*** *(um mit A zu beginnen) und die super Geschichte, dass er auf Reisen immer ein Seil mit dabeihatte, damit er sich bei einem Brand aus dem Hotelzimmer hätte retten können. Und die großartigen Erzählungen von Katherine* ***Mansfield*** *(die eine Freundin hatte und Männer und viel zu früh gestorben ist). Marlen* ***Haushofer*** *und ihr Roman* DIE WAND *(*ROBINSON *in modern und weiblich), die Skandinavier August* ***Strindberg*** *und Knut* ***Hamsun****, die seltsame Emily* ***Dickinson*** *(fing mit 20 an, Gedichte zu schreiben + nur noch weiße Kleidung zu tragen + gar nicht mehr aus dem Haus zu gehen), der leider fast vergessene John* ***Fante*** *und seine* BANDINI-*Romane (und eigentlich noch besser:* GEMISCHTE GEFÜHLE*), Thomas* ***Bernhard****, William* ***Faulkner****, John* ***Steinbeck****, die Dramen von* ***Schiller!****, Michael* ***Ende****, Rudyard* ***Kipling*** *und die großartige Irmgard* ***Keun*** *(Bestsellerautorin in den dreißiger Jahren, lange vergessen, 1970 wiederentdeckt, aber immer noch viel zu unbekannt).*

*Die unglaublichen Alice B. **Toklas** & Gertrude **Stein** (= verrückt-liebenswertes Paar, in Steins Salon in Paris waren sie alle, die später knallberühmt wurden – Hemingway & Co. + Picasso & Co.), Douglas **Adams** (nicht nur die ANHALTER-Serie, auch DIE LETZTEN IHRER ART – was über Tiere!), FRÜHSTÜCK BEI TIFFANY (allein für den Namen Holly Golightly muss man Truman **Capote** ewig dankbar sein), Nadine **Gordimer** (immer was mit Südafrika), die wunderbare Anna **Gavalda** (ZUSAMMEN IST MAN WENIGER ALLEIN = Lieblingsroman!), DIE ASCHE MEINER MUTTER = Biografie + mehr von Frank **McCourt** (Pulitzerpreis!) und DIE GEHEIME GESCHICHTE von Donna **Tartt** (spannend, mit College + griechischer Tragödie). John **Grisham** / Thriller-King der Neunziger (DIE FIRMA war das U-Bahn-Buch Nr. 1), Haruki **Murakami** und das kitschige Herz-Schmerz-Buch MONPTI von Gábor **von Vaszary**. Anderes und mehr von **Shakespeare** (ROMEO UND JULIA oder HAMLET – das war hier die Frage …), ELEMENTARTEILCHEN von Michel **Houellebecq** (düster, bekam aber schnell das »Kultbuch«-Etikett, vermutlich wegen des reichlich vorhandenen Sex), DER GETEILTE HIMMEL von Christa **Wolf**, FRÄULEIN SMILLAS GESPÜR FÜR SCHNEE von Peter **Høeg** (da wussten plötzlich alle, dass die Inuit 100 oder so Wörter für Schnee haben, was eigentlich gar nicht stimmt, weil es nur Morpheme sind. Oder so.), Louis **Begley**, José **Saramago**, Richard **Powers**, Ian **McEwan**, David Foster **Wallace** – mit UNENDLICHER SPASS (irrgs …) oder lieber SCHRECKLICH AMÜSANT, AB[…]IN ZUKUNFT OHNE MICH (=[…] bar, auch lustig!). Ac[…] rik – **Keat**[…]*

Ich finde es schade, dass alles vorüber ist.

Philipp Mannering
in Die Insel der Abenteuer

REGISTER